Urs Peter Lattmann

Werden und Lernen des Menschen

Urs Peter Lattmann

Werden und Lernen des Menschen

Lebenssinn und Lebensgestaltung in anthropologisch-pädagogischer Sicht

Verlag Paul Haupt Bern und Stuttgart

Zum Umschlag: Bei der Spirale auf dem Umschlag handelt es sich um die Spirale auf dem Epitaph des Basler Mathematikers Jakob Bernoulli (1654–1705) an einem Pfeiler im Kreuzgang des Basler Münsters. Sie symbolisiert die ewige Wiederkehr in verwandelter Gestalt. Dies drückt auch der von Bernoulli gewählte Grabspruch aus: EADEM MUTATA RESURGO, was dem Sinne nach übersetzt werden könnte mit: Ich wandle mich und erstehe wieder als dieselbe. Den Abrieb besorgte Frau Edith Glaser, Liestal.

CIP-Kurztitelaufnahme der Deutschen Bibliothek

Lattmann, Urs P.:
Werden und Lernen des Menschen: Lebenssinn u.
Lebensgestaltung in anthropolog.-pädag. Sicht / Urs Peter Lattmann. –
Bern; Stuttgart: Haupt, 1986.
ISBN 3-258-03582-2

Ich glaube, dass in der Wissenschaft insofern eine Gefahr liegt, als sie uns vielleicht das Leben zu leicht machen könnte. Leben ist ein Kampf um etwas; nicht bloss um Selbstbehauptung, sondern um die Verwirklichung bestimmter Werte in unserem Leben. Ich glaube, es ist wesentlich für das Leben, dass es da Hindernisse zu überwinden gibt. Ein Leben ohne Hindernisse, die es zu überwinden gilt, wäre fast so schlimm wie ein Leben, das nur aus Hindernissen besteht, die nicht überwunden werden können.

Karl Raimund Popper

Nichts vermag offenbar den Menschen als Gattung – genau wie den Menschen als Individuum – daran zu hindern, immer noch weiter zu wachsen (sei es zum Guten oder zum Bösen hin), so lange er in seinem Herzen den Willen zu wachsen bewahrt. Doch umgekehrt wird auch der stärkste Druck von aussen ihn nicht davon abbringen können, den Kampf aufzugeben, mögen ihm auch noch Berge von Energien zu Gebote stehen, wenn ihm unglücklicherweise einmal das Interesse oder das Vertrauen in die Bewegung verloren gehen sollte, die ihn vorwärts führt.

Teilhard de Chardin

Für Bettina

Vorwort

Wohl alle Menschen stossen in irgendeiner Form während ihres Lebens auf die Frage nach dem Sinn ihres Daseins. Sie berühren damit die Grundsatzfrage nach dem Wesen des Menschen und seiner Erziehung. Die Antworten der einzelnen Menschen fallen je nach Zeit und Kulturraum, in denen sie leben, unterschiedlich aus. Fragen und Antworten stehen in einem Zusammenhang mit den jeweiligen Deutungen und Auffassungen von Welt und Mensch. Sie werden sichtbar in den geistigen Leistungen und Schöpfungen der Menschen, seien sie künstlerischer, ethischer, kultureller, wissenschaftlicher oder technischer Natur, und wirken sich aus in unserem täglichen Denken, Empfinden und Tun. In besonderer Weise mag das für jene Berufe gelten, die mit dem Mitmenschen in direktem Kontakt stehen. Das Denken und Handeln etwa von Eltern, Lehrern und Erziehern, aber auch von Berufsangehörigen im Sozial-, Gesundheits- und Rechtsbereich oder von Politikern, spiegelt immer auch die individuellen Einstellungen und Stellungnahmen zu den Grundsatzfragen des Menschseins. Diese Fragen berühren ganz verschiedene Bereiche und Ebenen unseres Daseins und unserer Lebensweise, so z. B.:

- Welche Stellung hat der Mensch in der ganzen Natur, im Kosmos?
- Was sind die typisch menschlichen Merkmale, d. h.: Was macht den Menschen zum Menschen?
- Wie hat sich die Menschheit entwickelt?
- In welcher Beziehung steht der Mensch zu den übrigen Lebewesen?
- Nach welchen Gesetzen entwickelt sich der einzelne Mensch, die Menschheit?
- Weshalb muss der Mensch erzogen werden?
- Welches sind die Ziele der Erziehung des Menschen und der Menschheit?
- Welche Bedeutung für die Entwicklung des Einzelnen haben Erziehung, Familie, Schule, Unterricht, Veranlagung, die engere und weitere Umwelt?

- Welches ist der Sinn des menschlichen Lebens, einzelner Lebensabschnitte? Welches jener von Krankheit, Tod, Freud und Leid, Glück und Unglück?
- Wie ist die Kulturentwicklung früherer Epochen, anderer geographischer Räume zu betrachten? Wie ist die gegenwärtige sozial-kulturelle Entwicklung zu beurteilen?

Dies sind einige Fragen, die - zusammen mit den jeweiligen Antworten - in der einen oder anderen Form unser tägliches Denken und Handeln mitbeeinflussen. Die Geschichte der Menschheit zeigt uns, dass sich in den Antworten auf diese Fragen immer wieder Ähnliches oder Vergleichbares findet. Wir stellen aber auch fest, dass die Antworten je nach Zeit und Ort anders geartet sein können, ja bei genauerem Hinsehen finden wir auch in den Fragestellungen selbst Unterschiedliches, Neues, andere Akzente. Fragen und Antworten entpuppen sich dann selbst als ein sich gegenseitig beeinflussendes Geschehen, die nicht fassbare Fülle des Seins und des menschlichen Lebens offenbarend. Wozu dann sich in diese Tiefen und Weiten einlassen? Ist es nicht bequemer und einfacher, das Leben so zu leben, wie es vor einem liegt, ohne allzu viele Fragen, auf die es offenbar doch keine eindeutige Antworten gibt? Es mag wohl sein, dass dieser Gedanke angesichts der vielen Unbestimmtheiten und - wie wir sehen werden - der grundsätzlichen Offenheit des Menschseins über einen kommt und als gangbarer Weg erscheint. Dies vielleicht um so mehr in einer Zeit, in der wir mit Informationen überflutet werden. Aber wäre ein solcher Weg auch ver-antwortbar? Ist der Mensch nicht das - vorläufig - uns einzig bekannte Wesen, das über sich selbst, über seine Stellung in der Welt, über seine Beziehungen zu den Mitmenschen, über sein Denken und Tun nachdenken kann? Und wird das Können nicht zu einem verpflichtenden Müssen angesichts all unserer Möglichkeiten im positiven und negativen Sinne? Ist der Mensch nicht das Wesen, das für sein Denken und Tun auch die Verantwortung zu tragen hat?

Wenn wir davon ausgehen, dass diese Fragen im bejahenden Sinne für alle Menschen zutreffen, haben sie dann nicht für jene, die täglich mit Menschen zu tun haben, sie erziehen, bilden, pflegen, beurteilen, ihnen helfen möchten, eine besondere Bedeutung?

Auf dem Hintergrund dieser und ähnlicher Fragen habe ich das vorliegende Buch erarbeitet. Es enthält Fragen, die ich mir über das Menschsein, über das Verhältnis des Individuums zur Gemeinschaft und über die Beziehungen des Menschen zur Natur stellte und weiter stelle. Durch meine beruflichen Erfahrungen als Dozent in der Lehrerbildung, in der

Psychotherapie und in der Auseinandersetzung mit institutionellen Gegebenheiten erlebte und erlebe ich die Bedeutung dieser Fragen für das Leben einzelner Menschen oder Gruppen. Und das Buch zeigt auch den Weg auf, den mich diese Fragen bisher geführt haben. Die Antworten wurden im Weitergehen meist selbst wieder zu Fragen. Im Fortschreiten schälte sich so etwas wie eine Wegrichtung heraus. Sie ist durch den Titel des Buches angesprochen: Werden und Lernen des Menschen weist auf die dem Buch zugrundeliegende Idee - und Überzeugung - hin, dass die Menschheit und der einzelne Mensch lebenslang Werdende und Lernende sind. Leben bedeutet Entwicklung, bedeutet Lernen, menschliches Leben in besonderer Art und Weise: Der Mensch gestaltet durch seine Fragen nach sich und der Welt und durch die entsprechenden Antworten sich, sein Leben und das seiner Mitmenschen und die ihn umgebende Wirklichkeit. Als das für sein Denken und Handeln verantwortliches Wesen ist der Mensch dazu aufgerufen, diese Selbst- und Wirklichkeitsgestaltung sinnerschliessend und sinngebend zu vollziehen.

Diese Idee gehe ich von verschiedenen Standpunkten und Gesichtspunkten aus an, von anthropologischen, psychologischen, philosophischen, biologischen, ethischen. Dabei frage ich immer wieder, was die jeweiligen Antworten für Erziehung, Bildung und Unterricht bedeuten könnten.

Im *ersten Kapitel* zeige ich beispielhaft auf, dass der Mensch zwar schon immer, aber in unterschiedlicher Art nach sich und seiner Stellung in der Welt und den Möglichkeiten des Erkennens gefragt hat und skizziere ich den hier vorliegenden Ansatz zu einer pädagogischen Anthropologie.

Im *zweiten Kapitel* versuche ich, die Eigenheiten menschlicher Entwicklung und Lebensweise als Natur- und Geistwesen zu erhellen, wobei im Mittelpunkt die Idee des lebenslangen Werdens und Lernens des Menschen und der Menschheit steht.

Der Mensch als Wesen, das sich seine jeweilige Kultur und das mitmenschliche Zusammensein gestaltet und dessen Welt- und Menschenbild in eben diesen Kultur- und Sozialformen sich spiegelt, ist Gegenstand des *dritten Kapitels.*

Mit der Sinnverwiesenheit des Menschen im Prozess der Selbst- und Wirklichkeitsgestaltung beschäftige ich mich in *Kapitel vier.* Darin werden Antworten von verschiedenen Standpunkten aus auf die Frage nach dem Sinn des menschlichen Daseins skizziert. Als Richtung und Massstab in der Selbst- und Wirklichkeitsgestaltung kann die Leitidee offener und kritischer Humanität wirken. Sie kann Möglichkeiten zu sinnorientierter Lebensgestaltung erschliessen.

Persönlichkeitsentwicklung - wie sie im *fünften Kapitel* verstanden wird - vollzieht sich als lebenslanges Werden und Lernen des Menschen in den Auseinandersetzungen mit den Aufgaben des Lebens. Dadurch gestaltet der Mensch sein Leben, sich selbst und die ihn umgebende Wirklichkeit. Erziehung und Bildung können einen wesentlichen Beitrag leisten, damit der Mensch fähig wird, diesen Prozess in sozialer und kultureller Verantwortung zu gestalten.

In diesen *Hauptteilen* versuche ich, die Grundidee des lebenslang werdenden und lernenden Menschen zu entwickeln. In den *Anmerkungen* stehen neben den Literaturangaben Querverweise, vertiefende und weiterführende Literaturhinweise. Ebenfalls enthalten sie ausführlichere Stellungnahmen zu einzelnen Themen und Problemen, die im laufenden Text angesprochen sind. Aus *didaktischen Gründen* habe ich einige Texte von Autoren, die für den vorliegenden Gedankengang massgebend sind, ausführlich wiedergegeben.

Das vorliegende Buch ist eine Überarbeitung und Neugestaltung meines 1984 erschienenen Scriptums «Werden und Lernen des Menschen - Entwurf zu einer pädagogischen Anthropologie». Ich danke allen, die mich bei meinen Fragen nach dem Menschen und seiner möglichen Selbst- und Wirklichkeitsgestaltung begleitet und mir bei der Niederschrift und Herstellung des Buches geholfen haben: Den Freunden, Kollegen und Bekannten, den Studierenden an der Höheren Pädagogischen Lehranstalt, die in einer Lehrveranstaltung zu diesem Thema mitgemacht haben, Herrn Dr. Max Haupt vom Paul Haupt Verlag. Vor allem danke ich meiner Frau Bettina für ihr Mitgehen und ihre Mitarbeit.

Inhaltsverzeichnis

1. Der werdende Mensch und seine Erziehung

Um sich ins Gleichgewicht erst zu bringen
und nicht um es zu verlassen, wird der Mensch
das dauernd nach Neuem strebende Wesen, sucht
er die Überbietung, den ewigen Prozess.
Helmut Plessner

– Ein Mann, wie du, bleibt da
Nicht stehen, wo der Zufall der Geburt
Ihn hingeworfen; oder wenn er bleibt,
Bleibt er aus Einsicht, Gründen, Wahl des Bessern.
Gotthold Ephraim Lessing

Die Geschichte der Menschheit stellt sich uns schon bei erstem Hinsehen als ein Jahrtausende und Jahrmillionen dauernder Prozess dar. Auch im Ablauf jedes einzelnen Lebens erblicken wir ein Fortschreiten von Lebensetappe zu Lebensetappe, eine Bewegung von der Geburt bis zum Tode. Bei näherer Betrachtung glauben wir, in diesem Geschehen Wiederholungen, Ähnlichkeiten, Unterschiede, Gegensätze zu entdecken. So forderten diese Ereignisse den betrachtenden und nachdenkenden Menschen immer wieder zu den gleichen Fragen heraus: Welche Kräfte stehen hinter diesen Bewegungen? Weshalb und wozu geschehen diese Ereignisse? Wie ist alles so geworden? Diese und weitere Fragen zielen alle auf den gleichen Kernpunkt: Was ist der Mensch? Was ist der Sinn seines Lebens? Wie können wir seine Entwicklung beeinflussen? Auch die Antworten, die die Menschen zu den verschiedenen Zeiten an den verschiedenen Orten zu geben versuchten, enthalten Gemeinsames, Unterschiedliches und Gegensätzliches.

In diesem Kapitel versuche ich, einen Einblick in den weit ausgespannten Fächer dieser Fragen und Antworten zu geben. Im Anschluss daran werde ich die Grundidee meines eigenen Gedankenganges skizzieren.

1.1 Fragen und Antworten im Prozess des Lebens

Nicht nur das Leben des Menschen und der Menschheit, sondern das Leben als solches zeigt sich uns als ein beinahe unüberschaubar langer Prozess in vielgestaltiger Ausprägung. Den Menschen als Element in diesem Prozess fordert es immer wieder heraus, Fragen zu stellen und Antworten zu suchen, seit er sich seiner selbst bewusst geworden ist und damit angefangen hat, Fragen an sich und seine Umwelt zu stellen. Mit seinen Antworten greift er selbst in diesen Prozess ein, gestaltet er ihn, lenkt er ihn in bestimmte Richtungen. Das Wechselspiel von Frage und Antwort findet seinen Niederschlag in den vielfältigen Ausgestaltungen des menschlichen Lebens und der Wirklichkeit. Diese spiegeln sich in den Bildern wider, die die Menschen von sich selbst entworfen haben, sowie in ihren kulturellen und sozialen Gestaltungen, und diese stehen wiederum in vielfältigen Wechselbeziehungen zueinander.

1.11 Der werdende Mensch als Gestalter der kulturellen und sozialen Wirklichkeit

Am augenfälligsten wird die Entwicklung der Menschheit in ihren kulturellen Werken. Der Mensch antwortet auf die Herausforderungen des Lebens auf die ihm eigene Art und Weise. Er passt sich den Gegebenheiten nicht nur an, sondern er ist in diesem Anpassungsprozess wesentlicher Mitgestalter. Der Mensch als denkend-fühlendes, entscheidendes und handelndes Wesen schafft sich stets neue Um-welten, in denen er zu leben gedenkt. Der Prozess reicht von der Nahrungsbeschaffung und der Bearbeitung des Bodens mittels einfachster Werkzeuge über die Schaffung von Kunstgegenständen bis zu den technischen Errungenschaften unserer Zeit. Aber nicht nur in den kulturell-technischen Werken der Menschheitsgeschichte, auch in den Handlungen eines jeden Menschen werden die Antworten auf die Herausforderung des Lebens sichtbar. In der Art und Weise, wie der einzelne Mensch in diesen Gestaltungsprozess eingreift, vollzieht sich auch ein wesentlicher Teil seiner Persönlichkeitsentwicklung.

Gleichzeitig zu diesem kulturschöpferischen Prozess lässt sich eine weitere Dimension entdecken: Die Gestaltung des Zusammenlebens der Menschen. Seit wir Spuren menschlichen Lebens kennen, lassen diese immer auch Rückschlüsse auf Formen des Miteinanderlebens zu. Wir vermuten, dass schon die ersten Menschengruppen sich zusammengeschlossen haben, um in ihren Jagdunternehmungen erfolgreicher zu sein. Im Wechselspiel von Sprache und Kultur fand der Mensch im Laufe der Entwicklung die unterschiedlichen Formen mitmenschlichen Zusammenseins, von der kleinen Horde bis zur Idee einer weltumspannenden Gemeinschaft, eingefangen in einem dicht geknüpften Netz von Sitten, Regeln und Vorschriften. Aber auch im Leben des einzelnen Menschen weitet sich die Grundform der ICH-DU-Beziehung von Mutter und Kind über immer grössere Kreise bis zur Teilnahme und Mitgestaltung an der Weltbürgerschaft.

Stellen sich die Ausformungen dieser kulturell-sozialen Dimension auf den ersten Blick sozusagen wie die «Aussenseite» der menschlichen Entwicklung dar, so mutet einen die Frage des Menschen nach sich selbst wie deren «Innenseite» an. Dass der Mensch die Frage nach dem Weshalb und Wozu an das Leben selbst stellen kann, zeichnet ihn nach unserer heutigen Kenntnis gegenüber allen anderen Lebewesen aus, macht – je nach Standpunkt – seinen Reichtum oder seinen Mangel aus. Das Bild, das der Mensch von sich im Zuge dieses Frage- und Antwort-Spiels stets von neuem entwirft, findet - in einer Art steter gegenseitiger Beeinflussung - in den kulturellen und sozialen Gestaltungen sein Spiegelbild. Und indem der Mensch mit seinen Fragen über den blossen Daseinsvollzug hinaussteigt und in seinen Schöpfungen sich selbst übersteigt, stösst er auch auf die Frage nach dem Sinn seines Daseins und seines Tuns. Und seit der Mensch nach sich selbst fragen kann, bleibt er auf der Suche nach sich und seinem Bilde. Seit er die vorbewusste Geborgenheit eines fraglosen Zustandes aufgegeben hat, sucht er nach Möglichkeiten neuer, bewusster Geborgenheiten. Die Tatsache, dass der Mensch handelnd und entscheidend in den Gestaltungsprozess seiner selbst und der ihn umgebenden Welt eingreift, verpflichtet ihn, sich über seine Antworten auch Rechenschaft zu geben, sie zu ver-antworten.

1.12 Der nach sich selbst und der Wirklichkeit fragende Mensch

Man könnte sich vorstellen, dass der Mensch, bevor er Fragen stellen konnte, fähig war zu staunen. Vielleicht liegt jedem ursprünglichen Fragen das Staunen zugrunde, sei es in der Menschheitsgeschichte oder im Leben des einzelnen Menschen. Für unser Verständnis vom Menschen aber gehört das Fragen und Antworten unabdingbar zum Menschen. Und immer wiederkehrende Fragen sind jene nach sich selbst, nach der Bedeutung des Menschen in der Welt und nach der Erkenntnis der Wirklichkeit. Hinter dem Fragen und Antworten steht das zum Menschen gehörende Bedürfnis, sich und die Welt zu deuten, zu verstehen, zu erkennen. Im Lauf der Geschichte zeigen sich in diesem Wechselspiel von Frage und Antwort neben Gleichem auch immer wieder neue Akzente und neue Gesichtspunkte. Ich will dies in den folgenden Abschnitten beispielhaft verdeutlichen. Mein Anliegen dabei ist es, zu einigen für den folgenden Gedankengang bedeutenden Problemstellungen und Merkmalen des fragend-antwortenden Menschen hinzuführen und nicht einzelne Gestalten in ihrem Selbst- und Weltverständnis vorzustellen oder eine historische Linie aufzuzeigen.

Der staunend-fragende Mensch

Schon in den ersten, für uns verständlichen Zeugnissen unseres abendländischen Kulturraumes begegnet uns die Frage nach dem Menschen und seiner Stellung in der Welt, so z. B. in den Psalmen, die zum Teil im zweiten Jahrtausend vor Christus entstanden und etwa seit dem Jahre 1000 gesammelt wurden:

«...
Herr, unser Herr!
Wie glorreich ist Dein Name auf der ganzen Erde!
Wie herrlich ist Dein Ruhm am Himmel!
...
Betrachte ich den Himmel, Deiner Finger Werk,
den Mond, die Sterne, die Du all erschaffen:
Was ist der Mensch, dass seiner Du gedenkst?
Das Menschenkind, dass sein Du achtest?
Nur wenig hast Du ihn der Gottheit nachgesetzt,
mit Glanz und Herrlichkeit gekrönt,
ernennest ihn zum Herrn der Werke Deiner Hände
und unterwirfst ihm alles:
die Schafe und die Rinder all,
des Feldes Wild,
des Himmels Vögel und des Meeres Fische,
was sont noch durch die Meeresstrassen zieht.
Herr, unser Herr!
Wie glorreich ist Dein Name auf der ganzen Erde.» [1]

Die Menschen, die hier sich, ihre Beziehung zur Natur und zum übernatürlichen Wesen zu verstehen suchen, stellen die Frage nach sich selbst sozusagen indirekt, ehrfürchtig, fast scheu, nicht auf Autonomie bedacht. Sie wollen die Antwort nicht selbst finden, sie betrachten sie als gegeben. Sie empfinden und akzeptieren sich und ihr Dasein als bedingt, in der Hand eines Unbedingten. Und doch glauben sie, dass sie der Gottheit nur wenig nachgesetzt sind, Herren über die Werke des Herrn sein können. Der Mensch empfindet sich selbst noch als aufgehoben bei übergeordneten Mächten, in übergeordneter Geborgenheit. Er ist ein Teil der Natur, ein Teil der Schöpfung. Aber er spricht sich auch schon eine gewisse Sonderstellung zu. Aus den Fragen des Menschen spricht ein ehrfürchtiges Staunen vor sich, vor Gott, vor der Schöpfung. Die Antworten sind einfach und klar: Gott hat dies alles so gemacht gemäss seinem unerforschbaren Ratschluss. Deshalb ist er gut, und sein Name sei gepriesen.

Der doppelte Auftrag des «Erkenne Dich selbst»

Der Mensch in diesem Psalm nimmt sich als Geschöpf des ausserirdischen Schöpfers an, unterordnet sich dem Schöpfer und ordnet sich – den Herrn preisend – in die Schöpfung ein. Schon im Bericht über seine

Schöpfung wird dem Menschen aber die Warnung mitgegeben, seine Sonderstellung, seine Fähigkeit zur Erkenntnis, nicht zu missbrauchen, d. h. hier, sich nicht anzumassen, die Gottheit selbst erkennen zu wollen, Gott gleich sein zu wollen:

«Die Schlange sprach zum Weibe: Ihr werdet gewiss nicht sterben. Nein! Gott weiss: Sobald ihr davon esset, gehen euch die Augen auf, und ihr seid wie Gott, erkennend Gutes und Böses. Da sah das Weib: Der Baum war köstlich zum Speisen und Wollust den Augen, und berückend war der Baum, um zur Erkenntnis zu gelangen. (....) Dann sprach der Herr Gott: Ja, der Mensch ist jetzt wie unsereiner im Erkennen von Gutem und Bösem. Dass er nicht seine Hand ausstrecke und gar vom Lebensbaume esse und ewig lebe.» [2]

Aus dieser Stelle spricht der Drang des Menschen nach Ausweitung seiner Erkenntnis, obwohl er die Gefahren, die damit verbunden sind, ahnt. Dieses Bestreben kommt auch im Auftrag des Gottes in Delphi an den Menschen zum Ausdruck:

«Erkenne Dich selbst» (Γνῶθι σεαυτόν; Gnoti se auton), stand am Apollontempel zu Delphi. [3] Und der Philosoph Heraklit von Ephesus (etwa 544–484 v. Chr.) schrieb ungefähr zur gleichen Zeit: «Alle Menschen haben Anteil an der Fähigkeit, sich selbst zu erkennen und vernunftmässig zu denken» [4]

Doch auch im Gebot des delphischen Gottes findet sich die biblische Warnung. «Erkenne Dich selbst» beinhaltet nicht nur den Auftrag, sich selbst stets von neuem zu erforschen. Es verweist den Menschen auch in seine Schranken, verweist ihn auf die Grenzen seiner Erkenntnis: Erkenne, dass Du ein Mensch und kein Gott bist.

Sokrates (470–399 v. Chr.), der grosse Meister des Fragens, hat diesen doppelten Auftrag zu unablässigem Streben nach Erkenntnis und gleichzeitiger Anerkennung der eigenen Grenzen im Erkennen und gegenüber der Gottheit in für alle Zeiten vorbildlicher Weise erfüllt. Sein ganzes Streben nach Erkenntnis stand im Dienste einer übergeordneten Idee: Es soll den Menschen zum Guten, zur Wahrheit führen. Echtes Bemühen um Wahrheit, echte sokratische Weisheit erringt der Mensch nur, wenn er auch seine eigenen Begrenzungen einsehen kann. Dieses Wissen um die eigene Begrenzung im Erkennen führt Sokrates sogar zu jener Haltung, die widersprüchlich anmutet: Obwohl der Mensch weiss, dass er letztlich nichts Wahres wissen kann, ist es doch seine vornehmste Pflicht, durch stetes Weiterfragen nach wahrer Erkenntnis zu streben. So enden Platons Dialoge – vor allem die früheren – in denen Sokrates der Gesprächsführer ist, oft mit einem Nichtwissen. Besonders deutlich wird dies in der Verteidigungsrede des Sokrates vor Gericht, der «Apologie»: Wenn er überhaupt weise sei, sagt er, dann höchstens deswegen, weil er das, was er nicht wisse, auch nicht glaube und nicht vorgebe zu wissen. Sokrates gibt und macht sich und den andern nicht vor, auf (alle) seine Fragen Antworten zu haben. Trotzdem stellt er sein Leben unter das Ziel der Wahrheitssuche, um sich so der vermuteten Wahrheit stets anzunähern, um den Menschen zu möglichst guter und gerechter Lebensweise zu führen. Gerade weil wir über unsere Begrenzungen im Erkennen, über unsere Unzulänglichkeiten Bescheid wissen, sind wir verpflichtet, unaufhörlich und auf bestmögliche Weise nach Erkenntnis zu streben, die Unzulänglichkeiten zu verringern.

Sokrates, der wissende Nichtwisser, lehrt diese Haltung nicht nur, er lebt sie auch im Umgang mit seinen Schülern selbst vor, und er bleibt dieser Überzeugung auch treu bis in den Tod. Platon, der Schüler von Sokrates, schildert uns diese der Wahrheit und der Gottheit verpflichtete Gestalt des Sokrates im Dialog des Phaidon. Er lässt Phaidon über das letzte Gespräch des Sokrates am Tage seines Todes im Gefängnis mit seinen Schülern und Freunden berichten. Darin erklärt er seinen Schülern auch, dass ein echter Philosoph sich nicht «rechthaberisch» verhalten dürfe wie die ungebildeten Menschen: «Wenn diese nämlich über irgend etwas schreiben, dann kommt es ihnen nicht so sehr auf die Sache an, von der sie reden, sondern ihr ganzes Streben geht dahin, wie sie den Anwesenden ihre eigene Meinung aufdrängen können. Ich glaube mich gegenwärtig nur in einem Punkte von diesen Leuten zu unterscheiden: ich werde mich nämlich nicht darum bemühen, dass den Anwesenden meine Meinung als richtig erscheint, es sei denn, dies geschehe ganz beiläufig, sondern dass ich selbst nach Möglichkeit den Eindruck gewinne, es verhalte sich so.» [5] Sokrates muntert seine Schüler auf, selbst unaufhörlich nach der Wahrheit zu forschen, die einmal gewonnene Erkenntnis aber auch wieder in Frage zu stellen. Bei der Suche nach wahrer Erkenntnis darf es nie um die Person, um das Ansehen, weder um das eigene noch um das anderer, gehen, sondern einzig um die Sache: «Ihr aber», sagt Sokrates zu seinen Schülern, «wenn ihr mir Folge leisten wollt, sollt euch weniger um Sokrates als vielmehr um die Wahrheit kümmern; wenn euch dünkt, ich sage etwas Richtiges, so stimmt mir zu; ist dies aber nicht der Fall, so bekämpft mich mit jedem Beweismittel, und nehmt euch in acht, dass ich nicht vor lauter Eifer mich selbst und euch zugleich täusche und wie eine Biene bei meinem Weggang einen Stachel in euch zurücklasse». Und nachdem Sokrates den Giftbecher, zu dem er ungerechterweise verurteilt wurde, getrunken hatte, erinnerte er seine Schüler ein letztes Mal daran, dass der Mensch dem Gotte Ehrfurcht und Anerkennung schulde: «‹Kriton›, und das waren seine letzten Worte, ‹wir schulden dem Asklepios einen Hahn; entrichtet ihm den und versäumt es nicht›.»[6]

Für den römischen Philosophen Marcus Tullius Cicero (106–43 v. Chr.) galt der doppelte Auftrag des delphischen Gottes ebenfalls. Er schrieb in seinen «Tusculanae disputationes»: «Wenn dies die Seele betrachtet und Tag und Nacht darüber nachdenkt, entsteht jene vom Gott in Delphi befohlene Erkenntnis, dass der Geist sich selbst erkennt und sich als verbunden mit dem göttlichen Geiste spürt, woraus er mit unersättlicher Freude erfüllt wird.»[7]

Auch in der Zeit der Patristik und der mittelalterlichen Theologie und Philosophie wurde die Frage nach dem Menschen, seiner Stellung in der Welt und nach dem Sinn seines Daseins im Bewusstsein seiner Sonderstellung in der Natur, aber auch in seiner Abhängigkeit von Gott beantwortet. Die menschliche Ordnung - die individuelle, die gemeinschaftlich-staatliche und die natürliche - wurde auf Gott und das Gottesreich zurückgeführt: «Ordo, qui est partium universi ad invicem, est per ordinem qui est totius universi ad Deum» - Die Ordnung, die in den einzelnen Teilen des Universums wechselseitig besteht, ist bestimmt durch die Ordnung, die im ganzen Universum herrscht, bei Gott –, schreibt Thomas von Aquin.[8]

Der fragend-zweifelnde Mensch

Das Bedürfnis des Menschen, im Streben nach Erkenntnis, beim Fragen nach sich selbst nirgends haltzumachen und sich damit die Antworten auch nicht von «oben», von einer Gottheit, geben zu lassen, sondern sie aus sich selbst heraus zu suchen, zeigte sich schon im erwähnten Auftrag des Gottes zu Delphi. Man ist versucht zu sagen, dass im Laufe der Geschichte immer mehr neben dem Staunen der Zweifel zum Antrieb des Fragens wurde. Dieser Zweifel schob die Grenzziehung zwischen Wissen und Nichtwissen immer weiter hinaus in Richtung Wissen. Das Streben nach immer neuer Erkenntnis führte den Menschen aus dem Zustand der staunenden Geborgenheit zu einem Wesen, das in stetem Weiterfragen alles, auch sich selbst, kritisch befragt und bezweifelt. Dieses Fragen macht auch vor Gott nicht halt. So wurde der Zweifel z. B. für René Descartes (1596–1650) geradezu ein methodisches Prinzip menschlichen Erkennens. Auch Descartes versteht sich als Wahrheit Suchender. So ist der Zweifel nicht da, um zu einem Skeptizismus zu führen. Vielmehr steht auch er wie die Frage im Dienste der Erkenntnis- und Wahrheitsfindung. Auf dem Hintergrunde der cartesianischen Scheidung des – endlichen – Seins in eine Welt der Ausdehnung, der Körper – res extensa – und in eine Welt des Geistigen, der Seele – res cogitans – geht es ihm um die Frage, wie wir überhaupt zur Erkenntnis der Welt ausserhalb unseres Bewusstseins gelangen können. Gibt es überhaupt Erkenntnis, d. h. Wahrheit und Gewissheit ausserhalb unseres Bewusstseins?

«Aber weil ich damals bloss der Erforschung der Wahrheit leben wollte, so meinte ich gerade das Gegenteil tun zu müssen und alles, worin sich auch nur das kleinste Bedenken auffinden liesse, als vollkommen falsch verwerfen, um zu sehen, ob danach nichts ganz Unzweifelhaftes in meinem Fürwahrhalten übrigbleiben würde. So wollte ich, weil unsere Sinne uns bisweilen täuschen, annehmen, dass kein Ding so wäre, wie die Sinne es uns vorstellen lassen; und weil sich manche Leute in ihren Urteilen selbst bei den einfachsten Materien der Geometrie täuschen und Fehlschlüsse machen, so verwarf ich, weil ich meinte, dem Irrtum so gut wie jeder andere unterworfen zu sein, alle Gründe als falsch, die ich vorher zu meinen Beweisen genommen hatte (...). Alsbald aber machte ich die Beobachtung, dass, während ich so denken wollte, alles sei falsch, doch notwendig ich, der das dachte, irgend etwas sein müsse, und da ich bemerkte, dass diese Wahrheit ‹ich denke, also bin ich› (je pense, donc je suis; Ego cogito, ergo sum, sive existo) so fest und sicher wäre, dass auch die überspanntesten Annahmen der Skeptiker sie nicht zu erschüttern vermöchten, so konnte ich sie meinem Dafürhalten nach als das erste Prinzip der Philosophie, die ich suchte, annehmen.» [9]

Der Textausschnitt aus Descartes' «Abhandlung über die Methode des richtigen Vernunftgebrauchs» verweist auf jene bekannte Antwort, die sagt, dass ich Gewissheit nur über meine eigene Existenz, mein denkendes Ich, mein Bewusstsein habe. Alles andere, sagt Descartes, ist «ausserhalb» mir, somit bezüglich der adäquaten Erkenntnis anzuzweifeln und – da es möglich ist, dass kein Ding so ist, wie wir es mit den Sinnen wahrnehmen – letztlich wegdenkbar: cogito, ergo sum. Was bleibt so als Gewissheit? Die Tatsache meines zweifelnden Ich, denn das Zweifeln setzt die Existenz dieses Ich, das zweifeln kann, voraus.

Descartes überlegt weiter: «Aber was bin ich denn nun? Ein denkendes Ding. Was ist das? – Ein Ding, das zweifelt, einsieht, bejaht, verneint, will, nicht will, das auch bildlich vorstellt und empfindet. – Das ist in der Tat nicht wenig, wenn das alles zu meiner Natur gehören soll.» [10] Diese Textstelle aus den «Meditationen über die Erste Philosophie» zeigt, dass Descartes das denkende Ich und damit den denkenden Menschen nicht einengt auf ein rein kognitiv-intellektuelles Erkennen. Denken heisst für Descartes auch Empfinden, Wollen, Fühlen. Auch das Staunen ist Descartes nicht fremd. Ja, der Mensch in seiner Ganzheit bleibt auch für Descartes letztlich ein Ehrfurcht abringendes Rätsel:

«Hieraus beginne ich schon etwas besser zu erkennen, wer ich sein mag. Es scheint mir aber doch noch – und ich kann mich der Meinung nicht erwehren –, dass die körperlichen Gegenstände, deren Bilder im Bewusstsein entstehen und die von den Sinnen erkundet werden, viel deutlicher erkannt werden als jenes rätselhafte Meinige, das nicht bildhaft vorstellbar ist. Wunderbar bleibt es allerdings, dass ich Dinge, von denen mir klar ist, dass sie ungewiss, unbekannt, mir fremd sind, deutlicher erkenne als das Wahre, Bekannte, also als mich selbst.» [11]

Der kritisch-vernünftig und sittlich handelnde Mensch

In der Geschichte des Nachdenkens des Menschen über sich und seine Stellung in der Welt und über die Wirklichkeit ist – wie bei Sokrates – die Frage «Was kann ich erkennen?» immer wieder gekoppelt mit der Frage «Wie soll ich mein Leben rechtschaffen gestalten?» Beide Fragen und die Antworten stehen in einem vielfältigen Zusammenhang. Dies lässt sich an einem weiteren Beispiel zeigen, an einigen Elementen des Denkens von Immanuel Kant (1724–1803). Die Frage «Was kann ich wissen?» war auch für ihn eine grundlegende Frage. Andeutungsweise gesagt, führt diese Frage seines Denkens ihn unter anderem zur Erkenntnis, dass wir die Wirklichkeit, d. h. die Gegenstände in der Welt über unsere Sinnesorgane erfahren können. Wie die Gegenstände aber wirklich sind, das «Ding an sich», können wir mit unseren Sinnen nicht erkennen. Wir nehmen mit ihnen sozusagen nur ihre Erscheinungen wahr. Neben dieser sinnlichen Anschauung können wir mit unserem Verstand die Erscheinungen denkerisch ordnen, miteinander in Beziehung bringen und sie so als jeweilige Einheit denkerisch erkennnen.

Dies gilt auch für die Erkenntnis von uns selbst. Wir erfahren uns Menschen sozusagen als Erscheinung, und der Verstand kann diese inneren und äusseren Erscheinungen ordnend zu einer Einheit verknüpfen. Das Menschsein selbst liegt nicht in unserem Erfahrungs- und Erkenntnisbereich. Es gehört als Idee des Ich, der Seele mit den zwei übrigen transzendentalen Ideen – Welt und Gott – zu den Vernunftideen. Den Ideen der menschlichen Seele (des Ich) kommt – wie den beiden übrigen (Gott, Welt) – eine regulative Bedeutung zu, indem sozusagen das erfahrene und geordnete Material auf sie ausgerichtet wird. Das gedachte Ich bringt den Verstand dazu, die am Menschen erfahrenen Erscheinungen so zusammenzuführen, dass wir uns die Vorstellung von einer Einheit, einem einheitlichen Wesen, der menschlichen Seele, eines Ich denken können.

Die Frage «Was kann ich wissen?» war aber für Kant nur eine seiner grundlegenden Fragen, sie betrifft die Erkenntnisfähigkeit des Menschen, die erkenntnistheoretische Dimension. «Man kann aber das Bedürfnis der Vernunft als zwiefach ansehen: erstlich in ihrem theoretischen, zweitens in ihrem praktischen Gebrauch», schreibt Kant in seiner Abhandlung «Was heisst: sich im Denken orientieren?» [12]

Und dieser «praktische Gebrauch der Vernunft besteht in der Vorschrift der moralischen Gesetze». Diese betreffen den Menschen als wollendes, entscheidendes, handelndes Wesen. Als solches weiss sich der Mensch unter allgemeingültigen Gesetzen und Regeln, die ihm die Vernunft vorgibt. Wie in einem Brennpunkt lassen sich diese in Kants «kategorischem Imperativ» zusammenfassen: «Handle nur nach derjenigen Maxime, durch die du zugleich wollen kannst, dass sie ein allgemeines Gesetz werde. [13] Das Handeln des einzelnen Menschen darf also den möglichen Regeln einer allgemeinen Gesetzgebung nicht zuwiderlaufen. Basis für diese Grundhaltung bildet der Gemeinsinn (sensus communis), nicht umgangssprachlich, sondern in seiner spezifischen Bedeutung verstanden: «Unter dem sensus communis aber muss man die Idee eines gemeinschaftlichen Sinnes, d. i. eines Beurteilungsvermögens verstehen, welches in seiner Reflexion auf die Vorstellungsart jedes andern in Gedanken (a priori) Rücksicht nimmt, um gleichsam an die gesamte Menschenvernunft sein Urteil zu halten, und dadurch der Illusion zu entgehen, die aus subjektiven Privatbedingungen, welche leicht für objektiv gehalten werden könnten, auf das Urteil nachteiligen Einfluss haben würde.» [14]

So den erkennenden und sittlich handelnden Menschen betrachtend, stellt Kant die Frage nach dem Wesen des Menschen, nach der Möglichkeit einer Lehre vom Menschen, einer Anthropologie: «Das Feld der Philosophie in dieser weltbürgerlichen Bedeutung lässt sich auf folgende Fragen bringen:

1. Was kann ich wissen?
2. Was soll ich tun?
3. Was darf ich hoffen?
4. Was ist der Mensch?

Die erste Frage beantwortet die Metaphysik, die zweite die Moral, die dritte die Religion und die vierte die Anthropologie. Im Grunde könnte man aber alles dieses zur Anthropologie rechnen, weil sich die drei ersten Fragen auf die letzte beziehen.» [15]

In seinen Schriften zur Anthropologie geht Kant auf die verschiedenen praktischen Einzelfragen, die sich aus den angeführten Grundfragen ergeben, ein. Für Kant rief die Forderung nach sittlich handelnden Menschen die Frage hervor, wie der Mensch zu diesem vernünftig-sittlich handelnden Wesen werde. Seine Antwort: Durch Erziehung. So entwarf er vor allem in seiner Vorlesung «Über Pädagogik» aus dem Jahre 1803 sozusagen die Grundlinien einer pädagogischen Anthropologie. Ausgehend vom Vergleich des Menschen mit dem Tier, stellt er fest, dass «der Mensch (...) das einzige Geschöpf» ist, «das erzogen werden muss». Um Mensch zu werden, braucht er Erziehung, d. h. «Wartung (Verpflegung, Unterhaltung), Disziplin (Zucht) und Unterweisung nebst der Bildung». Denn «der Mensch kann nur Mensch werden durch Erziehung. Er ist nichts, als was die Erziehung aus ihm macht. Es ist zu bemerken, dass der Mensch nur durch Menschen erzogen wird, durch Menschen, die ebenfalls erzogen sind. Daher macht auch Mangel an Disziplin und Unterweisung bei einigen Menschen sie wieder zu schlechten Erziehern ihrer Zöglinge». [16]

Kant setzte – wie seine Zeit grundsätzlich – grosse Hoffnungen in die Erziehung: «Vielleicht, dass die Erziehung immer besser werden, und dass jede folgende Generation einen Schritt näher tun wird zur Vervollkommnung der Menschheit; denn hinter der Edukation steckt das grosse Geheimnis der Vollkommenheit der menschlichen Natur. Von jetzt an kann dieses geschehen.» [17]

Kant sah als Ziel der Erziehung ein künftig glücklicheres Menschengeschlecht. Für ihn benötigte die Realisierung eines solchen Zieles lange Zeit. Dieses Ziel zeigte sich ihm in der Idee, die nichts anderes sei als der «Begriff von einer Vollkommenheit, die sich in der Erfahrung noch nicht vorfindet». [18] Nachdem die Menschen diese Idee einer Vollkommenheit nun kennen, sind sie auch dazu aufgerufen, diese zu verwirklichen zu trachten, auch wenn es gewiss ist, «dass nicht einzelne Menschen, bei aller Bildung ihrer Zöglinge, es dahin bringen können, dass dieselben ihre Bestimmung erreichen». Auch wenn «nicht einzelne Menschen, sondern die Menschengattung» dorthin gelangen kann und soll, ist doch der einzelne Mensch verpflichtet, auf dieses Ziel hinzuwirken.

Die Lehre vom Menschen als philosophische Anthropologie

Kant war nicht der einzige, der sich in seiner Zeit der Beantwortung der Frage widmete, wie der Mensch und die Menschheit als Gattung einen glücklicheren, vollkommeneren Zustand erreichen könnte. Schon seit den Epochen des Humanismus, der Renaissance und der Reformation –

die Epochenbezeichnungen sprechen für sich – hat sich ein neues Welt- und Menschenverständnis angebahnt, versuchte man den Menschen, in immer differenzierterer Weise und mit wissenschaftlichen Methoden, besser zu verstehen und ihn in seinen vielfältigen Bezügen zu erfassen. In den Epochen der Aufklärung und der Klassik war die Zeit sozusagen reif, den neuen Horizonten Ausdruck zu geben. So setzte sich Voltaire (1694–1778) in seinen Schriften für eine Besinnung auf die dem Menschen als Menschen zukommenden Werte der Vernunft, der Toleranz und der Freiheit aller ein. 1780 erschien «Die Erziehung des Menschengeschlechts» von Gotthold Ephraim Lessing (1729–1781), 1793 von Friedrich Schiller (1759–1805) die Abhandlung «Über die ästhetische Erziehung des Menschen» und 1797 Johann Heinrich Pestalozzis (1746–1827) philosophisch-anthropologisches Hauptwerk «Meine Nachforschungen über den Gang der Natur in der Entwicklung des Menschengeschlechts».

Ein für die anthropologisch-pädagogische Fragestellung wegweisender Denker war Johann Gottfried Herder (1744–1803). Schon in seinem 1772 erschienenen Werk «Abhandlung über den Ursprung der Sprache» legte Herder wesentliche Grundgedanken seiner Lehre vom Menschen dar. Ausgehend vom Vergleich des Menschen mit dem Tier, weist er die Bedeutung der Sprache für die Entwicklung der Menschheit und des Menschen auf. In den Jahren 1784–1791 erarbeitete er sein philosophisches Hauptwerk «Ideen zur Philosophie der Geschichte der Menschheit», das als grundlegendes Werk der Anthropologie betrachtet werden kann. Der humanistische Philosoph nahm in seiner Beschreibung und Interpretation der menschlichen Eigenart neuzeitliche Erkenntnisse und Einsichten in genialer Weise voraus. Vieles, was Herder entdeckend und erahnend beschrieb, wurde in unserer Zeit bestätigt (manchmal korrigierend), erhärtet und verfeinert.

«Das menschliche Kind kommt schwächer auf die Welt, als keins der Thiere; offenbar weil es zu einer Proportion gebildet ist, die in Mutterleibe nicht ausgebildet werden konnte.(...) Der Mensch allein bleibt lange schwach: denn sein Gliederbau ist, wenn ich so sagen darf, dem Haupt zuerschaffen worden, das übermässig gross in Mutterleibe zuerst ausgebildet ward und also auf die Welt tritt.(...) Das schwache Kind ist also, wenn man will, ein Invalide seiner obern Kräfte und die Natur bildet diese unablässig und am frühesten weiter. Ehe das Kind gehen lernt, lernt es sehen, hören, greifen und die feinste Mechanik und Messkunst dieser Sinne üben. Es übt sie so Instinktmässig als das Thier; nur auf eine feinere Weise.(...) Bliebe der Mensch ein Thier, so würde er, da er schon alles kann, ehe ers lernte, nichts menschliches lernen. Entweder musste ihm also die Vernunft, als Instinkt angeboren werden, welches sogleich als Widerspruch erhellen wird, oder musste, wie es jetzt ist, schwach auf die Welt kommen, um Vernunft zu lernen.
...

Hieraus erhellet, was menschliche Vernunft sei: ein Name, der in den neuen Schriften so oft als ein angebohrnes Automat gebraucht wird und als solches nichts als Misdeutung giebet. Theoretisch und praktisch ist Vernunft nichts als etwas Vernommenes, eine gelernte Proportion und Richtung der Ideen und Kräfte, zu welcher der Mensch nach seiner Organisation und Lebensweise gebildet worden. Eine Vernunft der Engel kennen wir nicht: so wenig als wir den innern Zustand eines tiefern Geschöpfs unter uns innig einsehn; die Vernunft des Menschen ist menschlich.(...) Das ist seine Vernunft, das fortgehende Werk der Bildung des menschlichen Lebens.

...

Um die Hoheit dieser Bestimmung zu fühlen, lasset uns bedenken, was in den grossen Gaben Vernunft und Freiheit liegt und wieviel die Natur gleichsam wagte, da sie dieselbe einer so schwachen vielfachgemischten Erdorganisation, als der Mensch ist, anvertraute. Das Thier ist nur ein gebückter Sklave; wenn gleich einige edlere derselben ihr Haupt empor heben oder wenigstens mit vorgestrecktem Halse sich nach Freiheit sehnen. Ihre noch nicht zur Vernunft gereifte Seele muss nothdürftigen Trieben dienen und in diesem Dienst sich erst zum eignen Gebrauch der Sinne und Neigungen von fern bereiten. Der Mensch ist der erste Freigelassene der Schöpfung; er stehet aufrecht. Die Waage des Guten und Bösen, des Falschen und Wahren hängt in ihm: er kann forschen, er soll wählen. Wie die Natur ihm zwo freie Hände zu Werkzeugen gab und ein überblickendes Auge, seinen Gang zu leiten: so hat er auch in sich die Macht, nicht nur die Gewichte zu stellen, sondern auch, wenn ich so sagen darf selbst Gewicht zu seyn auf der Waage.

...

So ist der Mensch im Irrthum und in der Wahrheit, im Fallen und Wiederaufstehen Mensch, zwar ein schwaches Kind, aber doch ein Freigebohrener: wenn noch nicht vernünftig, so doch einer bessern Vernunft fähig, wenn noch nicht zur Humanität gebildet, so doch zu ihr bildbar.»[19]

Herders ganzheitliche Betrachtung des Menschen und die Darstellung seiner biologisch-geistigen Sondernatur mit den morphologisch-anatomischen Eigenheiten und dem evolutiven Element muten geradezu neuzeitlich an. Ebenso bilden sein Appell zur humanen, sinnorientierten Lebensgestaltung, die Humanität als Auftrag des Menschseins, seine Einsicht in die Bedeutung der Sprache für das Werden des Menschen sowie sein Vertrauen in den erzieh- und bildbaren Menschen Kerngedanken einer jeden philosphischen und pädagogischen Anthropologie.

So verweisen denn auch jene Philosophen, die in der ersten Hälfte unseres Jahrhunderts die eigentliche philosophische Anthropologie begründeten, in ihren Arbeiten immer wieder auf Herder: Max Scheler (1874–1928), Arnold Gehlen (1904–1976) und Helmut Plessner (1892–1985).[20]

In Kapitel zwei werden wir auf die Sichtweisen des Menschen in den Arbeiten dieser genannten Vertreter der philosophischen Anthropologie zu sprechen kommen.

Ich habe in diesem Abschnitt anhand einiger skizzenhafter Beispiele zu zeigen versucht, wie der Mensch, Fragen stellend und Antworten suchend, stets bemüht ist, sich selbst und seine Stellung in der Welt zu erkunden, zu deuten, dabei die hier angenommene staunend-fraglose Geborgenheit aufgibt und zu einem kritisch und verantwortungsbewusst denkenden und handelnden Wesen wird. Und indem er mit Fragen und Antworten diese Deutung vornimmt, gestaltet er sich selbst, d. h. sein Leben und die ihn umgebende Welt. Dies gilt für den einzelnen Menschen wie für die Menschheit als Gattung. Und bei näherem Zusehen zeigt sich in den Entwicklungslinien, dass die Fragen und Antworten zunehmend vielfältiger, differenzierter und komplexer werden. Der Gestaltungsprozess zieht immer grössere Kreise mit feineren und enger verknüpften Strukturen, er offenbart sich als ein vielfältiges, in sich zusammenhängendes Werden.

Seit die Differenzierung der Wissenschaften und ihrer jeweiligen Methoden so stark fortgeschritten sind und immer noch fortschreiten, ist der Auftrag des delphischen Gottes nach Erkenntnis des Menschen zunehmend nur noch im gemeinsamen Bemühen der an der Erforschung des Menschen beteiligten Wissenschaften, in interdisziplinären Bemühungen möglich.[21]

So wissen wir denn heute über den Menschen in seiner ganz eigenartigen Doppelnatur als körperlich-geistiges Wesen gerade aufgrund dieses interdisziplinären Gesprächs sehr viel - aber immer noch sehr wenig oder wie Helmut Plessner sagt:

> «Die Verborgenheit des Menschen für sich selbst wie für seine Mitmenschen - homo absconditus - ist die Nachtseite seiner Weltoffenheit. Er kann sich nie ganz in seinen Taten erkennen - nur seinen Schatten, der ihm vorausläuft und hinter ihm zurückbleibt, einen Abdruck, einen Fingerzeig auf sich selbst. Deshalb hat er Geschichte. Er macht sie, und sie macht ihn. Sein Tun, zu dem er gezwungen ist, weil es ihm erst seine Lebensweise ermöglicht, verrät und verschleiert sich ihm in einem. Seine Geschichte hat keinen Anfang und kein Ende. Denn die Deutung der Ereignisse hängt nicht nur von irgendeiner Ausgangskonstellation ab, sondern ebensosehr von ihren Wirkungen - offen zu unabsehbarer Zukunft.»[22]

1.2 Das Erzieherische im Leben des Menschen

Der Mensch ist aber nicht nur das fragende, entscheidende, handelnde und fühlende Wesen. Da er aufgerufen ist, sein Leben und die Welt zu gestalten und - wie wir bei Herder gesehen haben - sich zur Humanität bilden soll, kann er nicht nur fragen, was er ist und wie er sich und die

Wirklichkeit erkennen kann. Er muss auch fragen, was er tun soll und darf, wie sich Humanität verwirklichen lässt und – in die Zukunft blikkend – wie er werden soll. Diese Fragen berühren die Erziehung des Menschen. So beinhaltet jede Lehre vom Menschen auch Elemente einer Lehre von der Erziehung, jede Anthropologie eine pädagogische Dimension. Oft bündeln sich die jeweiligen Bilder und Vorstellungen vom Menschen wie in einem Brennpunkt in der Ansicht über seine Erziehung.

1.21 Erziehung und Erziehungsbedürftigkeit

Kant sagt in seiner Logik im Jahre 1800, der eigentliche Philosoph sei «der praktische Philosoph, der Lehrer der Weisheit durch Lehre und Beispiel», und er verweist auf Sokrates, der, wie wir schon sahen, als Philosoph vorbildhafter Lehrer und Erzieher war. Nicht nur im Altertum, zur Zeit der Klassik und Aufklärung wurden erzieherische Fragen von Philosophen und – vor allem im Mittelalter – von Theologen behandelt und waren die Philosophen und Theologen grosse Erziehergestalten.[23] Im Laufe der Entwicklung des Menschen verfeinerten sich die einzelnen Fragestellungen des Menschen an sich und an seine Umwelt zunehmend. Neue gefundene Antworten riefen nach neuen Fragen. Im Zuge dieser inhaltlichen und methodischen Differenzierung verästelte sich auch die Betrachtung des Menschen immer stärker. Aus neuen Gesichtspunkten wurden neue wissenschaftliche Disziplinen mit eigenen Fragestellungen und eigenen Methoden. So schälte sich auch die Frage nach der Erziehung des Menschen aus der Philosophie heraus. Im Fach Pädagogik und später in der Erziehungswissenschaft wurde der Erziehung durch die berufsmässigen Pädagogen und Erziehungswissenschafter ein eigenes Lehr- und Forschungsgebiet geformt. In jüngster Zeit zergliederte sich die Pädagogik wiederum in verschiedene Spezialgebiete wie z. B. Schulpädagogik, Allgemeine Pädagogik, Sozialpädagogik, die Didaktiken, pädagogische Psychologie, Soziologie und pädagogische Anthropologie. Es ist dies ein Vorgang, den wir in allen übrigen Lebensbereichen und Wissenschaftsdisziplinen ebenfalls beobachten können. Jede Disziplin und Teildisziplin entwickelt ihre eigene Fragestellungen und ihre eigene Methode. In Wirklichkeit ist die Entwicklung und Differenzierung gerade des wissenschaftlichen Erkennens ein äusserst vielschichtig und nur unzulänglich zu verstehender Prozess.[24] Bei der Frage nach der Erziehung des Menschen aber stossen wir bei all der Vielfalt immer wieder auf die in der Einleitung genannten Grundfragen: Weshalb und wozu braucht der

Mensch/die Menschheit Erziehung und Unterricht? Welches sind Ziele des Daseins, der Erziehung, des Unterrichts? Wie soll erzogen und unterrichtet werden? Welches sind die Inhalte von Erziehung und Unterricht? Wer soll erziehen und unterrichten? Dies sind auch die Themen, die das Gebiet jener Disziplin abdecken, die heute immer mehr eine die vielen Einzelerkenntnisse integrierende Aufgabe übernehmen muss: die pädagogische Anthropologie.

Dem Worte nach geht Pädagogik zurück auf das griechische pais (Παῖς, παιδός; Sohn, Kind) und agein (ἄγειν; führen, treiben) bzw. agogae (ἡ ἀγωγή; Führung, Leitung). Pädagogische Anthropologie wäre danach die Kunde, die Lehre vom Menschen unter dem Gesichtspunkt der Erziehung, der Führung des Kindes. Gewiss sind pädagogisch-anthropologische Fragestellungen seit je in Werken über den Menschen angesprochen und behandelt worden und enthalten Werke der Dichter implizit oft pädagogisch-anthropologisch bedeutsame Aussagen. Die Werke bedeutender Pädagogen, wie z. B. jene von John Locke (1632–1704) oder Johann Heinrich Pestalozzi (1746–1827) oder jene in der Nachfolge von Wilhelm Dilthey (1833–1911), wie z. B. jene von Theodor Litt oder Hermann Nohl, sind pädagogisch-anthropologische Werke im klassischen Sinne. Arbeiten aber, die sich mit dem Menschen explizit unter dem Thema pädagogische Anthropologie befassen, erschienen erst in den 50er Jahren. So sind zu nennen z. B. die Werke von Martinus. J. Langeveld (Studien zur Anthropologie des Kindes, 1956; Kind und Jugendlicher in anthropologischer Sicht, 1959), von Otto Friedrich Bollnow (Die anthropologische Betrachtungsweise in der Pädagogik, 1965), Josef Derbolav (Probleme und Aufgaben einer pädagogischen Anthropologie im Rahmen der Erziehungswissenschaft, 1959), Andreas Flitner (Hrsg., Wege zur pädagogischen Anthropologie, 1963). In den Jahren 1966 (1. Band) und 1971 (2. Band) erschien die umfassende «Pädagogische Anthropologie» von Heinrich Roth.

Langeveld hat in seiner «Einführung in die theoretische Pädagogik» im Jahre 1949 die Tatsache des Menschen «als ‹animal› educandum» als «das philosophische Grundproblem der Pädagogik» bezeichnet.[25] Der Mensch muss erzogen werden und ist erziehbar, weil sein Leben von einem polaren «Grundverhältnis (...) von ‹selbst-sein› und ‹soziales Wesen sein›» beherrscht wird.[26] Langeveld meint damit das vitale Streben des Kindes im Sinne des «Selbst-jemand-sein-Wollen», das zugleich ein Streben ist, «genau wie die anderen sein» zu wollen: «Eine derartige Beeinflussbarkeit und Empfänglichkeit für Leitung, zusammen mit einer derartigen Veranlagung, selbst jemand zu sein, ist wohl die ganz offensichtliche Voraussetzung, wenn nicht gar Indikation, für Erziehbarkeit». So kann der Mensch auch als «‹animal› educandum», als «‹Thier›, das erzogen werden muss» betrachtet werden, «weil es ein ‹animal educabile›, ein auf Erziehung angelegtes und angewiesenes ‹Tier› ist». [27]

Seit Langeveld den Menschen als ein Wesen, das erzogen werden muss und das erziehungsfähig ist, charakterisiert hat, ist die Erziehungsbedürftigkeit und -fähigkeit zum Kernbegriff und zum zentralen Thema der pädagogischen Anthropologie geworden. Gleichzeitig aber ist der Begriff der Erziehungsbedürftigkeit als zentrale Kategorie der pädagogischen Anthropologie heftig kritisiert worden, vor allem von Wolfgang Brezinka. [28] Ich will hier weder die zahlreichen Ansätze zu Modellen und Theorien der pädagogischen Anthropologie noch die Kontroverse um den Begriff der Erziehungsbedürftigkeit nachzeichnen. Beide Komplexe sind in der Literatur genügend dokumentiert, so erstere etwa in dem Sammelband «Diskussion Pädagogische Anthropologie» von Eckard König und Horst Ramsenthaler [29] und letztere etwa im Handbuchartikel «Erziehungsbedürftigkeit» von Rita Süssmuth [30], im erwähnten Werk von Wolfgang Brezinka sowie in den Arbeiten von Karl Dienelt. [31]

So wie der Begriff der Erziehungsbedürftigkeit nur innerhalb einer umfassenden Klärung des jeweiligen Menschenbildes verstanden werden kann, so bedarf auch das Phänomen der Erziehung selbst und damit die Klärung des Erziehungsbegriffs eines jeweiligen anthropologischen Fundamentes. Diese Notwendigkeit hat Wilhelm Flitner in seinem erstmals 1950 erschienenen Werk «Allgemeine Pädagogik» herausgearbeitet. [32] Erziehung ist nach Flitner, «was wir aus ihr machen, indem wir in ihr existieren.» [33] Erziehung ist nach ihm ein Begriff, der «sich nicht exakt aussprechen» lässt. Man kann «nur auf die Stelle hindeuten, wo er nachvollziehbar wird», er ist «nur im konkreten Vollzug da». Dieses erzieherische Geschehen lässt sich nur durch «mehrere Betrachtungsweisen» aufklären, «Betrachtungen, die auf verschiedenen Graden der Abstraktion beruhen und sich, je tiefer sie sind, dem Konkreten doch nur annähern.» Flitner unterscheidet vier Sichtweisen des Menschen und der Erziehung: die biologische Betrachtungsart, die geschichtlich-gesellschaftliche Betrachtungsweise, die Erziehung als geistige Erweckung und die personale Betrachtungsweise:

«Der Begriff des Erzieherischen kann dadurch umfassend bestimmt werden, dass alle die genannten vier Hauptansichten der Erziehung als Glieder *eines* Gefüges genommen werden. Alle diese Ansichten haben ihre Gültigkeit; aber ihre Fähigkeit, die Erziehung zu bezeichnen, ist begrenzt. Sie bilden in ihrer Gegensätzlichkeit ein Ganzes, das nie in einem widerspruchsfreien System darstellbar ist. Die Erziehung ist als Wirklichkeit unseres Lebens mannigfaltig in ganz verschiedenen Situationen erfahrbar; sie ergibt von aussen und von innen, als kollektives oder personales Phänomen gesehen, jeweils ein anderes Bild und hat doch in sich einen sachlichen Zusammenhang.

Von aussen und vom Einzelnen her gesehen ist Erziehung: mit dem Wachstumsprozess verbundene Entfaltung des ‹Naturwesens› Mensch zur Anpassung an die Lebensbedingungen und zur Entfaltung seiner Lebensfülle.

Von aussen und vom Gemeinsamen her gesehen ist sie kultureller Einordnungsprozess: die Übertragung des Kulturbesitzes an Neuaufwachsende oder in einen geschichtlichen Lebenskreis eintretende Neuankömmlinge bis zur sozialen Mündigkeit.

Von innen und vom Gemeinsamen der geschichtlich-gesellschaftlichen Seite her gesehen ist sie geistiger Erweckungsprozess als Höherführung des reifenden Menschen in der Begegnung und im geistigen Verkehr mit Gereifteren: die Einführung in das Verstehen der Ordnungen und Überlieferungen aus den Werten, den Ideen, dem Sinn der Sache selbst; die Hinleitung zur Produktivität in den geistigen Grundtätigkeiten, welche in allen Lebensordnungen und Lebensäusserungen enthalten sind.

Von innen und von der personalen Existenz des Menschen her gesehen ist Erziehung schliesslich der geistige Erweckungsprozess eines sittlichen und vertrauenden Lebens; er entsteht im Verhältnis von Menschen, die um das persönliche Sein wissen und dem Glauben erschlossen sind, zu ihren Nächsten, die ihrer Hilfe bedürfen.

Die Erziehungswirklichkeit ist alles, was sich auf diese Prozesse bezieht, zugleich. Je nach der Lage und Betrachtungsart, die uns zukommt, nach unserem Amt, unserer Beziehung zum andern, unserem Reifegrad, ist sie dieses alles jeweils in verschiedenem Grade und in verschiedener Mischung.

Nur wo die Untrennbarkeit aller vier Betrachtungsweisen angenommen wird, vermögen wir darum einen umfassenden Erziehungsbegriff zu gewinnen.» [34]

Diese vierfache Betrachtungsweise des Erzieherischen ist bestimmt durch die grundsätzliche Auffassung «vom Menschen, von der Welt und vom Transzendenten». Die Erkenntnisse aus den erzieherischen Betrachtungsweisen tragen ihrerseits wiederum bei, die «Auffassung vom Menschen zu kontrollieren und zu berichtigen.» [35] Obwohl die einzelnen Betrachtungsweisen «um ihrer Eigenständigkeit willen» auseinanderstreben, wollen sie auch zu einer Einheit verarbeitet sein, und je vollständiger die «vier Betrachtungsweisen aufeinander bezogen sind, um so reicher und wahrer wird (...) auch die Einsicht in das erzieherische Phänomen sein».

Die Entfaltung des Begriffs des Erzieherischen, wie sie Flitner in den angeführten Abschnitten vornimmt, zeigt, dass die Auffassung von der Erziehung nur auf dem Hintergrund der jeweiligen Bilder vom Menschen und seines Daseins verständlich wird. Der pädagogischen Anthropologie kommt die Aufgabe zu, diese Zusammenhänge aufzuhellen und Orientierungsgesichtspunkte aufzuzeigen und sich um «die Integration der verschiedenen Einzelwissenschaften vom Menschen unter dem Gesichtspunkt der Erziehung» [36] zu sorgen.

1.22 Der Mensch als Werdender und Lernender

In den bisherigen Ausführungen versuchte ich anzudeuten, wie der Mensch als Fragen stellendes und Antworten suchendes Wesen sich selbst und die Wirklichkeit zu verstehen und zu erkennen versucht und dadurch sich selbst, sein Leben und die ihn umgebende Wirklichkeit gestaltet. Dieser Vorgang spielt sich als ein dauerndes Geschehen, als ein vielfältig verwobener und durch stete Rückkoppelungen gekennzeichneter Prozess ab. Die Bewegung, die (in einem ganz bestimmten Sinn, wie wir in Kapitel zwei sehen werden) ein Grundphänomen des Lebens darstellt, gelangt im Leben der Menschheit und des einzelnen Menschen zu einer spezifischen Form und Ausprägung: Leben wird hier - unter anderem - zu einem geistigen, zu einem unabgeschlossenen und offenen Werden. Das vielschichtige Werden des Menschen, seine Fähigkeit und Notwendigkeit zu lebenslangem Lernen in seinen vielfältigsten Formen und - in seinem Fragen und Antworten - zur geistigen Gestaltung der Wirklichkeit ist der Ausgangspunkt und der Brennpunkt des folgenden pädagogisch-anthropologischen Gedankenganges. Diese Andeutungen zeigen, dass Lernen und Werden hier in einem weiten und zugleich spezifischen Sinne verstanden sind.

Werden gebrauche ich hier nicht im Sinne einer bestimmten philosophischen Schule oder Richtung und demzufolge auch nicht im Sinne des festen Begriffspaares Sein und Werden. Im philosophischen Nachdenken finden wir diese Thematik immer wieder, angefangen von den Positionen und Lösungsversuchen in der griechischen Philosophie über die Scholastik, Hegel und Nietzsche bis zu den gegenwärtigen naturphilosophisch orientierten Ansätzen.[37] Mit der Idee und Kategorie des Werdens möchte ich auf einen Grundgedanken des hier vorgestellten Konzeptes hinweisen. Darin besagt Werden In-Bewegung-Sein, grundsätzliche Unabgeschlossenheit und Offenheit eines Prozesses. In diesem Sinne drückt Werden ein Merkmal meines Verständnisses von Leben im allgemeinen, des menschlichen Lebens im besonderen aus. Diese Sichtweise lässt sich vielleicht erhellen durch einen Hinweis auf den Philosophen Paul Häberlin. Für Häberlin bedeutet «Sein» so viel wie «In-Bewegung-Stehen».[38] So ist «Sein nichts anderes als ständiges Geschehen, und zwar durch Aktivität der Einzelwesen. Durch diese Aktivität wird jedesmal etwas anders. Geschehen ist Veränderung». Diese Veränderung geschieht dadurch, dass stets neue «Begegnungs-Situationen» geschaffen werden, in denen das Einzelwesen neue Stellungnahmen einnimmt. Diese Veränderung ist aber «nicht ein Anderswerden der Eigenart (des Wesens) der beteiligten Einzelnen, sondern ausschliesslich Änderung ihrer Stellungnahme, ihres Verhaltens, welches jedesmal gerade aus ihrer gleichbleibenden Eigenart erfolgt. Das Einzelne verändert sich allein in der Weise, dass es sich in jeder Begegnung auf besondre Weise beträgt. Alle Veränderung in der Welt besteht in Änderung des individuellen Betragens ohne Änderung der individuellen Eigenart».

Häberlin nimmt mit dieser Position bewusst eine Mittelstellung zwischen dem «Heraklitismus» und dem «Eleatismus» ein. Diese hätten je auf ihre Art versucht, das Problem von «Sein und Veränderung aus der Welt zu schaffen, dadurch, dass man entweder das Sein oder die Echtheit des Werdens leugnete.»[39] Für Häberlin aber ist «Werden (...) echte, nicht nur scheinbare Veränderung. Sein ist Leben als irreversibler Prozess». Häberlin sucht eine Lösung in Anknüpfung an aristotelisches Gedankengut: «Wirklichkeit und Möglichkeit sind nicht zu verwechseln». Die Aktivitäten des Menschen schaffen «im Ganzen», also bezogen auf den Menschen und die Welt, immer neue Situationen. Dadurch wird «‹verwirklicht›, was bisher nicht Wirklichkeit, aber mögliche Wirklichkeit war. In der Wirklichkeit ist alle Möglichkeit ‹aufgehoben›, aber so, dass die Wirklichkeit die Fülle der unendlichen Möglichkeiten in neuer Variation enthält. So ist jeder ‹Zustand› des Seins zugleich das Seiende selbst, in der Unendlichkeit des Möglichen, und doch je eine neue und andere ‹Wirklichkeit›». Auf diese Weise versucht Häberlin «Veränderung» hinsichtlich des menschlichen Seins und Werdens zu lösen. Durch den Einbezug des jeweiligen gesamten Kontextes in die neuen Situationen, die die Menschen schaffen, gilt Häberlins Grundsatz in einem gewissen Sinne auch für die Umwelt im Ganzen. So ist das Werden «ein echter Prozess der ewigen Verwirklichung des Seienden, nicht ein Kreislauf und nicht ein ‹Treten-an-Ort›. Was wirklich ist, war einmal möglich, ist aber nun so nicht mehr möglich. Jede Wirklichkeit hat ihre Möglichkeit(en?, U.P.L.); sie wird in Wirklichkeit verwandelt durch Aktion in neue Wirklichkeit mit der ihr zugehörigen neuen Möglichkeit. Dies ist Sein als Leben, und anders ist Sein nicht». So wie für Häberlin «der Sinn des Geschehens» nicht in einem Zweck liegt, sondern das Leben selbst ist, so ist «der Prozess des Werdens (...) ewig, weil Sein als Leben ist».

Im Sinne Häberlins meine ich mit Werden stetes aktives Wirklichkeit-Werden von Möglichkeiten, damit auch einen Fortgang, eine Bewegung. Diese Bedeutung der stetigen Bewegung liegt auch dem ursprünglichen Wort Werden zugrunde. Die Gebrüder Grimm weisen in ihrem Deutschen Wörterbuch nach, dass Werden schon immer die allgemeine Bedeutung von Bewegung, Geschehen, Entwicklung hatte.[40] Werden in diesem Sinne besagt, wie das Wort Bewegung, auch immer zugleich «Werden auf etwas hin». Ein Werden schliesst also eine Gerichtetheit in sich, ohne aber zum vornherein auf ein Ziel fixiert zu sein. So klingt gleichzeitig eine Offenheit an. Wir könnten sagen, dass das so verstandene Werden eine unbestimmte Gerichtetheit beinhaltet. Für den folgenden Gedankengang kann menschliches Werden als ein Prozess der Selbst- und Wirklichkeitsgestaltung durch ständige, nicht zum vornherein fixierte Stellungnahmen zum Leben, zur Welt und ihren Anforderungen, durch offenes Handeln also, gekennzeichnet werden.

In einem etwas engeren Sinne als Werden verwende ich «Lernen». Wir gebrauchen den Begriff Lernen meist zur Bezeichnung einer willentlichen und gerichteten geistigen Aktivität. Am bekanntesten ist das Lernen in der Schule oder das Erlernen von Techniken und Fertigkeiten (z. B. Strikken, Autofahren).[41] Die Idee des Lernens, die ich hier zugrunde lege, ist aber zugleich weiter und enger. Im weiteren Sinne wird hier Lernen in Anlehnung an einige neuere Hypothesen und Modelle zur Erklärung des Lebens verstanden. Nach diesen Annahmen - stellvertretend seien L. v. Bertalanffy, M. Eigen, K. R. Popper genannt[42] - versucht ein Lebewesen, in der ihm eigenen Art durch Eigenaktivität auf Herausforderungen, auf Reize der Umwelt (Gegebenheiten, Bedingungen) in gestalterischem - und bei höheren Lebewesen in schöpferischem - Sinne zu reagieren. Das Lebewesen versucht dabei, die grundlegenden Lebensfunktionen und damit die für es charakteristische Struktur oder Ordnung durch stete Selbstregulation - im sogenannten Fliessgleichgewicht, wie L. v. Bertalanffy diesen sich stets in Aktivität befindlichen Zustand nannte - aufrechtzuerhalten. Durch diese Wechselwirkungsprozesse zwischen dem Lebewesen und der Umwelt einerseits und zwischen den (System)elementen innerhalb des Lebewesens andererseits «passt» sich das Lebewesen durch (schöpferische) Eigenaktivität der Umwelt an. In diesem Vorgang greift es verändernd in die Umwelt (Gegebenheiten, Bedingungen) und in einem bestimmten Sinne - d. h. unter Beibehaltung der ihm eigenen Grundstruktur (Ordnung) - in seine eigene Organisation ein. Dieses Sich-stets-in-Bewegung-Befinden eines Lebewesens kann vorläufig mit dem Hinweis auf die räumliche und örtliche Bewegung und gestaltliche Veränderung der Lebewesen, auf ihre Nahrungsaufnahme (Stoffwechsel) und ihre Fortpflanzung gesehen werden. In diesem Verständnis von Leben kann man mit Konrad Lorenz den Lebensprozess auch als Lernprozess bezeichnen: «Leben ist Lernen.»[43] In dieser weiten und allgemeinen Bedeutung ist Lernen hier einerseits gemeint.

Mit Lernen meine ich hier aber auch die Eigenart menschlichen Lernens. Der sich selbst bewusst gewordene Mensch ist zu neuen, vielfältigeren und vielschichtigeren Formen des Lernens fähig geworden. Seine Auseinandersetzung mit der Umwelt und mit sich ist durch eine neue Dimension gekennzeichnet, durch seine Geistigkeit. Menschliches Lernen trägt von allem Anfang an die Kennzeichen eines einsichtigen, eines verstehenden Lernens. Lernen des Menschen heisst auch Erkenntnis seiner selbst und der Wirklichkeit, heisst geistig-schöpferische Gestaltung des eigenen Lebens und der Wirklichkeit, heisst schliesslich Antworten auf die Frage nach dem Sinn des eigenen Lebens und der Welt zu suchen. Dieses einsichtig-verstehende Lernen als lebenslange geistig-schöpferische und sinnorientierte Auseinandersetzung mit sich und der Wirklichkeit ist das Merkmal der Eigennatur des Menschen im Bereich des Lebendigen. Hier berühren sich die beiden Begriffe Werden und Lernen. Beide verweisen - der eine eher in philosophischer, der andere eher in biologischer, psychologischer und pädagogischer Absicht - auf die Fähigkeit und Notwendigkeit des einzelnen Menschen und der Menschheit zu einsichtiger, verantwortungsbewusster und sinnorientierter Selbst- und Wirklichkeitsgestaltung.

Anmerkungen

1. Der Werdende Mensch und seine Erziehung

1.1 Fragen und Antworten im Werden des Menschen

1 Psalm Nr. 8 aus dem Alten Testament, zitiert nach der Übersetzung von P. Riessler und R. Storr, Mainz 1958.
2 Erstes Buch Mose, 3. Kapitel.
3 Der Ausspruch wird einem der ersten Philosophen Griechenlands, einem der sgn. 7 Weisen zugeschrieben: Thales von Milet (ca. 624–546 v. Chr.).
4 Heraklit: Fragmente. In: Die Anfänge der abendländischen Philosophie, hrsg. von E. Howald und M. Grünwald, Zürich 1970, S. 69.
5 Platon: Phaidon. In: Platon: Meisterdialoge, hrsg. v. O. Gigon und R. Rufener, Zürich 1970, S. 3–103; dieses und das folgende Zitat S. 59.
6 ebenda, S. 103.
7 Cicero M. T.: Gespräche in Tusculum, 5. Buch, Abs. 70, Zürich 1970, S. 213.
8 Thomas von Aquin: Quaestiones disputatae de potentia Dei, als Motto zitiert in: Luyten N. A.: Ordo rerum, Fribourg 1969.
9 Descartes R.: Abhandlung über die Methode des richtigen Vernunftgebrauchs, Stuttgart 1961, S. 30. ff.

10 Descartes R.: Meditationen über die Erste Philosophie, Stuttgart 1971, S. 49.

11 ebenda, S. 49/50; es bleibt hier noch zu erwähnen, dass es für Descartes noch ein Ding gibt, über dessen Existenz Gewissheit besteht, obwohl es «ausserhalb» mir existiert: Gott. Mit der Frage «Über das Dasein Gottes» beschäftigt sich Descartes vor allem in der Dritten Meditation im erwähnten Buch.

12 Kant Immanuel: Was heisst: sich im Denken orientieren? In: Kant: Werke in zwölf Bänden, hrsg. v. W. Weischedel, Zürich 1977, Bd. 5, S. 274.

13 Kant I.: Grundlegung zur Metaphysik der Sitten. In: Kant, op. cit., Bd. 7, S. 51; hier finden sich auch weitere Formulierungen - jeweils in neuem Kontext - des kategorischen Imperativs. So formuliert Kant z. B. etwas später den «allgemeinen Imperativ der Pflicht» folgendermassen: «Handle so, als ob die Maxime deiner Handlung durch deinen Willen zum Naturgesetze werden sollte.» (S. 51) Dass es sich hierbei sozusagen um «die Formel eines schlechterdings guten Willens» (S. 71) handelt, wird in folgender Aussage sichtbar: «Demnach muss ein jedes vernünftige Wesen so handeln, als ob es durch seine Maximen jederzeit ein gesetzgebendes Glied im allgemeinen Reiche der Zwecke wäre. Das formale Prinzip dieser Maximen ist: handle so, als ob deine Maxime zugleich zum allgemeinen Gesetze (aller vernünftigen Wesen) dienen sollte.» (S. 72) Hier wäre es interessant - in erkenntnistheoretischer und ethischer Hinsicht - auf die «Philosophie des Als ob» (Leipzig, 1913) von Hans Vaihinger, einem Kant-Schüler, einzugehen (vgl. dazu auch die Rede des Sokrates in Platons Phaidon über die Notwendigkeit und Zweckmässigkeit des Glaubens für ein tugendhaftes und vernünftiges Leben, op. cit. S. 97 f.)

14 Kant I.: Kritik der aesthetischen Urteilskraft. In: Kant, op. cit., Bd. 10, S. 225.

15 Kant I.:Logik. In: Kant, op. cit., Bd. 6, S. 447 f.

16 Alle Zitate dieses Abschnittes aus: Über Pädagogik. In: Kant, op. cit., Bd. 12, S. 697–699.

17 ebenda, S. 700.

18 dieses und das folgende Zitat ebenda, S. 701 und 702.

19 Herder J. G.: Ideen zur Philosophie der Geschichte der Menschheit. In: Herder J. G.: Humanität und Erziehung, besorgt von C. Menze, Paderborn 1961, S. 101 ff.

20 Vom Worte her lässt sich philosophische Anthropologie umschreiben als philosophisch ausgerichtete Lehre vom Menschen: Anthropos (ὁ ἄνθρωπος), der Mensch, Logos (ὁ λόγος), Wort, Lehre, Kunde.

Die Beziehung zwischen Philosophie und (philosophischer) Anthropologie behandelt Helmut Fahrenbach in seinem Handbuch Artikel «Mensch». In: Krings H. u. a. (Hrsg.): Handbuch philosophischer Grundbegriffe, München 1973, Studienausgabe Bd. 4, S. 888–913.

Bereits 1594/96 erschien die zweibändige Schrift von Otto Casmann mit dem Titel «Psychologia anthropologica sive animae humanae doctrina» - Anthropologische Psychologie oder die Lehre von der menschlichen Seele –. In diesem Werk werden Körper und Geist als einheitliches Wesensmerkmal des Menschen behandelt und Anthropologie als Wissenschaft von dieser Einheit der menschlichen, geistigkörperlichen Doppelnatur definiert. So definiert Casmann die Anthropologie folgendermassen: «Anthropologia est doctrina humanae naturae. Humana natura est geminae mundanae, spiritualis et corporae, in unum hyphistamenon unitae, particeps essentia.» In der Literatur wird das Werk von Casmann meist als erste wissenschaftliche Anthropologie bezeichnet. Vgl. dazu Landmann M.: Philosophische Anthropologie, Berlin 1982[5], S. 5 f. und Keller W.: Philosophische Anthropologie-

Psychologie-Transzendenz. In: Gadamer H.-G., Vogler P. (Hrsg.): Neue Anthropologie, Bd. 6, Philosophische Anthropologie, München 1975, S. 3–43, hier S. 5; es ist darauf hinzuweisen, dass bereits Magnus Hundt 1501 eine anthropologische Schrift unter biologisch-somatologischen Gesichtspunkten verfasste.

21 Vgl. dazu: v. Uslar D.: Die Welt als Ort des Menschen (Spinoza, Leibniz, Schelling, Heidegger). In: Gadamer H.-G., Vogler P. (Hrsg.) op. cit., Bd. 7, S. 325. Gerade das zitierte Sammelwerk von Gadamer/Vogler in 7 Bänden zeigt auf eindrückliche Art die Differenzierung der Erforschung des Menschen (obwohl das Werk – methodisch gesehen – weitgehend naturwissenschaftlich und empirisch-sozialwissenschaftlich ausgerichtet ist); vgl. dazu auch die Reihe «Grenzfragen» (Naturwissenschaft-Philosophie-Theologie), hrsg. von N. A. Luyten, Freiburg, mit laufenden Ausgaben.

22 Plessner H.: Die Frage nach der Conditio humana, Frankfurt a. M. 1976, S. 144.

1.2 Das Erzieherische im Leben des Menschen

23 Vgl. z. B.: Landmann M.: De homine. Der Mensch im Spiegel seines Gedankens, Freiburg 1962.

24 Thomas S. Kuhn hat 1962 in seiner Abhandlung «Die Struktur wissenschaftlicher Revolutionen» (Frankfurt 1967) diesen Prozess mit Hilfe des von ihm entwickelten Paradigma-Begriffs zu klären versucht. Zur Einführung über diese Auseinandersetzung und die Weiterentwicklung vgl.: Wuchterl K.: Lehrbuch der Philosophie, Bern 1984, vor allem S. 110–132.

25 Langeveld M. J.: Einführung in die theoretische Pädagogik, Stuttgart 1966[6], S. 171.

26 dieses und die folgenden Zitate ebenda, S. 111 und S. 112.

27 ebenda, S. 173.

28 Brezinka W.: Grundbegriffe der Erziehungswissenschaft. München 1974, vor allem S. 156–218.

29 König E., Ramsenthaler H.: Diskussion Pädagogische Anthropologie, München 1980; vgl. dazu auch: Gerner B.: Einführung in die Pädagogische Anthropologie, Darmstadt 1974.

30 Süssmuth R.: Erziehungsbedürftigkeit. In: Speck J., Wehle G. (Hrsg.): Handbuch pädagogischer Grundbegriffe, Bd. I, München 1969, S. 405–424.

31 Vgl. Dienelt K.: Pädagogische Anthropologie, Wien 1970; ders.: Die anthropologischen Grundlagen der Pädagogik, Kastellaun 1977; zur historischen Einführung in die anthropologische Fragestellung aus pädagogischer Sicht vgl.: Scheuerl H.: Pädagogische Anthropologie, Stuttgart 1982.

32 Flitner W.: Allgemeine Pädagogik, Stuttgart 1950, hier zitiert aus der 12. Auflage von 1968.

33 ebenda, S. 27 und 28, ebenfalls die folgenden Zitate.

34 ebenda, S. 54 f., ebenfalls die folgenden Zitate.

35 ebenda, S. 58 und das folgende Zitat S. 64.

36 Bollnow O. F.: Anthropologische Pädagogik, Bern 1983, S. 38; vgl. dazu: Loch W.: Die anthropologische Dimension der Pädagogik, Essen 1963 und – z. T. als kritische – Antwort und Weiterführung in: Bollnow O. F.: Die anthropologische Betrachtungsweise in der Pädagogik, Essen 1965.

37 Ich will dies mit je einem Beispiel aus philosophischer und naturwissenschaftlicher Sicht verdeutlichen:

- Stand etwa bei *Thales von Milet* (etwa 624–546 v. Chr.) und anderen Vorsokratikern die Frage nach dem «Urgrund der Dinge», nach Anfang und Ende aller Dinge, im Vordergrund, so begann mit Heraklit von Ephesus (etwa 544–484 v. Chr.) das bis heute andauernde Nachdenken über das Verhältnis von Sein und Werden. Heraklit stellte die extreme These auf, dass alles stets fliesse, dass es in den Dingen kein beständiges Sein gebe. In seinen Fragmenten erscheint diese These immer wieder: «Die Sonne ist jeden Tag neu.» «Wer in denselben Fluss steigt, dem strömt immer wieder neues Wasser zu.» «Wir steigen in dieselben Fluten und tun es doch wieder nicht; denn wir sind und sind nicht.» «Man kann nicht zweimal in denselben Fluss steigen (– auch nicht ein sterbliches Wesen zweimal berühren und in seiner Beschaffenheit fassen –) es zerfliesst, strömt wieder zusammen, kommt herzu und entfernt sich». (Die Zitate von Heraklit stammen aus: Howald E., Grünwald M. (Hrsg.): Die Anfänge der Abendländischen Philosophie, Zürich 1970, S. 54 ff.)
- In schroffstem Gegensatz zu dieser Position stellten die *Eleaten* (Xenophanes, Parmenides, Zenon; 5. Jh. v. Chr.) die Gegenthese auf: Es gibt nur Sein, das Werden ist nur Schein. Das Sein ist unveränderlich. So sagt Parmenides (etwa 540–470 v. Chr.): «(...) Denn das Denken und Sein ist ein und dasselbe.(...) Dies musst du sagen und denken: dass nur das Seiende ist! Sein des Seins, das ist möglich, Nichtseiendes kann es nicht geben» (ebenfalls aus Howald/Grünwald, S. 74 ff.).
- Als erstem Philosophen gelang *Aristoteles* (384–322 v. Chr.) eine vermittelnde Antwort auf die Frage von Sein und Werden u. a. mit seinem Analogie-Begriff des Seins und der entsprechenden Lehre von Akt und Potenz: Das entfaltete, volle Sein ist das wirkliche, besser das verwirklichte Sein (Akt); das unvollendete, noch schlummernde, der Entfaltung harrende Sein ist real mögliches Sein als Anlage in Hinsicht auf ein verwirklichtes Sein, der Marmor im unbearbeiteten Zustand Potenz, Anlage möglichen Seins in Hinsicht auf das Standbild. Das Werden ist der Übergang vom Zustand der Potentialität in den der Aktualität. (Vgl. dazu: Kälin B.: Lehrbuch der Philosophie, Sarnen 1957, Bd. 1, S. 76 ff.)
- Es ist für den naturwissenschaftlichen Laien, der sich mit der Idee des Werdens und lebenslangen Lernens des Menschen beschäftigt, faszinierend, diese Grundidee auch in neueren *naturwissenschaftlichen Theorien* zu finden und zu sehen, wie damit gerungen wird.
- *Ilya Prigogine,* Nobelpreisträger für Chemie im Jahre 1977, widmete seine grundlegende Untersuchung «Vom Sein zum Werden, Zeit und Komplexität in den Naturwissenschaften» (From Being to Becoming – Time and Complexity in Physical Sciences; dt.: München 1979, 1982[3]) dem Wandel in der naturwissenschaftlichen Theoriebildung von der Quantenmechanik und klassischen Physik zur Thermodynamik und der von ihm entwickelten Theorie der «dissipativen Strukturen», einer Form (makroskopischer) molekularer Ordnung – «Ordnung durch Schwankung» –, «welche durch den Energieaustausch mit der Aussenwelt stabilisiert wird» (S. 102). Prigogine bezeichnet damit also den Zustand eines Systems, das sich im Nichtgleichgewicht befindet. Es ist dies ein dynamischer Zustand eines Systems, gekennzeichnet durch stete Wechselwirkungsprozesse dieses Systems mit seiner Umwelt. Prigogine bringt die «‹statische› dynamische (oder

übliche mechanische) Beschreibung mit dem ‹Sein› in Zusammenhang», die thermodynamische «mit ihrem Akzent auf der Irreversibilität (...) mit dem ‹Werden›» (S. 36). In «Dialog mit der Natur» (zusammen mit Isabelle Stengers, München 1981) entfaltet Prigogine seine Theorie weiter und zeigt, dass ein «Konzept der Ordnung durch Schwankungen (...) das statische Universum der Dynamik» hinter sich lässt «zugunsten einer offenen Welt, in der durch Aktivität Neues entsteht, in der Entwicklung Innovation, Schöpfung und Zerstörung, Geburt und Tod bedeutet» (S. 204); vgl. die folgende Anm. 42 sowie die Hinweise auf die Theorie des Fliessgleichgewichts - dynamisches Gleichgewicht - von L. v. Bertalanffy in Anm. 133 von Kapitel 2).

38 Häberlin P.: Handbüchlein der Philosophie, Zürich 1978[3], S. 22 f., ebenfalls die folgenden Zitate: vgl. auch: ders.: Naturphilosophische Betrachtungen. Eine allgemeine Ontologie, Bd. II: Sein und Werden, Zürich 1938.

39 Häberlin P.: Der Mensch. Eine philosophische Anthropologie, Zürich 1969, S. 18 ff., ebenfalls die folgenden Zitate; vgl. auch Kapitel 4, Anm. 11.

40 Grimm J., Grimm W.: Deutsches Wörterbuch, hrsg. von der Deutschen Akademie der Wissenschaften zu Berlin. Leipzig 1936, Vierzehnter Band, I. Abt., 2. Teil, Sp. 221 ff.

41 Eine klassische Definition des Lernens in Hinsicht auf die unterschiedlichen Lernprozesse des Menschen geben Ernest R. Hilgard und Gordon H. Bower in ihrem zweibändigen Werk «Theorien des Lernens» (dt., Stuttgart 1970, Bd. 1, 1971, Bd. 2; hier Bd. 1, S. 16): «Lernen ist der Vorgang, durch den eine Aktivität im Gefolge von Reaktionen des Organismus auf eine Umweltsituation entweder neu entsteht oder verändert wird. Dies gilt jedoch nur, wenn sich die Art der Aktivitätsänderung nicht auf der Grundlage angeborener Reaktionstendenzen von Reifung oder von zeitweiligen organischen Zuständen (z. B. Ermüdung, Drogen usw.) erklären lässt.»

Mit grundlegend biologisch, chemisch-physikalischen Prozessen im Lernvorgang befasst sich Hans Joachim Flechtner in «Biologie des Lernens» (Stuttgart 1976).

42 Vgl. die entsprechenden Ausführungen und Literaturangaben in Kapitel 2. Eine Einführung in diese Grundgedanken findet sich z. B. im Buch von Erich Jantsch: Die Selbstorganisation des Universums (München 1982). Jantsch geht darin von Ilya Prigogines Konzept der «dissipativen Strukturen» bzw. der «Ordnung durch Fluktuation» aus (vgl. Anm. 37) und versucht, sowohl die anorganische wie organische und geistig-kulturelle Evolution - der Untertitel des Buches lautet denn auch: Vom Urknall zum menschlichen Geist - unter diesem Gesichtspunkt aufzurollen und zu verstehen. In der Interpretation und Anwendung von Prigogines Konzept geht Jantsch weit über Prigogine hinaus (bis zur Sinngebung des Lebens). Mit Hilfe eines solchen Konzeptes die ganze Evolution erklären zu wollen, führt wohl zu einem zu weit gespannten Bogen, zu Grenzüberschreitungen und Unklarheiten. Darin liegt eine Schwäche des Versuches von Jantsch. Diese Gefahr ist bei naturphilosophischen bzw. biophilosophischen Ansätzen (vgl. z. B. Rensch B.: Biophilosophie auf erkenntnistheoretischer Grundlage (panpsychischer Identismus), Stuttgart 1968) immer latent vorhanden (vgl. auch die einzelnen Hinweise auf Teilhard de Chardin im folgenden Text und die - methodische bzw. erkenntnistheoretische - Stellungnahme zu dessen Denken von N. A. Luyten).

43 Lorenz K., Kreuzer F.: Leben ist Lernen, München 1981, z. B. S. 21 f., S. 65 ff.; auch in: Popper K. R., Lorenz K.: Die Zukunft ist offen, München 1985, z. B. S. 20–22.

2. Der Mensch als Natur- und Geistwesen

Alles Leben ist ein stets neu zu erwerbendes, dauernd bedrohtes Gleichgewicht, das sich ständig neuen Umständen anzupassen hat. Das Lebendige bleibt ein Geheimnis, auch wenn wir ständig neue Aspekte seiner staunenswerten Organsation und seiner ungeahnten Regulationsfähigkeit entdecken.

Alfred Faller

Die Bewegung der Psyche ähnelt der des organischen Lebens. Jeder Geist besitzt die Vorstellung eines Ziels oder Ideals, um mit seiner Hilfe über den gegenwärtigen Zustand hinauszuwachsen und die gegenwärtigen Mängel und Schwierigkeiten durch Setzung eines konkreten Ziels für die Zukunft zu überwinden.

Alfred Adler

Der Mensch hat die Fähigkeit zu fragen, zu zweifeln, zu staunen. Er kann und muss willentlich-sittlich handeln, er kann und muss lernen. Das sind – unter anderen – Merkmale, die den Menschen von anderen Lebewesen unterscheiden. Betrachtet man das menschliche Leben genauer und vergleicht man den Menschen mit den übrigen Lebewesen, so zeigen sich die spezifisch menschlichen Merkmale in ihrer Eigenart noch deutlicher. Es lassen sich dann aber auch gemeinsame bzw. vergleichbare Strukturelemente in allem Lebendigen feststellen.

Solche Vergleiche stellte schon der griechische Philosoph Aristoteles (384/83–322/21 v. Chr.) an: «Der Mensch hat an Stelle der Vorderbeine und der Vorderfüsse Arme und die sog. Hände. Denn er allein unter allen lebenden Wesen hat eine aufrechte Haltung, weil seine Natur und sein Wesen göttlich ist. Die Aufgabe dieses göttlichsten Wesens aber ist denken und vernünftig sein.(...) Die Hand ist aber nicht nur ein Werkzeug, sondern vereinigt in sich eine Mehrheit von solchen; denn sie ist gewissermassen ein Werkzeug an Stelle von Werkzeugen.(...) Wer daher behauptet, der Mensch sei unter allen lebenden Wesen am schlechtesten ausgestattet – denn er sei, so sagt man, barfuss und nackt und habe keine Waffe zum Schutz –, der ist im Unrecht.(...) Der Mensch hat auch im Verhältnis zu seiner Grösse am meisten Gehirn(...).» [1]

Was Aristoteles vor über 2000 Jahren festgestellt und worüber er sich Gedanken gemacht hat, das beschäftigte die Menschen seither unaufhörlich: Die «Sonderstellung» des Menschen im Bereich des Lebendigen, seine biologischen, morphologischen Eigenheiten, die Zusammenhänge zwischen ihnen und der Geistigkeit des Menschen.

In diesem Kapitel möchte ich aufzeigen, dass das menschliche Werden und Lernen von allem Anfang an, von Geburt bzw. von der Zeugung bis zum Tode ein typisch menschliches ist. Menschliches Leben teilt zwar viele Grundeigenschaften mit dem Leben allgemein. Trotzdem zeigt menschliches Leben Eigenheiten, die nur beim Menschen vorkommen und die ihn erst eigentlich zum Menschen machen. Zusammengefasst in ein Wort ist dies die schon erwähnte leiblich-seelische Einheit, seine körperlich-geistige Ganzheit. Doch, was heisst das? Auch wenn wir diese Frage letztlich nicht – und vielleicht nie – beantworten können, so können wir sie doch antwortend zu umkreisen versuchen. Je zahlreicher die Ringe werden, um so mehr können uns die Fragen und Antworten wieder zum Staunen führen, zum Staunen vor dem «alle Vorstellungskraft» übersteigenden Phänomen, dem «Wunder an Genauigkeit und Präzision (...), wie aus einer einzigen Zelle Billionen von Zellen in spezialisierten Linien, in einer vollkommenen Ordnung in Zeit und Raum entstehen können». [2]

2.1 Eigenart menschlicher Entwicklung und Lebensform

Für die Eigenart des Menschen im Bereich der belebten Natur lassen sich heute fast schon eine unüberblickbare Anzahl von Einzelerkenntnissen aus verschiedenen Wissenschaften aufführen. Eine bedeutungsvolle Erkenntnisquelle stellt die morphologisch-biologische Erforschung des Menschen und seiner Entwicklung dar. Zahlreiche Einzelphänomene der humanen Anatomie und Physis, wie z. B. der Bau der Wirbelsäule, der (erlernte) dauernd aufrechte Gang auf zwei Beinen, das Becken, der Brustkorb, die oberen und unteren Extremitäten, der Schädel, das Gehirn, die Gebärmutter, der menschliche Kehlkopf (als Voraussetzung zur Sprache), der Geburtszustand, das Wachstum sowie der Alterungsvorgang weisen immer wieder auf die Eigennatur des Menschen im Bereich des Lebendigen.[3] Wesentliche Beiträge zum besseren Verständnis des Menschen und der menschlichen Eigenarten bietet die vergleichende Verhaltensforschung, die Ethologie.[4] Wenn wir im folgenden Abschnitt diese Eigenheiten in der menschlichen Entwicklung betrachten und sie teilweise mit tierischen Entwicklungsvorgängen vergleichen, geschieht dies mit der Absicht, die menschliche Sondernatur, ihre leiblich-geistige Einheit unter dem Gesichtspunkt ihres Werdens und Lernens deutlicher herauszuarbeiten und besser zu verstehen.

Dabei ist stets zu beachten, dass bei solchen Tier-Mensch-Vergleichen immer auch eine gewisse Gefahr gegeben ist. Immerhin werden ja Einzelmerkmale aus einem Ganzen herausgenommen und verglichen. Dabei aber sind alle diese Einzelmerkmale, ob bei Mensch oder Tier, Teile, Wesensmerkmale eines einheitlichen Bauplanes und so miteinander verbunden, «dass das Fehlen eines einzigen das ganze Gebäude zusammenbrechen lassen kann».[5]

2.11 Der neugeborene Mensch: Hilfloser Nestflüchter

In den folgenden Abschnitten geht es nicht um einzelne Erkenntnisse im menschlichen Bauplan oder um Einzelergebnisse aus der Verhaltensforschung. Ich versuche, die menschliche Eigenart an einigen Merkmalen seines Werdens aufzuzeigen, die für den in diesem Buch zu entwickelnden Gedankengang des lebenslangen Werdens und Lernens des Menschen von

Bedeutung sind. Ich übernehme die Annahme und Überzeugung des Basler Biologen und Zoologen Adolf Portmann (1897–1982), der immer wieder mit seinen Forschungen und in seinen Arbeiten betonte, dass die individuelle Entwicklung, «die Ontogenese aller höheren Organismen in ihrem ganzen Verlauf der Eigenart der Lebensform zugeordnet ist, dass sie auf allen Stadien die unverwechselbare Zugehörigkeit zu dieser besonderen Lebensart zeigt».[6] Diese Zuordnung eines arteigenen Werdeganges und der arteigenen Lebensform wird vor allem beim menschlichen Werden und Lernen besonders deutlich.

Der Geburtszustand

Wir wissen heute, dass das menschliche Wesen schom im Mutterleib eine Entwicklung durchmacht[7], die es zu einem eigentümlichen Geburtszustand führt. Aufgrund vergleichend biologischer Forschungen kann im Geburtszustand bei höher entwickelten Lebewesen zwischen dem Typus des «Nesthockers» und jenem des «Nestflüchters» unterschieden werden. Typische Nesthocker finden sich vor allem bei einigen stammesgeschichtlich (phylogenetisch) früheren Säugetierformen wie z. B. bei Mäusen, Nagern, Mardern sowie den Vögeln. Zu den Nestflüchtern zählen höher organisierte, phylogenetisch jüngere Säugetierstufen wie Huftiere, Robben, Wale, Pferde, Halbaffen und Affen. Bei Nesthockern ist die Tragzeit eher kurz und die Nachkommenzahl pro Wurf im allgemeinen gross. Bei Nestflüchtern finden wir im allgemeinen eine relativ lange Tragzeit und eine geringe Anzahl Junger pro Geburt. Die beiden unterscheiden sich aber auch bezüglich einiger Merkmale im Geburtszustand. So sind die Jungen von Nesthockern «unbehaart, ihre Sinnesorgane verschlossen, sie sind noch weitgehend wechselwarm und völlig hilflos. Dagegen werden Nestflüchterjunge in kleinerer Zahl bei längerer Tragzeit weiter entwickelt, mit offenen Augen, vollentwickelten Sinnesorganen geboren, sind sofort zu vielen Bewegungen fähig (wie ein regsames Füllen), stehen in der 1. Stunde und folgen der Herde».[8]

Aufgrund des Vergleichs des Geburtszustandes des Menschen mit diesen beiden Typen ist Portmann zum Schluss gekommen, dass sich der Mensch weder dem Typus des Nesthockers noch jenem des Nestflüchters zuordnen lässt.

Portmann hat festgestellt, dass die Schwangerschaft bei Menschen eigentlich 21 Monate dauern müsste, wenn der Mensch bei der Geburt einen Entwicklungsstand wie die vergleichbaren Nestflüchter aufweisen müsste. Aufgrund solcher Feststellungen über den Geburtszustand nennt Portmann den Menschen einen «sekundären Nesthocker» bzw. einen «hilflosen Nestflüchter». Er bezeichnet die Geburt des Menschen als eine «physiologische Frühgeburt». Portmann schreibt in «Biologische Fragmente zu einer Lehre vom Menschen» dazu:

«Beim Menschen ist die durch gesteigerte Gehirnentwicklung bedingte Verlängerung der abhängigen Entwicklungsperiode auf eine Art gelöst, wie wir sie ähnlich auf viel einfacheren Stufen der Organisation auch finden: Einer Verlängerung der Tragzeit wird der Weg der ranghohen Vögel vorgezogen, und es wird eine Periode intensiver Pflege und Wartung durch die Eltern eingefügt. Der neugeborene Mensch, seinem Grundplane nach ein Nestflüchter, gerät in eine besondere Art von Abhängigkeit, weshalb wir ihn als einen ‹sekundären Nesthocker› bezeichnet haben (Portmann 1942).

In dieser besonderen Abhängigkeit steht der Mensch in der Gruppe der Säuger allein. Man darf sich durch die bei Anthropoiden in Gebärde und Haltung so eindrückliche Beziehung von Mutter und Kind nicht täuschen lassen: Im neugeborenen und so wohlbehüteten Menschenaffen entstehen keine wesentlich neuen Möglichkeiten der Haltung und der Bewegung oder der Kommunikationsmittel mehr, während bei uns wesentliche Entwicklungsetappen in diese besondere extrauterine Zeit (und zwar an deren Ende!) fallen. Beim Anthropoiden reifen in rascher Folge die bereits in voller Ausbildung befindlichen endgültigen Zustände – beim Menschen aber entstehen erst jetzt überhaupt artgemässe Haltung, Bewegung und Sprache. Mit dieser Feststellung wird die Bedeutung der behüteten Kindheit höherer Tiere, insbesondere der Affen und Menschenaffen keineswegs verkleinert; dieses Jugendleben schliesst Tradition mit ein, führt aber nicht zur geschichtlichen Lebensform. Wir werden auf Parallelen und Kontraste im Bereich der höchsten Primaten noch zurückkommen müssen. Wenn wir in vereinfachter Form sagen, dass der Mensch annähernd ein Jahr ‹zu früh› zur Welt kommt, so ist es unsere Absicht, streng bei dieser rein vergleichenden Aussage zu bleiben und vorerst keine weitere Frage nach dem möglichen Werden dieses besonderen Zustandes zu stellen». [9]

Bernhard Hassenstein hat aus verhaltensbiologischer Sicht ebenfalls den Geburtszustand und die frühere Kindheit erforscht. Aufgrund seiner Vergleiche des neugeborenen Menschen mit den dem Menschen nächsten verwandten Tieren, den Affenjungen, bezeichnet er den menschlichen Säugling als «ehemaligen Tragling» oder «passiven Tragling». [10] Der menschliche Säugling kann sich nicht wie die Affenjungen an der Mutter festhalten und kann nicht auf ihr herumklettern, wie dies bei den «aktiven Traglingen» wie z. B. den Affenjungen der Fall ist. Allerdings können verschiedene Reflexe, wie z. B. der «Handgreifreflex», die für den menschlichen Säugling keine wahrnehmbare Bedeutung mehr haben, als Überbleibsel, als Erinnerungen aus der stammesgeschichtlichen Entwicklung gedeutet werden.

Geburtsgewicht und Gehirnbildung

Eine weitere Eigentümlichkeit des Neugeborenen und Säuglings wird in seinen Körperproportionen sichtbar. Während die Körperproportionen beim Säugling ganz anders sind als beim erwachsenen Menschen, sind die «Verhältniszahlen der Gliedmassen zum Rumpf bei dem neugeborenen Menschenaffen denen des erwachsenen Affen sehr ähnlich». [11] Wiederum war es Adolf Portmann, der hier bahnbrechende Untersuchungen machte:

«Die Hilflosigkeit des Neugeborenen liesse erwarten, dass der Mensch im Vergleich zu den bei der Geburt so viel reiferen Kindern der Menschenaffen auch in der Massenentwicklung zurückstände, ganz besonders im Vergleiche mit Gorillas, die uns an Körpermasse so sehr übertreffen können. Diese Erwartung wird noch verstärkt durch den Eindruck, den die nachembryonale Entwicklung dem ersten Blick darbietet: unser menschliches Wachstum sei langsam, viel langsamer als das anderer Säuger. Zu dieser Ansicht würde es trefflich passen, wenn unser Säugling ein viel geringeres Geburtsgewicht hätte als die Kinder der Menschenaffen.» [12]

In Wirklichkeit sind die Verhältnisse gerade umgekehrt, wie dies aus der folgenden Tabelle von Portmann hervorgeht:

Entwicklungszeit		Mensch	Schimpanse	Orang	Gorilla
253 Tage	Mittel	2500 g	1890 g		
	Hochwert	3500 g	2300 g		
275 Tage	Mittel	3200 g		1500 g	1800 g
	Hochwert	4500 g		2500 g	

Grafik 1: Geburtsgewicht von Mensch und Menschenaffen, nach Portmann

Portmann folgert aus diesem Vergleich: «Das Bild ist eindeutig. Ob wir mit dem früher geborenen Schimpansen vergleichen oder mit Orang oder Gorilla, deren Tragzeiten der menschlichen Schwangerschaft näher kommen - ob wir Mittelwerte oder hohe Gewichte betrachten; stets liegt der Wert für das Menschenkind weit über dem für Menschenaffen.»

Portmann fragte sich, in welchem Zusammenhang dieses hohe Gewicht des Neugeborenen wohl zu sehen sei. Die Frage führte ihn zu einem «ersten Einblick in verborgene Zusammenhänge». Der Unterschied liegt zum überwiegenden Teil in dem fast doppelt so hohen Hirngewicht des neugeborenen Menschenkindes im Vergleich zu den Menschenaffen, wie dies folgende Tabelle [13] zeigt:

	Tragzeit (Tage)	Geburt		Erwachsen	
		Totalgewicht (g) Ø	Hirngewicht (g)	Totalgewicht kg	Hirngewicht g
Gorilla	270	1500 – 1800	ca. 190	100	430
Schimpanse	253	1890	ca. 190	40–75*	400
Orang	275	1500	ca. 190	75	400
Mensch	274	3200	360–386	65–75	1450

* leichter Zoo-Typus

Grafik 2: Geburtsgewicht und Gehirngewicht, nach Portmann, ergänzt nach Wezler

Portmann versucht, auch dieses Phänomen im Sinne der Einheit von menschlicher Entwicklung und Lebensform zu deuten:

«Es gibt nur eine Zuordnung, in der das Körpergewicht des Neugeborenen eine sinnvolle Deutung findet und die ein Verständnis für die Unterschiede bei den Primaten ermöglicht: Die bedeutend gesteigerte Körpermasse des neugeborenen Menschen ist eine Angleichung des Gesamtkörpers an das bereits bei der Geburt im Verhältnis der Reifeform über Anthropoidenmass vermehrte Gehirn. Das auffällig hohe Geburtsgewicht des Menschen steht in Korrelation zum hohen Anfangsgewicht des Gehirns: dieses wiederum steht in klarer Beziehung zur Ausnahmestellung des menschlichen Zentralorgans innerhalb der Primatenverhältnisse.» [14]

2.12 Das erste Lebensjahr: Die Entwicklung spezifisch menschlicher Merkmale im sozialen Mutterschoss

Der eigentümliche nachgeburtliche Zustand des Menschen wird in seiner vollen Bedeutung für die Eigenart menschlichen Lebens vor allem im ersten nachgeburtlichen Jahr einsichtig. In diesem Jahr entwickelt und erlernt der Mensch die Grundlagen und Voraussetzungen seiner wesensmässigen, arteigenen Merkmale in Haltung, Bewegung und Kommunikation (Anfänge der Gebärden- und Wortsprache) sowie das einsichtige Handeln. Durch die «physiologische» bzw. «normalisierte Frühgeburt» des Menschen entwickeln sich diese Verhaltensmerkmale in der äusserst entscheidenden Phase bereits im Kontakt mit der Umwelt. Der Säugling ist zwar – biologisch gesehen – voller Unzulänglichkeiten, gänzlich hilflos und abhängig von den Mitmenschen. Die Hilflosigkeit gegenüber der Umwelt und das Angewiesensein auf die Mitmenschen finden in der Lernfähigkeit, der menschlichen Bindungsfähigkeit und der Weltoffenheit ihre typisch menschliche, ihre sinnvolle Entsprechung und umgekehrt. Das Fundament menschlichen Verhaltens wird im extrauterinen Frühjahr und in den frühen Jahren der Kindheit in ständigem Kontakt und in Auseinandersetzung mit den Mitmenschen und der - noch engen - Umwelt, im sozial-kulturellen Mutterschoss gelegt. So kann man mit Portmann sagen, «das menschliche Leben ist primär, in seiner ganzen Struktur bereits sozial». [15]

Die Entwicklung des Säuglings und des Kindes vom ersten nachgeburtlichen Lebenstage an vollzieht sich als ein äusserst vielfältiges Geschehen, in dem die einzelnen Teilvorgänge in sich zusammenhängen, sich gegenseitig bedingen und beeinflussen. T. Hellbrügge und J. H. von Wimpffen analysieren die Entwicklung in ihrem Buch - und in der seinerzeit gleichnamigen Fernsehsendung - «Die ersten 365 Tage im Leben eines Kindes». [16] Unter dem Gesichtspunkt einer «funktionellen Entwicklungsdiagnostik» verfolgen sie die Entwicklungslinien von acht Funktionen:

- Entwicklung des Krabbelns,
- Entwicklung des Sitzens,
- Entwicklung des Stehens und Gehens,
- Entwicklung des Greifens und der Handbeherrschung,
- Entwicklung der Sinneswahrnehmungen und des Auffassungsvermögens (Perzeption),
- Entwicklung des Sozialverhaltens,
- Entwicklung der Lautäusserungen bzw. des Sprechens,
- Entwicklung des Sprachverständnisses. [17]

Ich will im Folgenden auf einige für mein Konzept vom Werden und Lernen des Menschen unter anthropologisch-pädagogischen Gesichtspunkten wesentliche Elemente in der Verhaltensentwicklung im sozial-kulturellen Mutterschoss hinweisen. [18]

Die psycho-motorische Entwicklung

Die Entwicklung der motorischen Fähigkeiten und Fertigkeiten des Säuglings ist ein höchst komplexer Prozess von endogen gesteuerten Reifungs- und Lernvorgängen in einer sozial-kulturellen Umwelt, vom Liegen, Strampeln, Drehen, Krabbeln über das Sitzen bis zum freien Stehen, dem

Greifen und den Sinnesleistungen. In unserem Zusammenhang ist der Erwerb der aufrechten Haltung, des aufrechten Ganges von Bedeutung. Portmann gibt folgende Übersicht über die Etappen zum Erwerb der aufrechten Haltung:

2.–3.	Monat	Beherrschung der Kopfhaltung
5.–6.	Monat	Erstreben und Erreichen des Aufsitzens
6.–8.	Monat	Aufrichten des ganzen Körpers mit Hilfe der Erwachsenen und durch Stützen an Gegenständen
11.–12.	Monat	erstes freies Stehen und selbständige Schritte, anschliessend rasches Erlernen des freien Stehens und Laufens
11.–13.	Monat	Erlernen des Aufrichtens aus der Bauchlage.

Portmann betont, dass die Bedeutung der langsamen Herausbildung der vollen aufrechten Haltung des Körpers und ihrer leiblichen Grundstrukturen (noch) kaum fassbar sind. [19]

Die Vorstufen des Sprechens und des Sprachverständnisses

Wir haben schon im ersten Kapitel festgestellt, dass im Fragenkönnen der Kern des menschlichen Wesens sichtbar wird. Fragen stellen und Antworten geben können aber setzt die Sprache, das Sprechen und das Sprachverständnis voraus. Und gerade dieser Weg des kleinen Kindes vom Schreien und von den ersten spontanen Lautbildungen – oft verbunden mit einem Lachen – über das Lallen der ersten Silben und die «Lallmonologe» bis zu den ersten differenzierten und sinnvoll gegenstandsbezogenen Worten in der Kindersprache um das Ende des ersten Lebensjahres offenbart die grundlegende Eigenheit im menschlichen Werden: Das unablässige und unabdingbare Ineinander von Reifungsvorgängen, mitmenschlich-emotionaler Zuwendung und individuellem Lernen in einer sozialkulturellen Umwelt. Die zahlreichen neueren Forschungen auf dem Gebiete der Kommunikation bei nicht-menschlichen Lebewesen, wie z. B. bei den Primaten und bei Vögeln, liefern uns bedeutungsvolle und interessante Erkenntnisse zum Phänomen der Kommunikation. [20] Alle Untersuchungsergebnisse zeigen aber nur noch deutlicher die Einzigartigkeit und Einmaligkeit der menschlichen Symbolsprache und den Zusammenhang der übrigen menschlichen Merkmale bzw. der menschlichen Lebensform mit ihr. [21]

Einsichtiges Handeln

Schon im Laufe der ersten Monate können wir feststellen, dass der Säugling beginnt, mit sich wiederholenden Bewegungsabläufen (Experimentierbewegungen) seinen Körper zu erfahren. Mit diesen Bewegungen (z. B. Zungen- und Lippenspiele, Anfassen und zum Mund Führen der Hände und Füsse, Berühren beider Hände) lernt das Kind seinen eigenen Körper kennen, baut es ein «Körperschema» auf und kann ihn gleichzeitig von der Aussenwelt unterscheiden lernen. Mit dem Erfahren der Aussenwelt beginnt dann auch das erste «Erkunden» der Umwelt. Das zeigt sich in all den Reaktionen des Kindes auf optische und akustische Reize, in seinen verschiedenen Bewegungen (Greifen, Wegwerfen usw.). Mit zunehmender Entwicklung wird das Kind aktiver, selbständiger, individueller in den Handlungen. Hier sehen wir die Ansätze des einsichtigen Handelns, das seinerseits die Voraussetzung darstellt für das, was wir als sittliches Handeln des Menschen bezeichnen.

Bernhard Hassenstein sagt in seiner «Verhaltensbiologie des Kindes», dass in diesem Entwicklungsbereich, der «durch Erkunden, Neugierde, Spielen und Nachahmen» zu kennzeichnen ist, «das Kind in seiner Verhaltensentwicklung alle anderen Lebewesen» überhole. Hier werde «auch im Verhalten die Richtung zum eigentlich Menschlichen eingeschlagen». Zwar seien auch in diesem Entwicklungsbereich «die ersten Äusserungen von Erkunden, Neugierde, Spielen und Nachahmen (...) noch nicht grundsätzlich von anderer Natur als das, was wir an Tierjungen beobachten. Allmählich aber treten Sprechen und bildhaftes Gestalten, begriffliches Denken und Ichbewusstsein hinzu, bilden mit dem naturhaft Vorhandenen eine höhere, unauflösliche Einheit und erschliessen dem Verhalten und (...) der seelisch-geistigen Entwicklung ihre neuen Dimensionen.»[22]

Adolf Portmann weist darauf hin, dass gerade im Erkunden der Umwelt die Einheitlichkeit in der Entwicklung der drei arttypischen Merkmale – aufrechter Gang, Sprache, einsichtiges Handeln – besonders deutlich beobachtet werden kann:

«Auffällig gleichzeitig mit der Vorbereitung zum Stehen und dem Nachsprechen der ersten Wortgebilde vollzieht sich der Übergang im Handeln von rein dressurmässigen Nachahmungen, die schon früh neben instinktivem Verhalten auftreten, zu eigentlich einsichtigem Handeln. Dass auch die Nachahmungen bereits mit momentanen Akten der Einsicht, des Verstehens verknüpft sind, ist bei kindlichen Handlungen dieser Frühzeit ebenso deutlich wie bei den Schimpansen. Das «Aha»-Erlebnis wird darum auch von den Psychologen als eine der interessantesten Grenzleistungen des Schimpansen aufgeführt. Das Entscheidende beim Menschenkinde ist aber das endgültige Überschreiten dieses Stadiums etwa im 9. bis 10. Monat des ersten Jahres, das Erreichen einer Stufe, wo Einsicht, Verstehen von Sinnzusammenhängen, zum typischen Element unseres Verhaltens wird. Dieses einsichtige Handeln fängt mit dem Erfassen von Werkzeugzusammenhängen, mit technischer Intelligenz an. Es beginnt mit der Übertragung des Einfalls einer Problemlösung auf analoge, aber doch weit abweichende Situationen, womit das Kind vom Feldverhalten, vom subjektiven zum objektiven Erfassen voranschreitet. In diesem Erkennen analoger Situationen trotz sehr verschiedener Feldgegebenheiten wird eine ganz besonders bedeutsame Äusserung des Menschentums manifest.» [23]

Entwicklung der emotional-sozialen Bindungsfähigkeit

Die Hilflosigkeit des Neugeborenen und sein Angewiesensein auf die Mitmenschen kommt im nachgeburtlichen Zustand und im Säuglings- und Kleinkindalter am deutlichsten zum Ausdruck. Das Fragen und Antworten vor dem übermächtigen Leben beschränkt sich beim Neugeborenen auf das Schreien und Weinen. Neben den Unlustempfindungen wie Hunger, Schmerz, Schreck kann dieses Schreiweinen aber auch Ausdruck für das Bedürfnis nach Kontakt und Zuwendung sein. Auch schon im Vorgang der Nahrungsaufnahme des Säuglings spielen neben der lebenserhaltenden Ernährung mitmenschliche Beziehungen eine entscheidende Rolle:

«Beim Trinken hat der Säugling vielfach seine Augen geöffnet und richtet dann den Blick bevorzugt auf das in seinem Blickfeld befindliche menschliche Gesicht. Seine Augen suchen nicht etwa die Brust oder die Flasche. Auch Heimsäuglinge binden sich nicht an die Flasche, obwohl diese ihnen die Nahrung spendet und sie dabei kaum für mehr als einige Sekunden ein menschliches Gesicht sehen. Das Hinsehen auf menschliche Gesichter ist angeboren, nich angelernt. Der Säugling prägt sich das Gesicht, das er immer wieder sieht, im Laufe der Zeit ein. Dadurch entsteht seine individuelle Bindung an die betreuende Bezugsperson.» [24]

Schon bald erweitert sich das Weinen als Ausdrucksmittel zu jenem seltsamen «Paar des Lachens und Weinens, das sicher im höchsten Grade dem humanen Leben zugeordnet ist» [25] und das den Menschen bis zum Tod begleitet. Denn «auch in der späten Lebensform kennen wir auf unbeantwortbare Lagen die paradoxe Antwort, die uns im frühesten Sozialleben begegnet: das Lachen in verzweifelter Lage, das Weinen in grösster Freude». [26] So wird in diesen Ausdrucksweisen des Lachens und Weinens die soziale Natur des Menschen von Anfang an deutlich. Obwohl das Lächeln auch eine angeborene Verhaltensweise ist, bahnt sich gerade im Lächeln «die individuelle Bindung zu einem betreuenden Menschen an (. . .). Durch sein Lächeln macht es uns der Säugling leicht, den

Übergang von der nicht-individuellen zur individuellen Bindungsphase genau zu verfolgen: Im zweiten und dritten Lebensmonat kann noch jedes menschliche Gesicht, wenn es im Blickfeld des Säuglings erscheint, sein Lächeln auslösen (...). Im Laufe des zweiten Vierteljahres beginnt das Baby dann das Gesicht seiner Bezugsperson von anderen Gesichtern zu unterscheiden; später werden fremde Gesichter sogar oft abgelehnt, das Kind ‹fremdet›. Jetzt hat es seine Bezugspersonen kennengelernt: Individuelle Bindungen sind geknüpft». [27]

So weisen uns die Merkmale des aufrechten Stehens und Gehens, der Sprache, der sozial-emotionalen Bindung nicht nur auf die von Anfang an humane Grundstruktur in der menschlichen Entwicklung. Geradezu symbolhaft für die Eigenart menschlichen Lebens überhaupt offenbaren uns Geburt und erstes Lebensjahr die unauflösliche Einheit von Unzulänglichkeiten und deren Überwindung, von geistiger Offenheit und von mitmenschlicher Verwiesenheit im menschlichen Werden und Lernen.

2.13 Biologische Eigenheiten im Entwicklungsgeschehen

Die Hinordnung des menschlichen Entwicklungsgeschehens auf seine Lebensform lässt sich nicht nur im nachgeburtlichen Zustand und in den ersten Lebensjahren feststellen. Sie ist an vielen Erscheinungen des Entwicklungsgeschehens bis zum Tode ablesbar.

Der Wachstumsrhythmus

Ein auffälliges Beispiel bietet der Wachstumsrhythmus. Es ist dies hauptsächlich die generelle Langsamkeit menschlichen Wachsens etwa im Vergleich zu den Tieren. Sie führte auch zu der von L. Bolk u. a. vertretenen These von der menschlichen Entwicklung als «Verlangsamung eines tierischen Ausformungsprozesses». [28] Doch, ändert man den Blickwinkel und bedenkt, was es für ein Wesen bedeutet, in die differenzierte Kultur- und Sozialwelt des Menschen hineinzuwachsen und mit ihr vertaut zu werden, wird auch hier die Eigenart menschlichen Werdens hinsichtlich seiner Lebensform verständlich.

Portmann hat in seinen Untersuchungen das Wachstum des Menschen mit demjenigen von Säugetieren verglichen. So zeigt er auf, dass beim Gorilla das weibliche Geschlecht im 6. bis 7. Jahr, das männliche etwa im 10. Jahr voll ausgewachsen ist. Das Wachstum des Schimpansen und des

Orang-Utan ist mit 10 bis 11 Jahren abgeschlossen. Demgegenüber steht eine Wachstumsdauer des Menschen von 19 Jahren, nach neueren Messungen bis zu 25 Jahren. [29] Aber die Vergleiche erhalten ihre sinnvolle Erklärung erst im Zusammenhang mit der Betrachtung der gesamten Entwicklung dieser Lebenszeit. Auf diese Zusammenhänge weist auch Bernhard G. Campbell hin:

«Die Menschenmutter muss ihr Kind während der Hilflosigkeitsperiode schützen, ernähren und für zwei oder drei Jahre mit sich herumtragen. Im Gegensatz dazu klammert sich das Gorillakind nur für drei oder vier Monate an seine Mutter. Die lange Kontaktperiode zwischen Menschenmutter und -kind bildet die angemessene Umwelt für die frühe Entwicklung des Kindes. Es ist jetzt bekannt, dass diese mütterliche Umwelt für sowohl die menschlichen wie die nicht-menschlichen Primaten dafür wesentlich ist, als Erwachsene ‹richtig zu funktionieren›. Es gibt dafür keinen Ersatz, der nicht irgendwie auf das Kind schädlich wirkt. Diese verlängerte Unreife des Menschen bildet eine einmalige Basis für Sozialisierung, intellektuelle Entwicklung und Individualisierung. Eine derart extreme Verlangsamung des Wachstums ist nur innerhalb eines sozialen Kontextes möglich. Umgekehrt ist sie ein zentraler Faktor für die Verstärkung der sozialen Struktur und der Kulturentwicklung. Diese sehr langsame Wachstumsrate ist ein einmaliges und ganz fundamentales Merkmal der Menschheit». [30]

Die Geschlechtsreife

Im Zusammenhang mit dem typisch menschlichen Wachstumsrhythmus muss eine weitere menschliche Eigenheit gesehen werden: Der Zeitpunkt der Geschlechtsreife. Während z. B. Hirsche bereits mit 1½, Elche und Esel mit 2 bis 3, Elefanten mit 8 bis 10 Jahren zur Fortpflanzung fähig werden, ist für alle höheren Primaten späte Geschlechtsreife kennzeichnend. Nach Portmann [31] lag die menschliche Geschlechtsreife vor der Erscheinung der sogenannten Akzeleration beim männlichen Geschlecht im 13. bis 15. Jahr, beim weiblichen Geschlecht durchschnittlich beim 15. Jahr, wobei die starke Streuung berücksichtigt werden muss. Im Zuge der Akzeleration sind diese Werte verschoben worden. Die Akzeleration ist ein Phänomen, das seit etwa 100 Jahren in unseren technisierten Ländern beobachtet wird. Zu diesem Phänomen gehört u. a. eine «Zunahme der mittleren Körperlänge um mehrere Zentimeter in europäischen und amerikanischen Ländern (z. B. in Basel von 166,4 cm (1888) auf 170,3 (1927 bis 1930) und 174 cm (1962), ein intensiveres Wachstum im 1. Jahr nach der Geburt (Gewichtszunahme 1,5 bis 2,0 kg der Kinder von 12 Monaten von 1890 bis heute), eine Vorverlegung der Geschlechtsreife um etwa 2 Jahre (seit 1845)». [32]

Die Entwicklung des Gehirns

Eine weitere menschliche Eigenart lässt sich im Wachstum des Gehirns feststellen. Die Entwicklung des Gehirns beim einzelnen Menschen zeigt eine gewaltige Grössenzunahme: Während das Neugeborene etwa 23 Prozent des endgültigen Gehirngewichts aufweist, liegt es zur Zeit des Zahnwechsels bei 90 Prozent.[33] Die Vergleichswerte der Hirngewichte von Menschen und Menschenaffen sind in Abschnitt 2.11 aufgeführt.

Dieses rasche Wachstum des menschlichen Gehirns im ersten Lebensjahr erscheint wiederum als wesentlicher Hinweis auf die menschliche Eigenart. Die rasche und aussergewöhnliche Vergrösserung wird auch als ein «Kompromiss zwischen der Enge des Geburtskanals und dem erstaunlichen Umfang, den unser Gehirn durch die Evolution erreicht hat», gedeutet.[34]

Eindrücklicher noch als diese Vergleiche sind Erkenntnisse aus der neueren Hirnforschung. In den ersten (zwei) Lebensjahren entwickelt sich das menschliche Gehirn zu einem nur annähernd erahnbaren, jegliche Vorstellungskraft übersteigenden System mit in die Billion gehenden wechselseitigen Verbindungen und Leitungsbahnen.[35] Eine andeutungsweise Vorstellung dieses Prozesses können uns die auf der folgenden Seite aufgeführten Zeichnungen aus M. Hunt über den Aufbau des Neuronennetzes bei und nach der Geburt vermitteln.[36]

In dieser Zeit des Reifens der Grosshirnrinde dominieren im Gehirn des Neugeborenen die limbischen Mittel- und Zwischenhirnsysteme.[37] In ihnen werden «die für den auf engen Körperkontakt stammesgeschichtlich programmierten Säugling(...) relevanten Umweltreize» repräsentiert, «und zwar in einer kognitiv unreflektierten emotionalen Form». Ein weiterer Hinweis kann die Eigenentwicklung des menschlichen Gehirns verdeutlichen. Aufgrund neurobiologischer Untersuchungen (zum Teil nach Hirnverletzungen) geht man davon aus, dass sich in unserem Grosshirn im Laufe der Evolution eine «hemisphärische Spezialisierung» vollzogen hat, die «einzigartig für den Menschen ist».[38] Man kann vermuten, dass im Laufe der Menschheitsentwicklung, der Evolution, sich die eine Hemisphäre, die linke Seite des Grosshirns, «auf sprachliche, analytische, rechnerische und gedankliche Aufgaben» spezialisierte, während sich komplementär dazu die andere Hemisphäre, die rechte Seite, «auf synthetische, holistische, bildliche und räumliche Aufgaben» spezialisierte. Die linke Hemisphäre wird als dominante, die rechte als subdominante Hemisphäre bezeichnet, wobei angenommen wird, dass die beiden Hemisphären über ein äusserst komplexes Verbundsystem bei der Lösung der

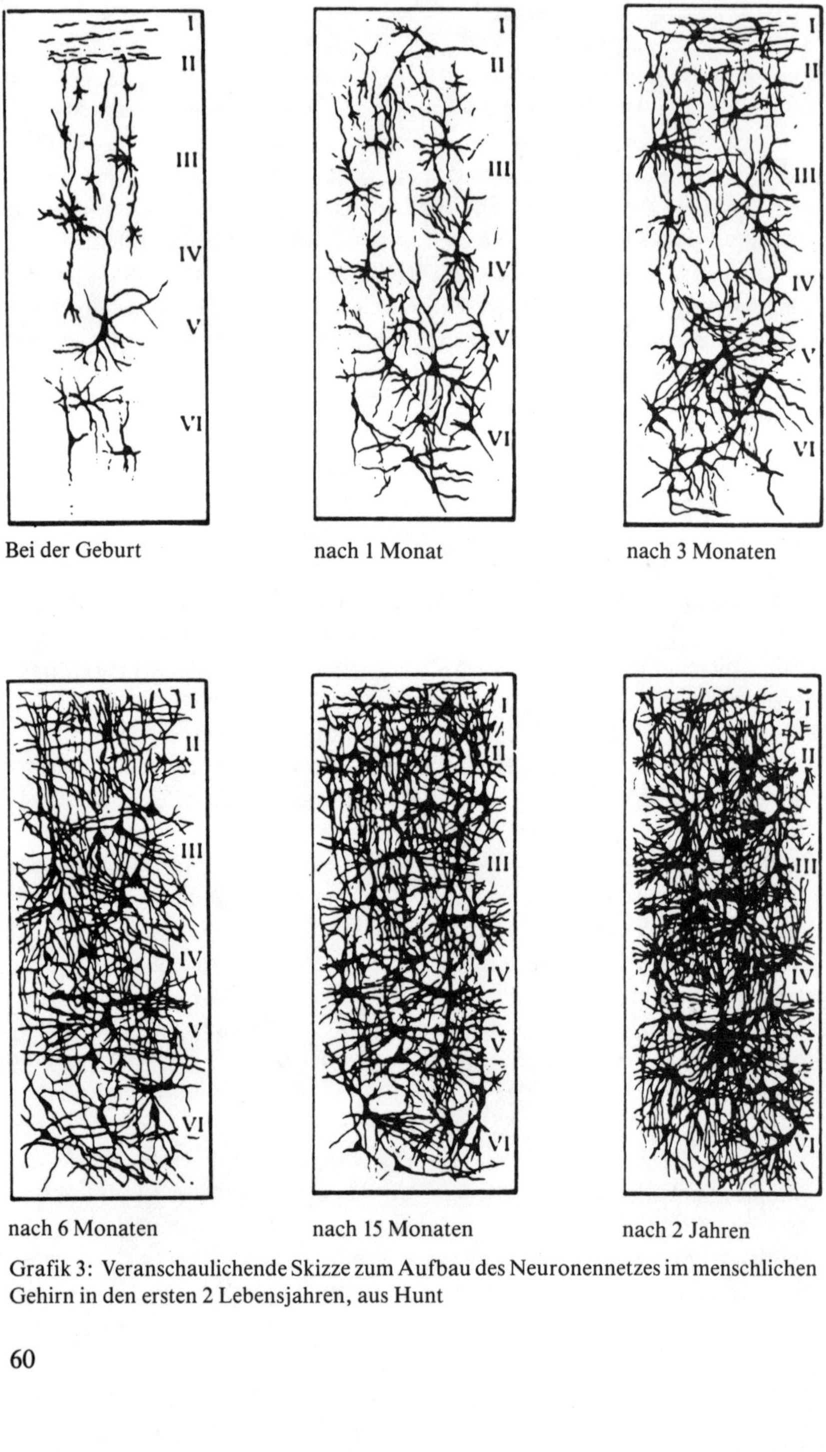

Grafik 3: Veranschaulichende Skizze zum Aufbau des Neuronennetzes im menschlichen Gehirn in den ersten 2 Lebensjahren, aus Hunt

jeweiligen Aufgaben zusammenarbeiten. Nun gibt es nach Eccles aufgrund neuerer Untersuchungen verschiedene «Hinweise dafür, dass diese Trennung der hemisphärischen Funktionen genetisch kodiert ist, wenn auch natürlich durch Gebrauch, besonders in dem plastischen Stadium des frühen Lebens, wesentliches beigetragen wird».[39] Diese Bemerkungen zur Gehirnentwicklung im frühen Alter, auch wenn die ganze Forschung erst in den Anfängen steckt, können als weitere Hinweise für die Eigenheit menschlichen Werdens dienen. Sie können schon als Fingerzeig verstanden werden für die später deutlicher werdende Bedeutung des Werdens und Lernens des Menschen im sozialen und kulturellen Umfeld. Dies wird gerade auch im Zusammenhang mit Fragen der Gehirnentwicklung und der Entwicklung des Denkens, insbesondere des Sprechens, deutlich.[40]

Erwachsenenalter und Altern

Der Mensch hat aber nicht nur eine lange Kindheit und Jugendzeit, sondern auch ein langes Erwachsenenalter. Auch diese im Vergleich zu den übrigen Lebewesen lange Spanne des Erwachsenenalters kann unter dem Gesichtspunkt der spezifischen menschlichen Lebensweise gesehen werden, so z. B. die lang anhaltende Zeugungsfähigkeit des Menschen oder die lange dauernde Pflege und Fürsorge für die Nachkommenschaft. Landmann weist überdies darauf hin, dass zu der langen Jugend des Menschen auch «die Dauer des Erwachsenenstadiums in einem entsprechenden Verhältnis stehen»[41] müsse. Ein Vergleich der Lebenserwartung verschiedener Lebewesen zeigt die relativ hohe Lebenserwartung der Spezies Mensch. Aus der Übersicht von D. Platt in «Biologie des Alterns» entnehme ich zur Illustration folgende Beispiele über die mittlere Lebenserwartung in Jahren:[42] Fliege 0,077, Maus 3 bis 3,5, Katze 9 bis 10, Hund 10 bis 12, Ameise 10 bis 15, Tiger 20, Menschenaffen 20 bis 25, Krokodil 50, Falke und Rabe 60 bis 70, Mensch 70 bis 74, Galapagos Schildkröte 100 bis 150, Elefant 150 bis 200. Nach Portmann kann die Eigenart menschlichen Altwerdens gegenüber den übrigen Lebewesen im Vergleich mit den Menschenaffen besonders verdeutlicht werden:

«Orang, Gorilla und Schimpanse werden sehr früh alt und vergreisen in der Zeit von 20 bis 30 Jahren. Wenige dürften das dritte Jahrzehnt überschreiten. Riopelle weist darauf hin, dass der Skelettzustand des Schimpansen von 40 Jahren den menschlichen Verhältnissen vom 60. bis 80. Jahr entspreche. Yerkes (1939) hebt bei aller Zurückhaltung hervor, dass Schimpansen mit 20 Jahren in Verhalten und Psyche so alt erscheinen, wie wir mit 40 bis 50 Jahren. Das ist in unserem Fall das Entscheidende. Auch betont Yerkes die frühe, ‹erwachsene› Ernsthafigkeit des Schimpansen, das völlige Schwinden des Spieltriebs mit etwa 10 Jahren, das ebenfalls ein Zeichen des andern Tempos dieses Lebenslaufes ist.» [43]

So zeigt sich schon bei diesen Hinweisen von Portmann, dass die blosse Feststellung der Lebensdauer wenig über die Eigenart menschlichen Alterns und Sterbens aussagt. Der Alterungsvorgang lebender Wesen ist ein vielschichtiger Vorgang, der seit einiger Zeit intensiv erforscht wird. [44] Gemeinsam ist allen Lebewesen, dass Altern und Sterben der Preis für das Leben, vor allem für individuelles Leben, ist. Wunderli und Meier-Baumgartner weisen in ihrem Buch «Mensch und Altern» darauf hin, dass «die Ursachen, wie es zu den Veränderungen im lebenden Organismus kommt, (...) bis heute noch nicht restlos geklärt» seien. [45] Sie beschreiben den Alterungsvorgang im Anschluss an Bürger zusammenfassend als «die als Funktion der Zeit entstehende irreversible Veränderung der lebenden Substanz». [46] Für diesen Veränderungsprozess sind sowohl die Erbsubstanz wie auch exogene Faktoren, die auf das Lebewesen einwirken, verantwortlich. So ist auch das Altwerden des Menschen ein Prozess, der die menschliche Eigenart widerspiegelt. Es ist ein Vorgang, in dem biologische, sozio-kulturelle und psychische Prozesse mit- und ineinanderwirken. Gerade im Altwerden wird auch die Bedeutung des individuellen, persönlichkeitsspezifischen Anteils in der menschlichen Lebensgestaltung deutlich. [47] Schon aus den bisherigen Darlegungen und in Hinsicht auf den weiteren Gedankengang ist jene immer noch verbreitete Betrachtungsweise, die als «Defizitmodell» bezeichnet wird, als falsch zu bezeichnen. Da sich die individuelle Struktur, die Persönlichkeit eines Menschen in den einzelnen Charakterzügen mit zunehmendem Alter deutlicher ausprägt, sind beim alten Menschen sowohl für die Mitmenschen positiv erscheinende Merkmale (z. B. Altersabgeklärtheit) wie negative (z. B. Erstarrung) besonders auffallend. [48] Insgesamt kann der Alterungsvorgang und das Sterben des Menschen nur in seiner Einheit als körperlich-geistiger Prozess in seiner vollen Bedeutung für die menschliche Eigenart richtig verstanden werden. Portmann umschreibt dieses Werden im Alter folgendermassen:

«Mag auch das Altern der Menschen in manchem dem tierischen Verfallen gleichen, so ist uns doch noch eine ganz andere Möglichkeit gewährt. So wahr das Bild vom Abstieg zum kindischen Alter sein kann, so mächtig und wahr steht daneben jenes andere, das von der besonderen Würde hohen Alters zeugt und von der eigenartigen Bedeutung dieser hohen Altersphase für ein Wesen, dessen Dasein eben auf der Überlieferung eines reichen Erfahrungsschatzes und Kulturgutes beruht. Das ist gerade das Eigenartige unseres Lebensganges: es gibt alle Stufen vom tiernahen Altersabstieg bis zu der ergreifenden späten Schöpfergewalt mancher Menschen. Solange man im Altern nur den absteigenden Ast einer Lebenskurve, nur das Welken einer Lebensblüte sehen will, nicht auch das Reifen der Frucht, so lange wird man die neuen, unabweislichen Probleme, welche das Alter dem Sozialleben stellt, falsch auffassen und falsch lösen. Erste Voraussetzung für eine zukunftsträchtige Auffassung von den neuen Sozialaufgaben ist die klare Anerkennung der Eigenart unseres menschlichen Alters. In unserem Altwerden äussert sich sehr eindringlich ein allgemeines Kennzeichen unserer Eigenart, die gesteigerte Individualität, die Ausprägung der Sonderart des Einzelnen. Gerade dieser Erscheinung gegenüber versagt die biologische Betrachtungsweise sehr oft, da sie, geschult an der Erforschung von Pflanze und Tier, dem Typischen, dem Allgemeinen besonderes Gewicht verleiht.» [49]

Ich bin bei meinen Darlegungen über biologische Gesichtspunkte zum Werden des Menschen vom Gedanken ausgegangen, die Eigennatur des Menschen im Bereich des Lebendigen, seine körperlich geistige Einheit aufzuweisen. Wegleitend war - im Anschluss an Adolf Portmann - der Gesichtspunkt, dass das Werden des Menschen in seinem ganzen Verlauf, in seiner Eigenart auf die typisch menschliche Lebensform hingeordnet sei. Nicht nur der Beginn der Entwicklung des Menschen in seinem ersten Lebensjahr ist voller Symbolik für das menschliche Werden und kann uns - bei allen Kenntnissen, die wir heute aus den verschiedenen Wissenschaften über die Embryonalzeit, die Geburt und das erste Lebensjahr besitzen - zum Staunen vor dem menschlichen Säugling, der «noch heute ein ‹unbekanntes Wesen›» [50] ist, führen. Auch das Werden im Alter und das Sterben des Menschen kann den Menschen selbst zum unauslotbaren Rätsel, zu einem zu bestaunenden Geheimnis machen. Romano Guardini hat dieses Geheimnis in tiefsinniger Weise beschrieben:

«(...) auch das Alter ist Leben.(...) Wohl bedeutet es die Annäherung an den Tod; aber auch der Tod ist ja noch Leben. Er ist nicht nur ein Aufhören und Zunichtewerden, sondern trägt einen Sinn in sich. Denken wir an die Doppelbedeutung, die das Wort ‹enden› hat, und die in Verbindung mit dem Eigenschaftswort ‹voll› zutage tritt. ‹Voll-enden› heisst wohl, zu Ende bringen, aber so, dass darin sich das erfüllt, worum es geht. So ist der Tod nicht das Nullwerden, sondern der Endwert des Lebens - etwas, das unsere Zeit vergessen hat. Die Alten haben von der ‹ars moriendi› gesprochen, von der Kunst des Sterbens: das blosse Ausrinnen und Zugrundegehen - aber auch das Fertig- und Vollwerden, die letzte Verwirklichung der Daseinsgestalt.» [51]

2.2 Exkurs zum Thema: Der Mensch als Natur- und Geistwesen

Wir haben im vorangehenden Abschnitt biologische Gesichtspunkte der menschlichen Entwicklung in ihrer Hinordnung auf die menschliche Lebensweise betrachtet. Dabei halfen uns Hinweise auf das entsprechende Entwicklungsgeschehen bei Tieren, die menschliche Eigenart noch deutlicher herauszuschälen. Wie die moderne Verhaltensforschung zeigt, liessen sich Gemeinsamkeiten, Unterschiede und typische Eigenheiten in tierischem und menschlichem Verhalten in fast unzähligen Einzelmerkmalen nachweisen. [52] Das Besondere, das Einzigartige und das - mindestens in den ausgeprägten Formen - Einmalige menschlichen Verhaltens hat auch immer wieder zu Versuchen geführt, den Menschen durch die Hervorhebung eines besonderen Merkmals als typisch menschlich zu charakterisieren bzw. zu typisieren. So entstanden z. B. unter den verschiedensten Gesichtspunkten und in verschiedensten Zusammenhängen Menschenbilder durch die Typisierung eines Merkmals, das in Form eines Adjektivs dem Worte Homo beigefügt wurde, so z. B. [53]

Homo sapiens
zur Typisierung des Menschen als geistiges, sich selbst bewusstes Wesen, gebräuchlich seit der biologischen Klassifizierung durch C. v. Linné (1707–1778)

Homo ludens
der Mensch als spielendes Wesen, u. a. durch den Verhaltensforscher und Philosophen J. Huizinga (1872–1945)

Homo politicus
der Mensch als Wesen der Gemeinschaft, seit Aristoteles

Homo sociologicus
Bezeichnung des Menschen, u. a. durch den Soziologen R. Dahrendorf, als ein Wesen, das in einem vielfältigen Beziehungsgeflecht mit verschiedenen Rollen, Erwartungen usw. lebt

Homo faber
Bezeichnung eines Menschentypus im Sinne des auf die Machbarkeit der Dinge und die Nützlichkeit ausgerichteten Menschen (vgl. Max Frisch)

Homo compensator

Vom Philosophen Odo Marquard (*1928) verwendete Kategorie in der philosophischen Anthropologie. Unter Bezugnahme auf verschiedene Denker seit der Antike und für die neuere Zeit seit Leibniz bezeichnet Marquard den Menschen als das «kompensierende Lebewesen», als «kompensierenden Defektflüchter»

Homo religiosus

Bezeichnung des Menschen als religiöses Wesen

Homo divinans

Verwendung von M. Landmann zur Charakterisierung der Auffassung des Menschen bei verschiedenen Dichtern und Denkern als einem übernatürlichen, gottähnlichen Wesen; dort auch die Bezeichnung homo peccator

Homo viator

ein aus der Bibel stammender Ausdruck zur Bezeichnung des Menschen als ein Unterwegsseiender, der Mensch als Wanderer

Homo creator

der Mensch als schöpferisches Wesen, als Schöpfer und Geschöpf der Kultur (M. Landmann)

Homo educans et educabile

der zu erziehende und zur Erziehung fähige Mensch.

In unserem Zusammenhang könnte der Mensch typisierend als ein sich Ziele setzendes Lebewesen, als ein auf Sinn verwiesenes und Sinn gebendes Lebewesen bezeichnet werden.

Die Beispiele zeigen, dass solche Typisierungen zwar einen bestimmten Zug in einem Menschenbild hervorheben können. Sie verleiten aber auch zu Verallgemeinerungen und Verkürzungen, die sich – wie die alltägliche Erfahrung und die Geschichte zeigen – auch gefährlich und verhängnisvoll auswirken können.

Die bisherigen Ausführungen haben gezeigt, dass schon seit frühester Zeit Aussagen über die Eigenart des Menschen in der einen oder anderen Form in die Frage nach der Bezogenheit von Leib und Seele, Körper und Geist bzw. Natur und Geist münden. Die Bedeutung des Geistigen, das Verhältnis von Körper und Geist, die Selbstbewusstheit des Menschen sind oft auch Ausgangspunkte von Theorien und Menschenbildern in

Philosophie, Psychologie und Pädagogik. In den folgenden Abschnitten möchte ich auf einige solche Theorien und Menschenbilder unter dem Gesichtspunkt der Bezogenheit von Natur und Geist hinweisen.

2.21 Der Mensch - das unspezialisierte Wesen

Im ersten Kapitel haben wir gesehen, dass schon Johann Gottfried Herder auf die Mängel des Menschen in biologischer Hinsicht und die Kompensation durch die Vernunft hingewiesen hat. An diesen Grundgedanken knüpft der Philosoph und Soziologe Arnold Gehlen (1904–1976) in seinem anthropologischen Modell vom «Menschen als biologischem Mängelwesen» an.[54] Gehlen nimmt verschiedentlich Bezug auf die von Herder «entdeckte», Kompensation verlangende biologische Hilflosigkeit des Menschen. Der Mensch ist, schreibt Gehlen, «‹organisch mittellos›, ohne natürliche Waffen, ohne Angriffs- oder Schutz- oder Fluchtorgane, mit Sinnen von nicht besonders bedeutender Leistungsfähigkeit, denn jeder unserer Sinne wird von den ‹Spezialisten› im Tierreich weit übertroffen. Er ist ohne Haarkleid und ohne Anpassung an die Witterung, und auch viele Jahrhunderte Selbstbeobachtung haben ihn nicht belehrt, ob er nun eigentlich Instinkte hat und welche. Man hat dies schon lange bemerkt, und Herder (1772) sowie Kant (1784) haben darauf hingewiesen».[55]

Nach Ausführungen über die These über die Retardation von Bolk[56] fährt er fort, dass diese Retardation «ein höchst wertvolles Erklärungsprinzip» sei, weil sie auch andere menschliche Eigenschaften, wie die unverhältnismässig verlängerte Entwicklungszeit, die lange Hilflosigkeit der Kleinkindphase, die späte Geschlechtsreifung usw. erkläre. Die Gesamtheit dieser Merkmale fasst Gehlen unter dem Begriff der «Unspezialisiertheit» zusammen im Vergleich zu den - auf eine bestimmte Umwelt - «spezialisierten» Tieren.

Für Gehlen zeigt sich also die Mängelhaftigkeit des Menschen unter anderem in der Instinktreduktion sowie in seiner Unspezialisiertheit, d. h. in seiner fehlenden organischen Anpassung an (bestimmte) Umwelten. Gehlen hat schon 1961 darauf hingewiesen, dass die Frage der Beteiligung von Instinkten im Sinne angeborener Reaktionsmechanismen schwierig zu beantworten ist.[57] Neuere Forschungen zeigen immer deutlicher, wie komplex die Wechselwirkungen zwischen Umwelt und angeborenem und erlerntem Verhalten ist.[58] Beim Menschen spricht man oft von einer Instinktreduktion. Man bezeichnet damit den Sachverhalt, dass das instinktive Verhalten für den Menschen keineswegs ausreicht, um zu überleben, geschweige denn, um sein Leben zu gestalten und zu führen. Der Mensch kann sich auf seine (Rest-)Instinkte nicht verlassen. Der Mensch ist so in seinen Reaktionen auf Reize der Umwelt und in seinem Umweltverhalten unsicher, stets gefährdet und bedroht.[59] Darum muss der Mensch das Verhalten innerhalb eines kulturellen Rahmens erst erlernen. Der einzelne Mensch muss Verhaltensmuster erlernen, die Menschen vor ihm als Antworten auf die Umwelt in schöpferischer Kraft hervorgebracht und die sie überliefert haben. Deshalb braucht der Mensch das Lernen und die Erziehung.

Gehlen nennt diesen Sachverhalt die «Komplementarität von Instinkt und Bewusstsein». Es ist dies die

«Annahme eines komplementären, also im Sinne der Gegenbezogenheit wechselnden Verhältnisses zwischen Instinkt und Bewusstsein derart, dass die Höherentwicklung der einen Instanz die der anderen ausschliesst. Darauf hatte, im allgemeinen treffend, schon Herder aufmerksam gemacht, wenn er ein umgekehrtes Verhältnis der ‹Kunsttriebe› der Tiere zur ‹Grösse und Mannigfaltigkeit ihres Wirkungskreises› lehrte (‹Über den Ursprung der Sprache›, 1772), zu denen Sprache und Intelligenz in angemessenem Verhältnis stehen würden. In einer sehr anderen Zuspitzung findet sich der Gedanke der Komplementarität bei Bergson, der in seinem letzten Werk ‹Die zwei Quellen der Moral und der Religion› (1932) die Religion als eine instinktartige grosse Kompensationsbewegung aufgefasst hat, welche aus der Tiefe des Vitalen heraus die Gefahren der Intelligenz auszugleichen bestimmt sei. Ein solches Verhältnis von Gegenbezogenheit, wie es in diesen Formulierungen erscheint, wird heute recht allgemein angenommen. So sagte Julian Huxley (‹Man stands alone›, 1941): ‹Eine von den Besonderheiten des Menschen ist der Verzicht auf jederlei Starrheit des Instinkts und die Ausstattung mit Assoziations-Mechanismen, durch welche jede Aktivität des Bewusstseins (mind), sei es in der Sphäre des Wissens, Fühlens oder Wollens, in Beziehung mit jeder anderen gebracht werden kann».[60]

Auf der einen Seite finden wir also die Höherentwicklung des Bewusstseins, der geistigen Fähigkeiten. Auf der anderen Seite eine Reduktion und Entmächtigung der Instinktautomatismen, somit auch freie Energien, seelische Antriebskraft.[61] Aus dieser Wechselwirkung heraus interpretiert Gehlen den Menschen als ein Wesen, das tätig sein Leben gestalten muss, indem er vorausschauend und in die Natur eingreifend handelt. Gehlen bezeichnet den Menschen als ein «primär handelndes Wesen, wobei ‹Handeln › in erster Annäherung die auf Veränderung der Natur zum Zwecke des Menschen gerichtete Tätigkeit heissen soll».[62]

So greift der Mensch handelnd in die Natur ein, indem er sich diese seinen Bedürfnissen und Vorstellungen (und auch seinen vermeintlichen Bedürfnissen!) anpasst:

«Der Mensch ist also organisch ‹Mängelwesen› (Herder), er wäre in jeder natürlichen Umwelt lebensunfähig, und so muss er sich eine zweite Naur, eine künstlich bearbeitete und passend gemachte Ersatzwelt, die seiner versagenden organischen Ausstattung entgegenkommt, erst schaffen, und er tut dies überall, wo wir ihn sehen. Er lebt sozusagen in einer künstlich entgifteten, handlich gemachten und von ihm ins Lebensdienliche veränderten Natur, die eben die Kultursphäre ist. Man kann auch sagen, dass er biologisch zur Naturbeherrschung gezwungen ist.» [63]

Die Kultur wird so als «die vom Menschen handelnd veränderte Natur» bezeichnet. Die «Kultursphäre» als die vom Menschen veränderte Natur ist sozusagen das «vom Menschen in die Welt hinausgebaute Nest». Eine der Hauptleistungen der menschlichen Kultur könnte denn darin gesehen werden, «unter dem Druck der Notwendigkeit den vorgefundenen, urwüchsigen Naturumständen Zweckmässigkeiten abzuringen. Darüber hinaus besteht menschliche Kultur wesentlich in einem Ordnungschaffen und Stabilisieren». [64]

Damit spricht Gehlen eine weitere Konsequenz seines anthropologischen Ansatzes an: Der Mensch, als «instinktverlassenes Wesen», ist in seinem Handeln auf Entlastung angewiesen. Solche Entlastungsfunktionen sind «höhere, symbolische, d. h. einfach: abgekürzte und damit entlastende Formen der Wahrnehmung». [65] Zu ihnen gehören vor allem die Sprache und die Institutionen.

«Unter diesen Gesichtspunkten erscheinen die Institutionen einmal als die Formen der Bewältigung lebenswichtiger Aufgaben oder Umstände, so wie die Fortpflanzung oder die Verteidigung oder die Ernährung ein geregeltes und dauerndes Zusammenwirken erfordern; sie erscheinen von der anderen Seite als die stabilisierenden Gewalten: Sie sind die Formen, die ein seiner Natur nach riskiertes und unstabiles, affektüberlastetes Wesen findet, um sich gegenseitig und um sich selbst zu ertragen, etwas, worauf man in sich und den anderen zählen und sich verlassen kann. Auf der einen Seite werden in diesen Institutionen die Zwecke des Lebens gemeinsam angefasst und betrieben, auf der anderen Seite orientieren sich die Menschen in ihnen zu endgültigen Bestimmtheiten des Tuns und Lassens mit dem ausserordentlichen Gewinn einer Stabilisierung auch des Innenlebens, so dass sie nicht bei jeder Gelegenheit sich affektiv auseinanderzusetzen oder Grundsatzentscheidungen sich abzuzwingen haben.

Der einzelne erlebt nun in der Tat eine Institution wie das Eigentum oder die Ehe als ein überpersönliches vorgefundenes Muster, dem er sich einordnet; oder in anderen Fällen tritt er in eine Institution seines Berufes, eine Behörde, eine Fabrik ein in dem Bewusstsein, dass sie als dieselbe seit langem bestand und bestehen wird, im Wechsel der Menschen die in sie ein- oder wieder austreten. Diese Thematik führt in sehr interessante und schwierige Überlegungen, wenn man sich im einzelnen klarmachen will, wie eigentlich die Handlungen der Menschen zu so etwas wie einer Eigennorm umschlagen und sich nun wie eine objektive Ordnung über ihnen verfestigen, die der einzelne als ein Geltendes vorfindet.»[66]

2.22 Der Mensch - das weltoffene Geistwesen

Gelangt Gehlen von der biologischen Mängelhaftigkeit des Menschen zum handelnden Wesen, so untersucht der Philosoph Max Scheler (1874–1928) die Stellung des Menschen im Reich des Lebendigen im Vergleich mit Pflanzen und Tieren. In seiner Schrift «Die Stellung des Menschen im Kosmos»[67] legt Scheler dar, dass der Mensch organisch-psychisch in der Natur verwurzelt ist, durch seine Geistigkeit aber, als einem gänzlich (qualitativ und nicht nur quantitativ) neuen Prinzip, ein eben total anderes, neues Wesen ist, das Umweltfreiheit und Weltoffenheit besitzt: «Ich habe es darum unternommen, auf breitester Grundlage einen neuen Versuch einer Philosophischen Anthropologie zu geben. Im folgenden seien nur einige Punkte, die das Wesen des Menschen im Verhältnis zu Pflanze und Tier, ferner die metaphysische Sonderstellung des Menschen betreffen, erörtert und ein kleiner Teil der Resultate angedeutet, zu denen ich gekommen bin.»

Nach der Erörterung der «Sonderstellung des Menschen» gegenüber Pflanzen und Tieren fährt Scheler fort:

«Ich behaupte: Das Wesen des Menschen und das, was man seine ‹Sonderstellung› nennen kann, steht hoch über dem, was man Intelligenz und Wahlfähigkeit nennt, und würde auch nicht erreicht, wenn man sich diese Intelligenz und Wahlfähigkeit quantitativ beliebig, ja bis ins Unendliche gesteigert vorstellte. Aber auch das wäre verfehlt, wenn man sich das Neue, das den Menschen zum Menschen macht, nur dächte als eine zu den psychischen Stufen: Gefühlsdrang, Instinkt, assoziatives Gedächtnis, Intelligenz und Wahl noch hinzukommende neue Wesensstufe psychischer und der Vitalsphäre angehöriger Funktionen und Fähigkeiten, die zu erkennen also in der Kompetenz der Psychologie und Biologie läge. Das neue Prinzip steht ausserhalb alles dessen, was wir ‹Leben› im weitesten Sinne nennen können. Das, was den Menschen allein zum ‹Menschen› macht, ist nicht eine neue Stufe des Lebens – erst recht nicht nur eine Stufe der einen Manifestationsform dieses Lebens, der ‹Psyche› –, sondern es ist ein allem und jedem Leben überhaupt, auch dem Leben im Menschen entgegengesetztes Prinzip; eine echte neue Wesenstatsache, die als solche überhaupt nicht auf die ‹natürliche Lebensevolution› zurückgeführt werden kann, sondern, wenn auf etwas, nur auf den obersten einen Grund der Dinge selbst zurückfällt: auf denselben Grund, dessen eine grosse Manifestation das ‹Leben› ist. Schon die Griechen behaupteten ein solches

Prinzip und nannten es ‹Vernunft›. Wir wollen lieber ein umfassenderes Wort für jenes X gebrauchen, ein Wort, das wohl den Begriff ‹Vernunft› mitumfasst, aber neben dem ‹Ideendenken› auch eine bestimmte Art der ‹Anschauung›, die von Urphänomenen oder Wesensgehalten, ferner eine bestimmte Klasse volitiver und emotionaler Akte wie Güte, Liebe, Reue, Ehrfurcht, geistige Verwunderung, Seligkeit und Verzweiflung, die freie Entscheidung mitumfasst –: das Wort ‹Geist›.»[68]

Es wird hier deutlich, dass Scheler den Rahmen des Tier-Mensch-Vergleichs sprengen und verlassen muss. Denn, «was aber ist jener ‹Geist›, jenes neue und so entscheidende Prinzip?» fragt Scheler. Diese Grundbestimmung eines geistigen Wesens ist «seine existentielle Entbundenheit vom Organischen, seine Freiheit, Ablösbarkeit – oder doch die seines Daseinszentrums – von dem Bann, von dem Druck, von der Abhängigkeit vom Organischen, vom ‹Leben› und allem, was zum Leben gehört – also auch von seiner eigenen triebhaften ‹Intelligenz›. Ein ‹geistiges› Wesen ist also nicht mehr trieb- und umweltgebunden, sondern ‹umweltfrei› und, wie wir es nennen wollen, ‹weltoffen›: Ein solches Wesen hat ‹Welt›».[69]

Für Scheler ist die Menschwerdung «Erhebung zur Weltoffenheit kraft des Geistes». Die Geistigkeit erlaubt es dem Menschen auch, sich von der Wirklichkeit, gegenüber sich selbst, den Trieben und Gefühlen, seinem eigenen Leben, zu distanzieren, denn «Mensch sein heisst: Dieser Art von Wirklichkeit ein kräftiges ‹Nein› entgegenzuschleudern». Das Tier muss aufgrund seiner Gebundenheit immer «Ja» zum Wirklichsein sagen. Der Mensch aber ist «der ‹Neinsagenkönner›, der ‹Asket des Lebens›, der ewige Protestant gegen alle blosse Wirklichkeit.»[70] Im Menschen ist aber auch ein Drang zum Leben, ein Drang zur Verwirklichung. Und in einer gegenseitigen (sublimierten) Durchdringung von Geist und (Lebens)-drang vollzieht sich der Lebensprozess: Die «Vergeistigung der Drangsale» und die gleichzeitige «Verlebendigung des Geistes ist das Ziel und Ende endlichen Seins und Geschehens».[71] «Geist und Drang, die beiden Attribute des Seins, sie sind, abgesehen von ihrer erst werdenden gegenseitigen Durchdringung – als Ziel –, auch in sich nicht fertig: sie wachsen an sich selbst eben in diesen ihren Manifestationen in der Geschichte des menschlichen Geistes und in der Evolution des Lebens in der Welt.»[72]

Schelers Bild vom Menschen enthält gewiss einen starken idealistischen, manchmal fast pathetischen Zug. Es ist ihm aber gelungen, mit seiner konsequenten These der Geistigkeit und Weltoffenheit des Menschen die einzigartige Stellung des Menschen im Kosmos durch Umweltentbundenheit, Weltoffenheit und Distanzierungsfähigkeit deutlich zu machen. Luyten hat den Begriff der Weltoffenheit erweitert zu «Seinsoffenheit», um die menschliche «Offenheit seines Geistes auf die gesamte Wirklichkeit» - die materielle und immaterielle (transzendente) - zu charakterisieren.[73]

Die beiden oben beschriebenen Modelle des Menschen haben viel zur Differenzierung des Menschenbildes beigetragen. In beiden sind wesentliche Gesichtspunkte menschlichen Daseins und menschlicher Lebensbewältigung im Rahmen einer umfassenden und in sich differenzierten Schau des Menschen und der lebenden Welt herausgearbeitet. Aber gerade durch die Akzentuierung einzelner Merkmale (z. B. bei Gehlen die Unspezialisiertheit, die Kompensation, die Institutionalisierung, bei Scheler die Geistigkeit) bergen sie die Gefahr der Einseitigkeit und Verabsolutierung in sich. Zudem basiert die Schau von Max Scheler auf dem alten Körper-Geist-Dualismus, ja steigert diesen noch durch die Akzentuierung des Geistes im Menschen als «Asketen des Lebens», als «Neinsager» zu einem geistig-idealistischen Monismus.[74] Weiter ist festzuhalten, dass die hier postulierte Weltoffenheit und Umweltentbundenheit nicht als eine absolute verstanden werden darf. Gerade manche Errungenschaften unserer Zeit lassen uns oft schmerzlich erfahren, wie wir uns in Abhängigkeiten stürzen, wo wir doch diese zu beseitigen versuchen oder dies versuchen uns vorzumachen.

2.23 Der Mensch in seiner exzentrischen Gesetztheit (Positionalität)

Den Problemen der Einseitigkeit und des Dualismus versucht Helmut Plessner (1892–1985) in seiner Konzeption einer philosophischen Anthropologie zu begegnen. Plessner geht in seinem 1928 erschienenen Hauptwerk «Die Stufen des Organischen und der Mensch» ebenfalls von der Stellung des Menschen, d. h. von Vergleichen zwischen Pflanze-Tier-Mensch aus. Er entwickelt aber einen ganz neuen Ansatz, wie er 1982 selbst in der autobiographischen Einführung in «Mit anderen Augen – Aspekte einer philosophischen Anthropologie» schreibt: «Die Stufen wollen nicht etwa im Sinne einer Abbreviatur der Evolutionstheorie verstanden sein, sondern als eine Logik der lebendigen Form und darüber hinaus als Frage nach den Bedingungen der Möglichkeit des Menschseins. Es bedurfte dazu eines ganz neuen Ansatzes, den ich im Verhältnis eines physischen Körpers zu seiner Begrenzung fand.»[75] In der Sichtweise Plessners sind anorganische Körper jene, denen die Begrenzung äusserlich gegeben ist. Ein solcher anorganischer Körper «hört da auf, wo das umrundende Medium beginnt».[76] Beim organischen Körper gehört die

Begrenzung zu ihm selbst, er ist in sich, damit hat er Positionalität, und zwar «dadurch, dass er gegen sein Umfeld abgegrenzt ist und ein, je nach Organisationsstufe verschiedenes, Verhältnis zu seiner Grenze hat.»[77] Der offenen «Form der pflanzlichen Positionalität steht die geschlossene der tierischen gegenüber.»[78] Positionalität besagt also, dass das Lebewesen «nicht nur *in* seine Umgebung, sondern auch *gegen* sie gestellt ist».[79] Das Tier mit seiner geschlossenen Organisationsform des tierischen Bauplanes lebt «aus seiner Mitte heraus in seine Mitte hinein, aber es lebt nicht *als* Mitte». Das Tier hat eine «zentrische» Organisationsform. «Die Schranke der tierischen Organisation liegt darin, dass dem Individuum sein selber Sein verborgen ist.» Es ist dem Tier die volle Reflexivität verwehrt. «Sein Leben aus der Mitte bildet zwar den Halt seiner Existenz, steht aber nicht in Beziehung zu ihm, ist ihm nicht gegeben.» Ohne die Zentrierung aufgeben zu müssen, ist demgegenüber das Leben des Menschen «exzentrisch». «Exzentrizität ist die Positionalität des Menschen, die Form seiner Gestelltheit gegen das Umfeld.»

Mit dem Begriff der «exzentrischen Positionalität» versucht Plessner «die Sonderstellung des Menschen als eines Lebewesens zu fassen.»[80] Diese wird sichtbar im Individuum, in der Person in ihrer dreifachen Positionalität. Ein solches Individuum «ist das Subjekt seines Erlebens, seiner Wahrnehmungen und seiner Aktionen, seiner Initiative.»[81] So «befindet sich der Mensch in einer Welt, die entsprechend der dreifachen Charakteristik seiner Person Aussenwelt, Innenwelt und Mitwelt ist. In jeder der drei Sphären hat er es mit Sachen zu tun, die als eigene Wirklichkeit, in sich stehendes Sein, ihm gegenüberstehen. Alles so Gegebene erscheint ihm als Ansicht, gewinnt Fragmentcharakter».

Ein Lebewesen in solch exzentrischer Positionalität muss sein Leben führen «und unter Einsatz aller seiner Möglichkeiten» versuchen, die durch seine Existenz gegebenen Mängel auszugleichen. Die philosophische Anthropologie hat nach Plessner eine Lehre zu sein «von den Bedingungen der Möglichkeit eines menschenhaften Wesens der vollen Erfahrung in Natur und Geschichte» in Hinsicht auf eine Welt, die «weder auf ewige Wiederkehr noch auf ewige Heimkehr angelegt», für ein menschliches Wesen, das «ortlos, zeitlos ins Nichts gestellt» ist. Es treibt «beständig von sich fort», «ohne Möglichkeit der Rückkehr, findet sich immer als ein anderes in den Fügungen seiner Geschichte, die es zu durchschauen, aber zu keinem Ende zu bringen vermag».[82]

Die menschliche Positionalität erlaubt es dem Menschen, als körperlich-geistige Einheit zu sich und zur Umwelt in Beziehung zu treten, dadurch ist er zugleich in sie hinein- und aus ihr herausgestellt. Plessners

Ansatz der Positionalität beinhaltet eine Erkenntnismöglichkeit, die die starre Trennung von Natur und Geist, von Physischem und Psychischem, die «Janushaftigkeit dieses Lebewesens» beziehungsweise den Doppelaspekt des menschlichen Daseins «nicht etwa aufhebt oder vermittelt, sondern aus *einer* Grundposition begreift». [83]

2.24 Das menschliche Wesen – Einheitlichkeit und rätselvolle Wechselwirkungen

Eine zusätzliche Sichtweise der Einheitlichkeit des Menschen und damit der Bezogenheit von Natur und Geist eröffnen die klassischen Theorien der Tiefenpsychologie. Ein grundlegendes Element tiefenpsychologischer Theorien ist es, den Menschen nicht nur als bewusst und reflektiert handelndes, denkendes und empfindendes Wesen zu verstehen. Vielmehr stehen die dem Menschen nicht bewussten, von ihm – aus irgendeinem Grund – nicht wahrgenommenen oder verdrängten Bedürfnisse und ihre Beziehung zum bewussten Anteil im Vordergrund des Interesses. Die naturhaften und triebhaften Bedürfnisse zu erkennen, bewusst zu machen beziehungsweise zu integrieren und mit ihnen umgehen zu lernen ist ein wesentlicher Beitrag der Tiefenpsychologie für den Menschen und seine Lebensgestaltung. Nach Ansicht der Tiefenpsychologie wird ein grosser Teil unseres Denkens, Fühlens und Wollens von solch unbewussten Faktoren gesteuert. Erst der Einbezug dieser Dimension offenbart den Menschen als ganzheitliches Wesen, als einheitliches Natur- und Geistwesen.

Die Begründer der Tiefenpsychologie, Freud, Adler und Jung, haben diesen Sachverhalt in ihren Theorien verschieden dargestellt. So schrieb Sigmund Freud (1856–1939) schon 1890 in der Abhandlung «Psychische Behandlung (Seelenbehandlung)», dass das Interesse in der Medizin zu lange auf das Körperliche eingeschränkt und die Beschäftigung mit dem Seelischen den Philosophen überlassen worden sei. [84] Zwar hätte die moderne Medizin Anlass genug gehabt, «den unleugbar vorhandenen Zusammenhang zwischen Körperlichem und Seelischem zu studieren». Sie hätte sich aber einseitig auf das Körperliche ausgerichtet. Dabei sei «das Verhältnis zwischen Leiblichem und Seelischem (beim Tier wie beim Menschen) (...) eines der Wechselwirkung, aber die andere Seite dieses Verhältnisses, die Wirkung des Seelischen auf den Körper», habe «in früheren Zeiten wenig Gnade vor den Augen der Ärzte» gefunden.

Für Alfred Adler (1870–1937) ist die Bezogenheit von Natur und Geist, die Einheit von Körper und Seele ein Grundpfeiler seiner Lehre. Für ihn liegen sogar Bewusstes und Unbewusstes in der gleichen Linie: «Was immer man als bewusst, unbewusst, vorbewusst usw. benannt hat, zeigt sich stets im Einklang mit der persönlichen Aktivitätslinie», schreibt er 1930 im Aufsatz «Grundbegriffe der Individualpsychologie».[85] Adler bezeichnet es als eine wesentliche Erkenntnis seiner Theorie, diese einheitliche Linie sowohl im bewussten Denken, Fühlen und Wollen als auch im «Verständnis von körperlichen Ausdrucksformen, von der Sprache der Organe, von der Verwendung der Affekte, von Charakterzügen und von nervösen Krankheitssymptomen» zu finden. Diese «Einheitlichkeit der körperlichen und seelischen Haltung eines Menschen» lassen sich aus der dominierenden Rolle des Endzieles des jeweiligen Individuums erklären. Adler geht aber noch weiter und weitet die Bezogenheit von Natur und Geist über das individuelle Leben des Menschen aus. Er glaubt, dass menschliches Leben sinnvoll nur zu verstehen ist, wenn man das Bezugssystem Mensch-Kosmos im Auge hat und «dass der Kosmos in dieser Bezogenheit eine formende Kraft besitzt».[86]

Eine spezifisch ausgeprägte Form erhält die Bezogenheit von Natur und Geist in der Theorie von Carl Gustav Jung (1875–1961) u. a. durch die Annahme eines kollektiven Unbewussten. In seinem Aufsatz «Die Struktur der Seele» entwickelt Jung anhand eines Fallbeispieles die gewissermassen drei seelischen Stufen seiner Theorie vom Seelenleben: «1. das Bewusstsein, 2. das persönliche Unbewusste (...) 3. das kollektive Unbewusste, welches als ein Erbgut an Vorstellungsmöglichkeiten nicht individuell, sondern allgemein menschlich, ja sogar allgemein tierisch ist und die eigentliche Grundlage des individuell Seelischen darstellt».[87] Aus ihm entspringen zum grossen Teil jene «treibenden seelischen Kräfte», die Jung die Archetypen nennt. Diese Archetypen bestimmen als «lebendige Reaktions- und Bereitschaftssysteme (...) auf unsichtbarem und daher um so wirkungsvollerem Wege das individuelle Leben».[88]

Diese Hinweise mögen zeigen, dass die Bezogenheit von Körper und Seele im Sinne einer Wechselwirkung von Bewusstem und Unbewusstem im Rahmen der klassischen tiefenpsychologischen Theorien einen wesentlichen Kern der jeweiligen Theorie und der folgenden Schulen - der Psychoanalyse Freuds, der Individualpsychologie Adlers und der komplexen Psychologie Jungs - ausmacht.

Von ganz anderen Standpunkten aus versuchen der Philosoph Karl Raimund Popper (*1902) und der Neurologe John C. Eccles (*1903) das körperlich-seelisch-geistige Verhältnis und dessen Wechselwirkungen zu verstehen. Beide nehmen einen erkenntnistheoretisch-evolutionären Standpunkt ein (vgl. Abschnitt 2.3). Karl R. Popper geht von der Annahme aus, dass sich im Laufe der Evolution auf verschiedenen Stufen immer wieder grundsätzlich Neues gebildet hat, das nicht nur als von einem Früheren hervorgebracht verstanden werden kann. Die Entstehung dieses Neuen ist als (vielfältiger) Prozess von Wechselwirkungen zu verstehen. Popper nennt das Auftreten solch grundsätzlich neuer Phänomene «Emergenzen». Solche Emergenzen sind u. a. auch der Anfang des Lebens auf der Erde, das Bewusstsein, die menschliche Sprache und das menschliche Gehirn.[89] Ausgehend von diesem evolutionären Standpunkt, entwickelte Popper sein 3-Welten-Modell. In einem Aufsatz aus dem Jahre 1968 unterscheidet Popper – ohne das Wort «‹Welt› allzu ernst zu nehmen» – drei Welten: «erstens die Welt der physikalischen Gegenstände oder physikalischen Zustände; zweitens die Welt der Bewusstseinszustände oder geistigen Zustände oder vielleicht der Verhaltensdispositionen zum Handeln; und drittens die Welt der objektiven Gedankeninhalte, insbesondere der wissenschaftlichen und dichterischen Gedanken und der Kunstwerke.»[90]

Popper entwickelte diesen Ansatz in Auseinandersetzung mit verschiedenen Denkern – u. a. auch mit J. Eccles – weiter. Im Buch «Das Ich und sein Gehirn», das Popper und J. Eccles 1977 (dt. 1982) gemeinsam herausgaben, stellt Popper sein 3-Welten-Modell in einem Schema «kosmisch-evolutionärer Stufen» wie folgt dar:[91]

Welt 3 (die Erzeugnisse des menschlichen Geistes)	(6) Kunstwerke; wissenschaftliche Entdeckungen (5) Menschliche Sprachen; Theorien (Mythen) über uns selbst und über den Tod
Welt 2 (die Welt der subjektiven Erlebnisse)	(4) Ich-Bewusstsein und Wissen um den Tod (3) Empfindung (tierisches Bewusstsein)
Welt 1 (die Welt der physikalischen Gegenstände)	(2) Lebende Organismen (1) Die schweren Elemente; Flüssigkeiten und Kristalle (0) Wasserstoff und Helium

In unserem Zusammenhang sei das Moment der Wechselwirkung in diesem 3-Welten-Modell hervorgehoben: Popper betont von allem Anfang an, dass diese drei Welten in steter Wechselwirkung zueinander stehen. Seine Theorie führt zum Schluss, «dass unsere psychischen Zustände (einige unserer) physischen Bewegungen steuern, und dass es ein gewisses Geben und Nehmen, eine gewisse Rückkoppelung und damit Wechselwirkung zwischen der psychischen Tätigkeit und den anderen Funktionen des Organismus gibt.»[92] Dies führt zur Theorie des Interaktionismus, wie sie vor allem im Anschluss an Popper der Neurologe John Eccles «als das

Problem einer ‹Liaison› von Gehirn und Bewusstsein»[93] entwickelte. Eccles glaubt aufgrund von Untersuchungen zu den beiden Hirnhemisphären (linke dominante Hemisphäre und rechte subdominante Hemisphäre) mit der Annahme eines Liaison-Hirns könnte für die ungeheure Komplexität der Wechselwirkungen sowie für das Gehirn-Geist-Problem auch eine neurologische Erklärung gefunden werden.[94] Trotz der Einheit und der Wechselwirkungen zwischen den drei Welten sprechen Popper und Eccles der Welt 3 eine gewisse Selbständigkeit und Unabhängigkeit zu:«(...) obwohl die dritte Welt ein menschliches Erzeugnis ist, schafft sie sich ihrerseits, wie viele Erzeugnisse von Lebewesen, ihren eigenen Selbständigkeitsbereich»[95], sagt Popper, wobei die Gegenstände von Welt 3 nicht nur «Ergebnisse planvollen Schaffens»[96] sind. Die relative Eigenständigkeit von Welt 3 und die Zusammenhänge und Wechselwirkungen mit den anderen Welten können am Beispiel eines Buches etwas erhellt werden.[97] Ein Buch, wie es als materielles Ding vor uns liegt, gehört zur Welt 1. Über die materiellen Elemente des Buches wie Papier, Druckerschwärze usw. hinaus enthält das Buch aber einen Inhalt, es sagt etwas aus, es enthält einen Gehalt. Diese geistige Aussage, dieser Gehalt aber gehört der Welt 3 an. Die Aussagen enthalten Gedanken, Wissen, Empfindungen aus der Welt 2, der Welt der subjektiven Erlebnisse. Die Aussagen, der Gehalt des Buches können Menschen veranlassen, so oder so zu handeln und zu denken, selbst wieder Dinge der Welt 3 zu erzeugen. Sowohl durch dieses Handeln und Denken wie auch durch die neuen Erzeugnisse von Welt 3 kann auf die Welt 1 eingewirkt werden.[98] Das Beispiel gibt nicht nur einen Einblick in mögliche Wechselwirkungen zwischen den drei Welten (und damit in die gegenseitige Offenheit), sondern es kann auch einen Hinweis auf die von Popper und Eccles postulierte (relative) Eigenständigkeit von Welt 3 sowie für das Postulat der Wirklichkeit der Dinge von Welt 3 geben.[99] Darüber hinaus mag das Beispiel auch noch als Hinweis dienen auf die zentrale Bedeutung, die Popper und Eccles der menschlichen Sprache für die Welt 3 beimessen.[100] «Die menschliche Sprache mit ihren besonderen Charakteristiken (...), Sätzen, die wahr oder falsch sein können», ist nach Popper das Wichtigste, «das Zentrum von Welt Drei».[101]

Das Modell der drei Welten und die Annahme von Wechselwirkungen zwischen ihnen wie auch die von Eccles vermuteten «Liaison-Zentren» (Liaison-Hirn) in der Grosshirnrinde sind ein wertvoller Beitrag, das Verhältnis von Natur und Geist, von Leib und Seele in seiner Komplexität und vielfältigen Verschränkung aufzuzeigen und zu erhellen. Wie immer man sich zum Modell als solchem oder zu den einzelnen Annahmen und

Postulaten stellt, das Modell öffnet auf alle Fälle neue Zugänge und Sichtweisen zum vielleicht grundlegendsten Problem, das den Menschen beschäftigt, seit er gelernt hat, Fragen an die Welt und an sich zu stellen. Gerade die heutige Zeit bedarf dringend solcher Sichtweisen, die versuchen, die unabdingbare Bezogenheit und die Verschränkungen von Natur und Geist beziehungsweise von materiell-natürlicher und seelisch-geistiger Welt aufzuzeigen, anstatt diese Dimensionen auseinanderzudividieren und sie gegeneinander auszuspielen. Diese uralte Frage des Menschen ist weder mit billigen Harmonie-Antworten noch mit apodiktischen monistischen oder dualistischen Modellen zu lösen (wenn sie überhaupt je zu lösen ist). Die Anstrengungen müssen vielmehr auf das Erhellen der Bezogenheit, der Verschränkung und der Wechselwirkungen gerichtet werden. Popper und Eccles weisen in ihrem gemeinsamen Buch immer wieder, vor allem in den Dialogen, auf die Vorläufigkeit und auf die Grenzen ihrer Erkenntnisse und Vermutungen hin. Gerade diese Dialoge sind auch ein eindrückliches Beispiel, dass das Ringen um die Klärung grundsätzlicher Fragen des Menschseins Menschen mit - teilweise - unterschiedlichen Erkenntnissen und Standpunkten (nicht nur verschiedener Wissenschaft) in gegenseitiger Achtung und gegenseitigem Ernstnehmen der Argumente zusammenführen kann.

2.3 Menschliches Werden und Lernen als Selbst- und Wirklichkeitsgestaltung - ein Ansatz zu einer evolutionären pädagogischen Anthropologie

Ich habe die Betrachtung der individuellen Entwicklung des Menschen unter den von Portmann vertretenen Gesichtspunkt der «Einheit von Lebensform und Entwicklungsweise» gestellt. Portmann versuchte in seinen Arbeiten, dieses Prinzip auch für die Entwicklung der Menschheit als Gattung durchsichtig zu machen. [102] In diesem Sinne geht es auch bei der Frage um den Ursprung und die Entwicklung des Menschen «um den Ursprung einer vollen Daseinsform». Betrachtet man jenen Zeitraum der Geschichte der Menschheit, aus dem wir Kenntnisse über den ersten Werkzeuggebrauch und damit die Entstehung der Kulturen haben, lässt sich das Prinzip leichter nachweisen. Betreten wir aber jene Zeiträume, über die wir aufgrund einzelner fossiler Funde das Werden der Menschheit zu rekonstruieren versuchen, müssen wir uns mit Spekulativem, Hypothetischem zufrieden geben. Schon Pestalozzi widmete der Frage «Was bin ich, und was ist das Menschengeschlecht?» sein philosophisch-anthropologisches Hauptwerk «Meine Nachforschungen über den Gang der Natur in der Entwicklung des Menschengeschlechts». Er wollte «wissen, was der Gang meines Lebens, wie es war, aus mir gemacht hat»; und er wollte «wissen, was der Gang des Lebens, wie er ist, aus dem Menschengeschlecht macht». [103]

Pestalozzi hat eine Antwort auf diese Fragen aus seiner Zeit und aus seinem Menschenverständnis heraus zu geben versucht. Nicht nur die Antworten Pestalozzis und seiner Zeitgenossen auf diese grundsätzlichen Fragen, sondern gerade auch der Wandel in den Antworten der letzen Jahrzehnte verweisen uns auf die Vorläufigkeit unserer Kenntnis, verweisen uns darauf, dass der Mensch immer noch ein Fragen stellendes und Antworten suchendes Wesen ist.

2.31 Das Werden der Menschheit

Unsere heutigen Antworten auf die Fragen von Pestalozzi fallen aufgrund neuer Gesichtspunkte, neuer Erkenntnisse und neuer Möglichkeiten anders aus, und auch die Fragen selbst werden anders gestellt. Eine Grundvorstellung in ihrem weitesten Sinne durchzieht auch heutige Antworten: Dass der Mensch und die Menschheit in ihrem Werden in vielfältiger Weise eingebettet sind in das Entwicklungsgeschehen der Natur und dass jeweilige Zustandsformen - wenn wir überhaupt von solchen sprechen können - Ausprägungen eines über die Zeiten hinweg dauernden Prozesses sind. Diese Prozesse, die stammesgeschichtliche Entwicklung der Lebewesen aufgrund bestimmter Gesetzmässigkeiten und Mechanismen, bezeichnet man als Evolution.

Das Wort Evolution kommt aus dem Lateinischen vom Verb evolvere und bedeutet: hinaus-, hervorwälzen, entströmen lassen; auseinanderrollen, aufrollen; auch entwickeln. Ursprünglich wurde das Wort gebraucht im Zusammenhang mit dem Auswickeln, Entrollen einer Schriftenrolle. Die allgemeine Bedeutung in der weiteren Entwicklung war dann die eines Prozesses, eines prozesszualen Geschehens, einer Entwicklung.

Im wissenschaftlichen Sprachgebrauch wird Evolution in einem ganz bestimmten, in einem engeren Sinn gebraucht. [104]

Nach Franz M. Wuketits wurde der Begriff «Evolution» vom englischen Philosophen Herbert Spencer (1820–1903) eingeführt. [105] Dieser bezeichnete mit ihm schlicht «Entwicklung». Relativ weit verbreitet ist ein (vor-)wissenschaftliches Verständnis des Evolutionsbegriffs im Sinne der «Evolution des Menschen», also der Entwicklungsgeschichte des Menschen. In diesem Sinne wird Evolution auch im Begriff «Evolutionstheorie» im Anschluss an die Arbeiten von Charles Darwin (1809–1882) gebraucht. Der Evolutionsforscher Campbell versteht in seinem Standardwerk «Entwicklung zum Menschen» Evolution als «Anpassung in den Hauptmerkmalen einer Population als Folge natürlicher Auslese mit dem Ergebnis einer höheren Überlebenswahrscheinlichkeit in ihrer speziellen Umwelt».[106]

Wenn auch weit verbreitete Übereinstimmung hinsichtlich des Faktums des evolutiven Geschehens besteht, gehen die Lehrmeinungen in einzelnen Fragen doch auseinander. Dies betrifft vor allem die Frage des «Wie», das heisst der Gesetzmässigkeiten und Mechanismen im historischen Prozess der Evolution des Lebens. Als grundlegende Faktoren für die Entwicklung der Lebewesen gelten Mutation (Veränderung im Erbgut einer Zelle) und Selektion (natürliche Auslese im Sinne einer besseren beziehungsweise zweckmässigeren Anpassung an die Umwelt- beziehungsweise Lebensbedingungen). Der heutige Erkenntnisstand in der Evolutionsforschung zeigt, dass in den evolutiven Prozessen jeweils mehrere Faktoren (z. B. Separation, Rekombination usw.) wirken und sich gegenseitig beeinflussen.[107]

Die stammesgeschichtliche Entwicklung der Lebewesen wird als Phylogenese bezeichnet (phylae, gr. = Stamm; die Entwicklung des Einzelwesens, des Individuums, bezeichnet man als Ontogenese). Unterschiedliche Theorien und Auffassungen finden sich auch in der Frage nach der Entstehung und Entwicklung des Menschen. Der Theorie, das menschliche Lebewesen habe sich in langwierigen Prozessen aufgrund bestimmter Gesetzmässigkeiten über verschiedene Stadien vormenschlicher und menschlicher Vorfahren entwickelt, stehen jene Auffassungen gegenüber, die eine solche Theorie nicht annehmen können, sei es aus wissenschaftlichen Gründen (z. B. mangels eindeutiger Beweise) oder aus religiösen Überzeugungen (Erschaffung des Menschen durch einen – persönlichen – Gott) oder aus beiden Haltungen zusammen.

Aber auch innerhalb der Vertreter einer evolutionären Theorie der Menschheitsentwicklung gibt es unterschiedliche Auffassungen und Deutungen. Diese ergeben sich nach Henke und Rothe[108] hauptsächlich aus folgenden drei Hauptproblemen, die mit der stammesgeschichtlichen Erforschung des Menschen verbunden sind:

- In der Evolutionstheorie geht man davon aus, dass sich die menschliche Entwicklung als Eigenweg (Entwicklung der Hominiden) von jener der Menschenaffen (der Pongiden) getrennt hat, also einen eigenen Ast innerhalb des Primatenstammbaumes beschritten hat. Wo ist nun die Stelle in diesem Stammbaum, an der die menschliche Entwicklung begonnen hat?

- Welche morphologischen und anatomischen Merkmale besassen die Wesen der verschiedenen Entwicklungsstufen, angefangen von den ersten menschenähnlichen Lebewesen über die ersten Menschen bis zum neuzeitlichen (rezenten) Menschen (homo sapiens sapiens)? Welche Wandlungen kann man feststellen?
- Welches waren die Faktoren, die die menschliche Entwicklungsgeschichte beeinflusst und gesteuert haben?

In der folgenden Skizze des Entwicklungsgeschehens zum Menschen halte ich mich hauptsächlich an die Darstellungen von Heberer und Henke/Rothe. [109]

Unter dem Gesichtspunkt der Evolutionsforschung wird der Mensch aufgrund biologischer Merkmale in die Entwicklungslinien der Primaten (von primus, lat. = vorderer, erster) eingereiht. Man nimmt an, dass die Primaten wie alle Säugetiere aus einer gemeinsamen Wurzel entstammen. Die Säugetiere entwickelten sich seit Beginn des Tertiär (vor etwa 70 Millionen Jahren) in einer ungeheuren Vielfalt. Einen Zweig innerhalb der Säugetiere bildet die Ordnung der Primaten, zu der auch die Grossfamilie der Hominoidea zählt (vgl. Grafik 6, S 105). Zu den Hominoidea gehören u. a. die Pongiden, Wesen mit menschenaffenartigen Kennzeichen (wie z. B. die Gibbons, Gorillas, Schimpansen und Orang Utans) und die Hominiden, Wesen mit menschenartigen Merkmalen. In der Evolutionstheorie nimmt man an, dass die Pongiden und Hominiden einer gemeinsamen Wurzel entspringen, die meist in die Zeit des Miozäns (vor etwa 25 Millionen bis vor 10 Millionen Jahren) gelegt wird. Die Funde aus der frühen Phase der Hominidenentwicklung, der subhumanen Phase, sind spärlich und geben zu unterschiedlichen Interpretationen Anlass. Der Abschnitt der Stammesgeschichte, in dem gemäss den Annahmen der Evolutionstheorie sich der allmähliche Übergang von der subhumanen zur eigentlichen humanen Phase vollzog, wurde vor ungefähr 10 Millionen Jahren erreicht. Diese Phase wird als Tier-Mensch-Übergangsfeld bezeichnet und auf eine Dauer von ungefähr 600 000 Generationen geschätzt. Aus dieser Zeit des Tier-Mensch-Übergangsfeldes wird – innerhalb der Hominidenentwicklung – eine Entwicklungslinie vermutet, die zur Gattung Homo führte.

Aus dem Zeitraum von etwa 1,5 Millionen bis 500 000 Jahren besitzen wir zahlreiches Fundmaterial aus Java, China, Indien, Europa, Nord- und Ostafrika, das in vielen gemeinsamen Merkmalen auf die gleiche Art hinweist, die heute als Homo erectus (aufrecht gehender Mensch) bezeichnet wird. Zwischen dieser Homo erectus-Gruppe und dem Homo sapiens (sapiens, lat. = weise) muss es wiederum frühe Homo sapiens-Formen gegeben haben (z. B. Funde des Steinheim Menschen oder jene von Swanscombe vor etwa 250 000 Jahren), über die aber aufgrund fehlender oder nur spärlicher Funde nur Annahmen gemacht werden können. Nach neueren Datierungen wird die eigentlich humane Geschichte mit jenen Funden des Homo sapiens «fassbar», die aus der Zeit vor etwa 45 000 bis 35 000 Jahren stammen (Cro-Magnon-Mensch).[110] Der Neandertaler Mensch (Homo sapiens neanderthalensis) entwickelte sich offenbar als eigenständiger Seitenzweig. Eigenartigerweise ist das Auftreten des Homo sapiens sapiens mit dem plötzlichen Verschwinden des Neandertaler Menschen gekoppelt. Letzterer war als Jäger und Sammler weit verbreitet und ist in der letzten Eiszeit vor ungefähr 70 000 Jahren in Erscheinung getreten.[111]

Wie erwähnt, werden die Datierungs-, Interpretations- und Rekonstruktionsarbeiten heute mittels hochentwickelter Methoden aufgrund der Funde von Skelettresten (z. B. Zähne, Becken-, Kiefer- und andere Skelettknochen)[112] sowie von Werkzeugfunden vorgenommen. In unserem Zusammenhang sei besonders auf die Funde fossiler Schädel bzw. Schädelreste hingewiesen. Man kann aufgrund dieser Schädelfunde feststellen, dass das Volumen des Schädels und damit die Gehirnkapazität im Laufe der Evolution stets zugenommen hat. Für die frühe Phase der Hominiden, die Australopithecinen, wird ein Hirnvolumen von etwa 450 bis 650 cm^3 angenommen. Für die Homo erectus-Gruppe wird das Hirnvolumen auf etwa 900 bis 1000 cm^3 geschätzt. Die Neandertaler erreichten ein Hirnvolumen von etwa 1400 bis 1600 cm^3. Dieses ist somit in etwa vergleichbar mit jenem des Homo sapiens mit durchschnittlich etwa 1450 cm^3.[113] Seit der letzten Eiszeit ist beim Homo sapiens keine weitere Grössenzunahme zu beobachten. Obwohl die Gehirnschädelkapazität alleine noch nichts aussagt über den Grad der Differenziertheit des Gehirns, die sogenannte Enkephalisation, kann aufgrund weiterer Untersuchungsgesichtspunkte mit der Zunahme der Gehirnschädelkapazität beim Menschen eine zunehmende Differenzierung der Gehirnstruktur und damit eine zunehmende Leistungsfähigkeit des Gehirns angenommen werden.[114]

Auf die Bedeutung des Gehirns und dessen Entwicklung habe ich schon im Abschnitt über die Eigenheiten der individuellen menschlichen

Entwicklung hingewiesen. Auch innerhalb der Evolution der Menschheit ist die Frage nach der Entwicklung des Gehirns und seinen Beziehungen zur Selbstbewusstwerdung des Menschen und zum menschlichen Erkenntnisvorgang in einigen Theorien in den Mittelpunkt gerückt. Da das menschliche Gehirn «das zentrale Regulationsorgan für jegliche Art menschlicher Tätigkeit» bildet und «sich dieses Gehirn im Verlaufe der biologischen Evolution entwickelt hat, müssen sich auch die geistigen Fähigkeiten des Menschen, die an das Gehirn und den darin stattfindenden Informationsfluss gebunden sind, nach und nach entwickelt haben», sagt Hans Zeier in seinem mit John Eccles verfassten Buch «Gehirn und Geist».[115] Die meisten Forscher nehmen an, dass der aufrechte Gang und die Freisetzung der Hände und damit der Werkzeuggebrauch Voraussetzungen für die Entwicklung des Gehirns und seiner Funktionen waren. Eine besondere Bedeutung in diesem Entwicklungsprozess wird der Sprache beigemessen, das heisst der Wechselwirkung zwischen sprachlicher Äusserung, Werkzeuggebrauch und Hirnentwicklung. Bezüglich der verschiedenen Hirnfunktionen geht man heute davon aus, dass noch zahlreiche Hirnfunktionen, die im Verlaufe der Evolution entstanden sind, auch für unser Leben eine wesentliche Rolle spielen. Hirn- und Evolutionsforscher nehmen an, dass sich unser Gehirnaufbau nach und nach im Laufe der Evolution im Sinne eines einheitlichen Systems entwickelt hat. Dieses einheitliche Gehirn wird vom amerikanischen Neurophysiologen Paul D. Maclean «triune brain», Dreifach-Hirn, genannt.[116] Diese drei Hirnschichten – als Archecortex (Hirnstamm, Reptilienhirn), Mesocortex (Zwischenhirn, limbisches System, älteres Säugetierhirn) und Neocortex (Neuhirn, jüngeres Säugetierhirn) bezeichnet – muss man sich vorstellen als ineinandergeschachtelte und ineinandergreifende Teile des einheitlichen Gehirns, die miteinander in enger Verbindung stehen und ihre je besonderen Funktionen oft miteinander koordinieren.[117] Grob zusammengefasst können wir sagen, dass jedes dieser Hirnteile in einer bestimmten Zeit der Evolution entstanden ist. Hoimar v. Ditfurth nimmt in seinem Buch «Der Geist fiel nicht vom Himmel» an, dass – grob geschätzt – sich der Hirnstamm als ältester Teil etwa vor 1,5 Milliarden Jahren, das Zwischenhirn seit höchstens etwa 1 Milliarde und das Neuhirn vor etwa 500 Millionen Jahren zu entwickeln begonnen haben.[118] Diese Zahlenangaben sind relativ zu sehen, je nachdem, ob man vom ersten Beginn oder vom vollen Entwicklungsstand ausgeht, und daher eher im Sinne grosser, Millionen von Jahren dauernder Zeiträume zu verstehen. Sozusagen entsprechend ihrer Entstehungszeiten bildeten sich jeweils spezifische Funktionen für die einzelnen Hirnteile heraus, die auch noch für unser Verhalten von Bedeutung sind. Angesichts dieser chronologischen Entstehung und Schichtung unseres Gehirns entwickelte Ditfurth im genannten Buch - und in einem darauf aufbauenden eindrücklichen Fernsehdokument - so etwas wie eine «Paläontologie der Seele».[119] Andeutungsweise gesagt bestehen die Aufgaben des Hirnstammes in der Hauptsache in der Regelung vegetativ-motorischer Vorgänge, jene des Zwischenhirns in der Verarbeitung von Informationen «von der Innenwelt des eigenen Organismus wie von der Aussenwelt» und zwar so, «dass sie als Gefühle und Emotionen erfahrbar werden».[120] Die Aufgaben des Neuhirns können mit den «Stichworten Bewusstsein, individuelles Lernvermögen und Wahrnehmung einer objektiven Aussenwelt» angedeutet werden.[121]

Im Zusammenhang mit der Entwicklung einer Theorie zur Evolution des menschlichen Gehirns und des Bewusstseins hat sich in einem interdisziplinären Schnittfeld (Biologie, Philosophie, Psychologie, Neurologie) eine Theorie über den Vorgang des menschlichen Erkennens entwikkelt. Es handelt sich dabei um die Annahme von angeborenen, d. h. stammesgeschichtlich gewordenen Fähigkeiten und Strukturen, die Welt zu erkennen, zu verstehen, zu deuten. Von verschiedenen Ausgangspunkten und Disziplinen sind u. a. Konrad Lorenz, Rupert Riedl, Karl R. Popper und Hans Mohr - um nur einige wenige Repräsentanten zu nennen - zu dieser Erkenntnis gelangt. Die Theorie wird als «evolutionäre Erkenntnistheorie» bezeichnet. G. Vollmer fasst ihre grundlegende Annahme wie folgt zusammen: «Unser Erkenntnisapparat ist ein Ergebnis der Evolution. Die subjektiven Erkenntnisstrukturen passen auf die Welt, weil sie sich im Laufe der Evolution in Anpassung an diese reale Aussenwelt herausgebildet haben. Und sie stimmen mit den realen Strukturen (teilweise) überein, weil nur eine solche Übereinstimmung das Überleben ermöglichte.»[122]

2.32 Die Frage nach der Evolution des Lebendigen

Die Vorstellung bzw. die Theorie, dass sich die Geschichte des Menschen als ein fortwährendes Entwicklungsgeschehen abspielt, führt zur Frage nach der Entwicklung der übrigen Lebewesen, ja des Lebens selbst. So ist auch die Idee und Begrifflichkeit des «Evolutionären» in einem umfassenderen Sinne zu verstehen.

Mit Evolution bzw. evolutionär meine ich hier einen fortdauernden Prozess, in welchem die zu einem bestimmten Zeitpunkt feststellbaren

Zustandsformen und Erscheinungen in den kosmischen bzw. anorganischen, den organisch-biologischen sowie in den humanen und sozio-kulturellen Dimensionen als Stadien verstanden werden können, die sich infolge des Zusammenwirkens vielfältiger Faktoren aus vorangegangenen Stufen entwickelt haben. [123] In einer solchen Umschreibung des evolutionären Prinzips ist sowohl die Entwicklung der Materie wie auch jene des Lebens an sich und jene der verschiedenen Lebensformen und des Menschen angesprochen.

Innerhalb dieser weiteren Fassung des Begriffs Evolution können dann mehrere Arten der Evolution mit je spezifischen Gesetzmässigkeiten unterschieden werden: kosmische und anorganische Evolution, biologische oder organische Evolution und die vorher skizzierte humane Evolution sowie die kulturelle Evolution. [124]

Heutige Forscher nehmen an, die kosmische bzw. anorganische Evolution hätte mit der vermuteten Entstehung des Kosmos vor etwa 15 bis 20 Milliarden Jahren begonnen. [125] Die Vorgänge in dieser Evolutionsphase beschreibt man vor allem durch physikalische - in gewissen Fällen durch chemische - Gesetze. [126] Im Laufe dieser Evolution, in der sich in Milliarden von Jahren unvorstellbar viele Galaxien mit ihren reichhaltigen Strukturen (z. B. Sonnensystemen) entwickelten, entstand vermutlich auch unsere Erde. Der Prozess unserer Erdbildung kann umschrieben werden als «Zusammenballung kosmischer Materie - wohl aus einem spiraligen Gasnebel heraus». [127] Dieser Prozess hätte sich etwa vor 4,5 Milliarden Jahren abgespielt. [128] Dabei handelt es sich hier um hypothetische Aussagen, die für den Aussenstehenden nur schwer nachvollziehbar sind.

Eine weitere Phase ist durch den Beginn der biochemischen Evolution gekennzeichnet. Sie beginnt mit jenem Prozess, in dem aus anorganischem Material organische Molekülen entstanden sind. Es wird angenommen, dass die biochemische Evolution auf unserem Planeten vor etwa 3 bis 4 Milliarden Jahren begonnen hat. In der Etappe der Evolution des Organischen begann eine Phase, in der neben den physikalischen vor allem die erwähnten biochemischen und biologischen Gesetzmässigkeiten und Mechanismen (Selektion, Mutation, Fortpflanzung, Vererbung usw.) wirksam wurden. Im Laufe der Jahrmillionen entwickelte sich die unüberblickbare Vielfalt von Lebewesen, angefangen von den primitiven Einzellern über Grünalgen bis zu den Pflanzen, den Tieren und den Menschen. [129]

Angesichts der unermesslichen Vielfalt von Lebewesen, die im Laufe der Evolution auf unserer Erde entstanden und vergangen sind, stellt sich auch die Frage nach Merkmalen, die die verschiedenen Lebewesen und das Leben schlechthin charakterisieren. Wenn die Frage auch durchaus unterschiedlich zu beantworten versucht wird und verschiedene Theorien zur Erklärung des Lebendigen entwickelt werden [130], so kann man doch einige Merkmale nennen, die den lebendigen Systemen gemeinsam sind. Kattmann u. a. umschreiben die «Kennzeichen des Lebendigen» im gleichnamigen Unterrichtswerk wie folgt: «Lebewesen besitzen die Kennzeichen Fortpflanzung, Wachstum und Entwicklung, Bewegung aus eigener Kraft, Nahrungsaufnahme und Verdauung, Atmung, Sinnesleistung und Verhaltensweisen.» [131] Als wichtigste Eigenschaften lebendiger Systeme nennt Wuketits folgende Elemente:

a) *Hierarchische Organisation:* Die Zelle erweist sich als kleinste lebende Einheit (Elementareinheit des lebenden Organismus); sie besteht einerseits aus kleineren Strukturen (Subsystemen) und ist andererseits (bei vielzelligen Lebewesen) Teilsystem übergeordneter Systeme.

b) *Stoff-* und *Energieaustausch:* Biosysteme stehen in steter Wechselwirkung mit ihrer Umwelt; als offene Systeme nehmen sie Stoffe bzw. Energie aus ihrer jeweiligen Umwelt auf.

c) *Thermodynamisches Ungleichgewicht:* Ein lebender Organismus befindet sich nie im (thermodynamischen) Gleichgewichtszustand. Die Energie eines Biosystems entspricht nie dem Nullwert.

d) *Ordnungsaufbau:* Lebewesen entwerten positive Entropie und zeichnen sich demnach durch einen hohen Ordnungsgrad aus.

e) *Selbstregulation:* Organismen sind selbstregulierende Systeme; sie vermögen trotz diverser Schwankungen ihrer Umwelt relativ stabil zu bleiben und das innere Gleichgewicht konstant zu halten.

f) *Selbstreplikation:* Die lebenden Systeme vermögen sich fortzupflanzen und ihre jeweils spezifische genetische Information quasi als Bauanleitung an die Nachkommen weiterzugeben.

g) *Zweckmässigkeit:* Die gesamte Organisation des Lebewesens ist zweckmässig; Teilfunktionen eines Organismus vollziehen sich so, dass die Funktion des betreffenden Gesamtsystems gewährleistet bleibt; die meisten Funktionen eines Organismus tragen zum Überleben seiner Art bei (Teleonomie).» [132]

Betrachtet man die Entwicklung des Universums, unserer Erde und des Lebens unter diesen evolutionären Gesichtspunkten, so stellt sich immer wieder die Frage nach der Zielgerichtetheit dieses Geschehens. Gerade in jüngerer Zeit konzentriert sich dabei diese Frage der Gerichtetheit evolutiver Prozesse vor allem innerhalb der Evolution des Lebendigen auf die Unterscheidung von zielintendierten, das heisst beabsichtigten, gegenüber ziel- oder zweckgerichteten Prozessen. Wie wir oben festgestellt haben, ist die Zweckgerichtetheit im Sinne der Anpassung und der System- bzw. Arterhaltung ein Kennzeichen lebendiger Systeme. Diese Zweckgerichtetheit von Funktionen oder Verhaltensweisen wird heute vor allem innerhalb der Biologie meist Teleonomie genannt, in Abhebung zum Begriff der Teleologie oder Finalität, womit zielintendierte oder beabsichtigte Prozesse bezeichnet werden. [133]

In einem Gespräch zwischen Karl Popper, Konrad Lorenz und Franz Kreuzer versuchte Popper die Gerichtetheit des Lebens in einem metaphorischen Sinne zu erhellen. [134] Das Leben und die Lebewesen würden sich in dem Sinne entwickeln, dass sie sich in Auseinandersetzung mit der Umwelt an diese besser, zweckmässiger anpassen. «Von Anfang an, wahrscheinlich durch Darwinsche Selektion, sucht das Leben eine bessere Welt», sagt Popper und verweist u. a. auf den Begriff der ökologischen Nische. Diese ökologischen Nischen seien aber nicht vorgegeben, wie man oft sagt, vielmehr werden sie «vom Leben erfunden». Vorgegeben sei alles mögliche, eine ökologische Nische werde dies «aber erst durch das Leben. Das Leben hofft, das Leben arbeitet, als ob es eine Hoffnung hätte, eine bessere Welt zu finden, bessere ökologische Nischen zu finden. Pflanzen und Tiere sind bereit, das Abenteuer einer neuen ökologischen Nische zu riskieren. Und jene, die diese Initiative haben, gelangen durch Auslese auf eine höhere Ebene. (. . .) Es handelt sich da um Abenteuer des Lebens, das neue und fremde Umstände riskiert und sie sucht». Popper sagt weiter, dass das Suchen nach und die Zubereitung von ökologischen Nischen auch ein wichtiger Faktor in der sogenannten Höherentwicklung des Lebens (Anagenese) sei.

Was Popper in diesem Gespräch bildhaft zu umschreiben versucht – die Frage nach (zweckgerichteten) Prozessabläufen des Lebens –, ist eine uralte Frage der Menschheit. Seit der Entstehung und Verbreitung des Evolutionsgedankens und der Evolutionstheorie ist sie schon oft zum Kristallisations- und Scheidepunkt zwischen Theorien und unter Denkern in Philosophie, Naturwissenschaften und Theologie geworden. Mit der Einführung des Begriffs der «Teleonomie» konnte die Diskussion um die (Ziel-)Gerichtetheit des Lebens und evolutionärer Prozesse überhaupt auch in naturwissenschaftlichen Kreisen wieder mit einer gewissen «Unbefangenheit» – weil man nun den Verdacht der Finalitätsorientierung zurückweisen kann – aufgenommen werden. Letzten Endes zeigen aber gerade die unterschiedlichen Antworten zu dieser Frage in Naturwissenschaft, Philosophie und Theologie, wie sehr wir uns im Bereich der Evolutionstheorie noch auf dem Boden des Vorläufigen und Hypothetischen bewegen. [135]

Grundsätzlich anders stellt sich die Frage der Zweck- oder Zielgerichtetheit unter anthropologisch-pädagogischen Gesichtspunkten. Der Mensch als reflektierendes, handelndes und sittlich entscheidendes Wesen verhält sich nicht nur so, als ob er einen Zweck, ein Ziel anstrebe. Vielmehr besteht sein Lebensvollzug wesentlich aus dem Streben nach und dem Realisieren von Zwecken und Zielen, seien ihm diese bewusst oder unbewusst. [136] Der Mensch ist geradezu das Wesen, das sich Ziele setzen kann. Zielintention, Zielbewusstheit ist ein Kennzeichen menschlichen Denkens, Fühlens und Handelns.

Die Fragen der Gerichtetheit und des Zieles führen uns auch wieder zu jenen Stellen im evolutiven Geschehen, die wir als die drei grossen unbekannten Neuanfänge oder Übergänge bezeichnen können. Es sind dies jene der Evolution des Kosmos und damit des Beginns des evolutiven Geschehens, der Evolution des Lebens und damit der Anfänge des Lebens sowie der Evolution des Menschen und damit des Beginns des Bewusstseins und des Geistigen. So zeigen z. B. die Theorie über den Urknall mittels der spektralen Analyse des Lichtes zur Erklärung der Entstehung des Universums, die Theorie der dissipativen Strukturen von Prigogine, das Experiment von Stuart Miller zur Entstehung des Lebens bzw. Manfred Eigens Theorie der Selbstorganisation der Materie im Hyperzyklus und Darwins Evolutionstheorie, dass der Mensch immer wieder nach immer neuen Antworten auf die Frage nach den Anfängen der Entwicklung und den Übergängen im Entwicklungsgeschehen sucht. [137] Es sind Versuche, Antworten im Rahmen von Theorien zu finden. Diese Theorien basieren auf bestimmten Annahmen, und im Rahmen dieser Annahmen können Aussagen über dieses Entwicklungsgeschehen gemacht werden. So ist auch anzunehmen, dass der Mensch aufgrund neuer Methoden und neuer Fragen neue Antworten finden wird. Die uns nicht bekannten Anfänge und Übergänge in den Evolutionsprozessen können als Schöpfungsakte eines Gottes, als tiefgreifende, lange dauernde «Sprünge» im Evolutionsgeschehen bezeichnet werden, als «Fulguration» im Sinne von Konrad Lorenz, als «göttliche Funken» im Sinne Arthur Koestlers oder als «Emergenzen» im Sinne Poppers. [138] Das tastende Suchen nach Antworten im Bewusstsein des (noch) nicht Wissens kann einen zum ehrfürchtigen Staunen vor dem «Geheimnis des Lebens» (Portmann) führen. In sehr schöner Weise hat Ludwig v. Bertalanffy dieses forschende und staunende Streben und Fühlen angesichts des Mysteriums Leben ausgedrückt:

«So erscheint uns auch die Evolution des Lebens als mehr denn ein durch Vorteil gerichtetes Produkt des Zufalls. Sie scheint ein Füllhorn der *évolution créatrice,* ein

Drama voll Spannung, Dynamik und tragischen Verwirklichungen. Mühevoll ringt sich das Leben zu immer höheren Stufen empor, für jeden Schritt zugleich zahlend. Es wird vom Einzeller zum Vielzeller und setzt damit den Tod in die Welt. Es geht zu Stufen feinerer Differenzierung und Zentralisierung über und erkauft dies durch Verlust der ursprünglichen Regulationsfähigkeit. Es erfindet ein hochentwickeltes Nervensystem und damit zugleich den Schmerz. Es setzt den urtümlichen Teilen dieses Nervensystems ein Hirn mit Tagesbewusstsein auf, das durch seine Symbolwelt Voraussicht und Beherrschung der Zukunft gewährt, und muss dafür die dem Tier fehlende Angst vor dem Kommenden eintauschen, vielleicht diese Entwicklung mit Selbstvernichtung bezahlen. Der Sinn dieses Schauspiels ist uns nicht bekannt, sei es nicht jener, den die Mystiker die Selbstbewusstwerdung Gottes nannten.» [139]

2.33 Soziales und kulturelles Lernen im menschlichen Werdeprozess

Ich bin in meinem Konzept über das menschliche Werden von Portmanns Gedanken der Einheit von Lebensform und Entwicklungsweise ausgegangen. Die vorangegangenen Ausführungen haben gezeigt, dass Leben Aktivität eines Organismus in Auseinandersetzung mit der Umwelt und mit sich selbst bedeutet. Konrad Lorenz bezeichnete diese Aktivität des Lebens als Lernen in dem Sinne, dass Leben ein «energiegewinnender Prozess» und ein «erkenntnisgewinnender Vorgang» [140] bzw. ein «erkenntnissuchender Vorgang» [141] ist. Wenn sich dieses Denkmodell und diese Formulierung im kybernetischen und systemtheoretischen Sinne auch auf den Lebensprozess an sich beziehen lässt, so erhält die Formulierung «Leben ist Lernen» für das menschliche Leben eine neue Bedeutung. Menschliches Leben und damit menschliches Lernen führen die Menschheit und die einzelnen Menschen zur Gestaltung ihres eigenen Lebens und ihrer Umwelt. Dies wird bei der Betrachtung des Werdens der Menschheit wie des Werdens des Individuums deutlich. Menschliches Werden und Lernen als lebenslanger Prozess im Sinne der stammesgeschichtlichen wie der individuellen Selbst- und Wirklichkeitsgestaltung kann so zum Ausgangspunkt und Gesichtspunkt einer evolutionären pädagogischen Anthropologie werden.

Jene Dimension der Evolution, die als kulturelle und soziale bzw. sozio-kulturelle Evolution bezeichnet wird, zeigt uns die Eigenart menschlichen Werdens und Lernens sehr deutlich. Gerade in ihr werden grundsätzliche Eigenschaften des Lebendigen offenbar: Leben als schöpferischer Prozess in Auseinandersetzung mit der Umwelt, Leben als Aktivität, Leben als Antwort suchender und Antwort gebender Prozess angesichts bestimmter Umweltbedingungen, Leben als aktive Gestaltung. [142]

Wenn zwischen der biologischen und sozio-kulturellen Evolution auch Analogien bestehen, so unterscheiden sie sich doch in wesentlichen Punkten. Campbell definiert unter evolutionsbiologischen Gesichtspunkten Kultur «als die Gesamtheit aller Verhaltensweisen einer Sozialgruppe von Menschen oder Tieren, die von Generation zu Generation über Lernen weitergegeben wird».[143] Kultur ist also «sozial bestimmtes, erlerntes Verhalten», entstehend «aus flexiblem Verhalten und der Fähigkeit zu nachahmendem Lernen». Wir befassen uns hier nicht im Detail mit den stammesgeschichtlichen Grundlagen der menschlichen Kultur, sondern versuchen, durch Hinweise auf die kulturell-soziale Evolution die Bedeutung des Lernens in stammesgeschichtlicher und individueller Hinsicht zu erhellen.[144]

Nach Campbell und verschiedenen Evolutionsforschern ist es das soziale Lernverhalten, das den Beginn der Kultur kennzeichnet.[145] «Die Anpassungsvorteile einer sozialen Lebensweise» seien zahlreich gewesen und hätten das Lernen erleichtert. Campbell weist im weiteren darauf hin, dass die Bildung von fixen Paarbeziehungen und die Herausbildung der Familie und der grösseren menschlichen Sozialformen der Hominiden in engem Wechselverhältnis verschiedener Faktoren wie Selbsterhaltung (gemeinschaftliche Jagd), Arbeitsteilung, Revier-Verteidigung usw. gesehen werden müssen.

Im Laufe der Evolution des Menschen bzw. der kulturellen Evolution, bedingt durch die Möglichkeit der Sprache und der Traditionsbildung und verbunden mit zunehmendem Selbstbewusstsein, entstanden Sozialstrukturen, die in das Leben integriert und institutionalisiert und damit stabilisiert wurden.

In dem Moment schliesslich, «als der Mensch gewahr wurde, dass er bewusste Entscheidungen in einem sozialen Zusammenhang zu treffen hatte», entstand nach Campbell die Ethik: «Der Schlüssel zum Wesen des Menschen liegt in seiner Ausbildung sozialen Jagens.(...) Unter solchen Umständen betrafen die Aktionen jedes Individuums andere in der sozialen Gruppe.(...) Durch das Erwerben von Verständnis für seine eigenen Bedürfnisse und Tätigkeiten erwarb der Mensch ebenso Verständnis für die Bedürfnisse der Gesellschaft, in der er lebte. Der Konflikt zwischen zwei möglichen Bedürfnissen, solchen des Individuums und solchen der Gesellschaft, macht eine gewisse Entscheidung zum Lenken der Wahl zwischen zwei Handlungen nötig.» Nach Campbell sorgte auch in der Evolution des Menschen «die natürliche Auslese dafür, dass solche Wahlen aufgrund ihres Überlebenswertes für die soziale Gruppe getroffen wurden. Entsprechend wird die richtige Wahl häufiger altruistisch, die falsche antisozial sein».[146] Dabei weist Campbell – in anderen Zusammenhängen – darauf hin, dass die «Zusammenarbeit beim Jagen (...) nicht aus einem Vacuum hervorgegangen» sei, sondern sie «muss schrittweise aus einer anderen verwandten kulturellen Anpassung entstanden sein».[147]

Auch bei diesen Aussagen und «Extrapolation(en) über die Ursprünge der menschlichen Gesellschaft»[148] handelt es sich um Vermutungen und Annahmen, die auch irrtümlich sein können. Sicher können wir aber davon ausgehen, dass am Beginn der Geschichte des Menschen die Anfänge eines sozialen Bewusstseins stehen, das sich durch seine Neu- und Andersartigkeit auszeichnet: «Die Einzigartigkeit der Evolution des Menschen beruht auf seiner Anpassungsfähigkeit, seinem Lernvermögen und seiner sozialen Anlage. Diese soziale Struktur hat im Grunde genommen überhaupt nichts mit den alten, instinktbedingten sozialen Organisationen einiger Insekten zu tun. Sie hat sehr verschiedene Ausgangspunkte und überhaupt andere Möglichkeiten.»[149] Und für Campbell «besteht kein Zweifel, dass die sich entwickelnden Hominiden während des Pliozäns infolge ihrer Sozialstruktur ebenso wie ihrer Intelligenz überlebten. Denn soziales Leben ist eine der wichtigsten Anpassungen der Primaten».[150]

Sozusagen die «sichtbare» Seite dieses Evolutionsprozesses sind jene Produkte und geistigen Schöpfungen des Menschen, die einen Teil menschlicher Kultur ausmachen, angefangen von ersten einfachsten Werkzeugen bis zu unserer hochtechnisierten Kultur.

Durch die Fähigkeit des Menschen, zu lernen und Gelerntes weiterzugeben, entwickelte sich seit etwa 35 000 Jahren eine fast explosionsartige Werkzeugkultur.[151] Wenn wir oben festgestellt haben, dass in den Phasen der kosmologischen und biochemischen Evolution die Entwicklung sich hauptsächlich aufgrund physikalischer und biologisch-chemischer Gesetzmässigkeiten abspielte, so hat sich mit dem Auftreten des Menschen die evolutionäre Situation gänzlich verändert. Aufgrund seiner geistigen Fähigkeiten kann der Mensch in den Evolutionsprozess eingreifen. Wenn wir von einer Sonderstellung des Menschen im Reich des Lebendigen sprechen können, dann sicher auch aufgrund dieser sozialen und kulturellen Entwicklung der Menschheit. Die kulturelle Evolution ist ein vielschichtiger Prozess, ermöglicht und getragen durch die Lernfähigkeit des Menschen. Eine Schlüsselfunktion in diesem Prozess nimmt neben der durch den aufrechten Gang entlasteten und dadurch für andere Aufgaben frei werdenden Hand die Sprache ein. Zahlreiche Forscher (so z. B. Campbell, Popper, Leroi-Gourhan, Dobzhansky) haben auf die Wechselbeziehungen zwischen biologisch-genetischer und kulturell-geistiger Evolution und auf die Bedeutung von Hand und Sprache in diesem Prozess hingewiesen. Ausgehend von der Grundthese, dass die kulturelle Evolution wie die biologische Evolution «auf dem Erwerb, der Vermehrung und der Weitergabe von Information» [152] beruhe, zeigt Günther Osche auf, dass die im Lauf der Entwicklung der Menschheit immer grössere «Bedeutung von Geräten für die Auseinandersetzung mit der Umwelt und die nötige Kooperation in den Sozialverbänden beim Einsatz dieser Geräte, z. B. bei der Jagd» einhergegangen sei «mit der Entwicklung eines besonders leistungsfähigen Kommunikationsmittels»: Der Wort- bzw. der Symbolsprache des Menschen. Osche fährt fort, dass die «kulturelle Evolution des Menschen ohne die Möglichkeit differenzierten Informationsaustausches, wie ihn die Sprache ermöglicht, nicht denkbar» sei. Sie sei aber «als Lernsprache selbst ein Produkt dieser kulturellen Evolution, so dass hier mannigfache Wechselbeziehungen bestehen. Doch hat die menschliche Sprache auch eine genetische, ererbte Basis, damit also auch eine biologische Evolution». [153]

Mit Osche kann man die Merkmale und «Entwicklungsschritte der kulturellen Evolution» folgendermassen zusammenfassen: [154]

- «Lernen und Bildung von Tradition als Basis kultureller Entwicklung.» Während in der biologischen Evolution sich sogenannte Lernvorgänge hauptsächlich als «Informationsgewinn durch Selektion» kennzeichnen lassen, erfolgt der Informationsgewinn in der kulturellen Evolution durch Lernen am Erfolg und Misserfolg, durch Nachahmung erfahrener Vorbilder sowie durch Einsicht. Entscheidend für die kulturelle Evolution ist die Möglichkeit der Weitergabe individuell erworbenen Wissens, d. h. die Ausbildung von Traditionen.

- «Herstellung und Nutzung von Werkzeugen als ‹Organe nach Bedarf›.» Durch die Freisetzung der Hand infolge des Erwerbs des aufrechten Ganges wurde der Mensch «handlungsfähig». Der Mensch lernte, Werkzeuge herzustellen und zu gebrauchen, und er lernte, «das eigene Gerät zur Herstellung von Geräten» einzusetzen. «Mit der Erfindung und Erstellung immer weiterer und immer komplizierterer Geräte hat der Mensch völlig neue Wege beschritten, sich mit seiner Umwelt auseinanderzusetzen, sie zu nutzen und sie zu manipulieren.» Osche sieht hierin einen weiteren Unterschied zwischen biologischer und kultureller Evolution. In der biologischen Evolution sind es die Organismen, die sich in Bau und Organisation in Auseinandersetzung mit den Umweltgegebenheiten durch Selektion vorwiegend an diese anpassen. In der kulturellen Evolution aber passt der Mensch «die Umwelt in immer zunehmendem Masse seiner Organisation und seinen Bedürfnissen an».

- «Die Entwicklung und Bedeutung einer Symbolsprache.»
  Bei Tieren lassen sich mancherlei Kommunikationsformen finden, von einfachen körperlichen Signalen über Ausdrucksbewegungen bis zu Lockrufen und Warnlauten. Alle diese tierischen Ausdrucksformen «sind angeboren und werden auch angeborenermassen verstanden». Auch der Mensch besitzt zahlreiche solche angeborene Ausdrucksbewegungen (in Gestik und Mimik) und Laute, ebenfalls ist ihm der morphologische Apparat zur Erzeugung der Sprache angeboren. «Im Gegensatz zu diesen angeborenen, affektiven und situationsgebundenen Ausdrucksformen steht nun die Wort-Sprache des Menschen, die Symbole benutzt und stets eine Lern-Sprache ist.» Durch die Sprache kann der Mensch «Vergangenes vergegenwärtigen und auch über Zukünftiges sprechen und denken, also seine Zukunft mit ‹Voraussicht› planen». Die Sprache des Menschen ist auch kreativ, sie kann immer wieder Neues produzieren. «Diese kreative Wortsprache, die alleiniger Besitz der Menschen ist, hat den Durchbruch in die Welt des Geistes gebracht, wobei Wortsprache und begriffliches Denken in wechselseitigem Bezug stehen und zusammen evolviert sein müssen.»

- «Kulturelle Differenzierung als ‹Pseudospeziation› des Menschen.»
  Die Tiere mit ihren Eigenschaften passen sich und ihre Lebensweise an bestimmte Umwelten an. Beim Menschen sind die meisten Anpassungen «an seine (je nach Gruppe und Verbreitungsgebiet unterschiedliche) Umwelt (...) Anpassungen kultureller Art». Während sich die Tiere in ihrer Lebensweise in Hinsicht auf eine bestimmte Umwelt spezialisieren müssen, «überlässt der Mensch die Spezialisierung seiner Kultur (und Technik). So bleibt er selbst jener ‹offene Oekotyp›, der auf ‹Nichtspezialisiertsein spezialisiert ist› (Mayr), bewahrt er sich seine ‹Weltoffenheit› (Gehlen).»

Eine Ahnung von der Dynamik dieser kulturellen Evolution können die Erzeugnisse des menschlichen Geistes in Technik, Kunst und Wissenschaft vermitteln. Man kann den Zeitraum, über den sich die kulturelle Evolution gemäss unserer gegenwärtigen Kenntnis erstreckt, durch chronologisches Aufreihen der Funde (Werkzeuge, Schmuck, Kunst), Erfindungen und Erkenntnisse aufzeigen. Für die Epochen der Urgeschichte haben Christin Osterwalder und Robert André unter dem Titel «Fundort Schweiz» in zwei Bänden die kulturelle Entwicklung aus archäologischer

Sicht dargestellt.[155] Einen zusammenfassenden Überblick über bedeutungsvolle Etappen der kulturellen Evolution hat Max Liedtke zusammengestellt.[156] Aus der Übersicht von Liedtke, ergänzt mit Stichworten aus Osterwalder/André führe ich zur Illustration dieses Entwicklungsprozesses folgende Beispiele auf:

Seit etwa 1–2 Mill. Jahren:	Bearbeitete Steine, Faustkeile; in der Schweiz bisher keine Funde
Seit etwa 500 000 Jahren:	Schaber, Bohrer, Klinge; aus der Zeit um 500 000–100 000 v. Chr. in der Schweiz: Faustkeil (Pratteln, BL)
Seit etwa 350 000 Jahren:	Feuerbenützung
Seit etwa 130 000 Jahren:	Gut gearbeitete, gebogene Schaber, ev. Höhlenbärenkult, Totenbestattung
Seit etwa 100 000 Jahren:	Fertigung sehr guten Werkzeugs, handliche Geräte aus Knochen, Elfenbein usw., Umrisszeichnungen und Plastiken, Anfänge spezialisierten Handwerks, Neandertaler-Höhlen; 100 000–40 000 in der Schweiz Höhlen von Cotencher (NE), Wildkirchli (SG) usw., Zeltlager Pleigne-Löwenburg (JU)
Seit etwa 40 000–8 000 Jahren:	Sehr gut bearbeitetes und formenreiches Werkzeug, Werkzeuge zur Herstellung anderer Wekzeuge und Geräte, kunstvolle Höhlenzeichnungen (z. B. Lascaux, F) seit etwa 10 000 v. Chr. Belege für hochentwickelte Jagdtechnik (Bogen), Sesshaftwerden durch Fischerei; in der Schweiz bewohnte Höhlen (z. B. Kesslerloch bei Thayngen (SH), Olten usw. und Zeltlager Moosseedorf-Moosbühl (BE)
Vor etwa 7 000 Jahren:	Beginn von Viehzucht, Landwirtschaft und damit ständiger Siedlung
Vor etwa 5 000–2 000 Jahren:	Bronzegeräte in Mitteleuropa, Entwicklung des Schwertes; Ägyptische Reiche und Kulturen, Pyramiden; Chinesische und griechische Kulturen; in der Schweiz zahlreiche Bauerndörfer
Von etwa 800 v. Chr. – um Christi Geb.:	Eisengeräte in Mitteleuropa, Eisenpflug; in Italien etruskische Städte und griechische Handelskolonien; in der Schweiz Grabhügel, Friedhöfe und befestigte Siedlungen
Vor etwa 350 Jahren:	Begründung und Ausweitung der neuzeitlichen experimentellen naturwissenschaftlichen Forschung
Vor etwa 200 Jahren:	Beginn der industriellen Revolution, Arbeitsteilung, Technisierung, Weltwirtschaft

Diese wenigen stichwortartigen Beispiele mögen genügen, um eine Vorstellung über die Zeiträume, über die Vielfalt, Verschränkung und Dynamik der Prozesse innerhalb jener Entwicklungslinien hervorzurufen, die wir als die kulturell-soziale Evolution bezeichnet haben. Die Stichworte können uns auch helfen, unsere eigene Zeit in grösserem Zusammenhang zu sehen und sie in die kulturell-soziale Evolution einzuordnen. Dabei wird auch deutlich, wie diese Prozesse in jüngster Zeit und in der Gegenwart mit zunehmender Geschwindigkeit vorangehen. Bei genauerer Betrachtung dieser Prozesse zeigt sich auch, wie sich in jüngster Zeit und Gegenwart einzelne Stränge in diesem Entwicklungsgeschehen (z. B. der technisch-industrielle Bereich gegenüber dem ethischen oder rechtlichen Bereich) aus dem Gesamtzusammenhang herauszulösen beginnen oder sich bereits herausgelöst haben und davoneilen, sozusagen durch ständige Rückkoppelung im eigenen Bereich in linearer Form kumulierend gegenüber den eher langsamen und manchmal eher zirkulären Prozessen, z. B. in ethisch-künstlerischen Bereichen.[157] Noch bedeutungsvoller werden die Unterschiede, wenn wir die gesamte kulturelle Evolution und die jüngste Entwicklung mit der biologischen Evolution in Beziehung bringen, ist unser Verhalten doch noch in den existentiellen Bereichen des körperlichen und seelischen Lebens weitgehend durch Strukturen aus archaischer Zeit bestimmt (vgl. z. B. Abschnitt 2.31).

Forscher verschiedener Disziplinen weisen im Zusammenhang mit Erkenntnissen und Arbeiten zur Evolution der Menschheit immer wieder auf solche Fragen und Probleme hin. So z. B. fragt Theodosius Dobzhansky, was «das Besondere an der Idee der Evolution» sei.[158] Dobzhanskys Antwort lautet:

«Es ist ganz einfach dies: Das Universum ist kein Zustand, sondern ein Prozess. Die Schöpfung ist nicht irgend etwas, was sich vor ein paar tausend Jahren abgespielt hat.(. . .) Die Schöpfung geht auch heute noch weiter und geht womöglich ohne Ende weiter.
(. . .)
Die Evolution des Lebens geht bemerkenswert schnell vonstatten, gemessen an einer kosmischen Zeitskala. Vor zehn Millionen Jahren unterschieden sich die Meere und Gebirge, der Mond, die Sonne und die Sterne nicht beträchtlich von dem, was sie heute sind, aber die auf der Erde wohnenden Lebewesen waren den heutigen ziemlich unähnlich. Vor zehntausend Jahren war die Menschheit ganz anders als heute, während die biologische Welt, abgesehen von der Ausrottung einiger biologischer Arten, schon fast genauso aussah, wie wir sie heute sehen. Die Evolution ist ein schöpferischer Prozess; das Schöpferische ist am ausgeprägtesten in der kulturellen Evolution des Menschen, weniger stark in der biologischen und am wenigsten in der anorganischen Evolution.»

Dabei stehen wir immer wieder vor dem Faktum, dass wir in diesem schöpferischen Prozess Phänomenen begegnen, die wir (noch) nicht erklären können. Ja, «der interessanteste Aspekt der Evolution ist genau der, dass sie Neues erschafft. Von Zeit zu Zeit transzendiert sie sich selbst, d. h. sie produziert neuartige Systeme mit neuartigen Eigenschaften - Eigenschaften, die in den vorhergehenden Systemen auch nicht als winzige Keime angelegt waren. Das Entstehen von Lebendem aus Nichtlebendem und das Entstehen von Menschheit aus Tierheit sind bisher die zwei grandiosesten entwicklungsgeschichtlichen Transzendierungen». [159]

Von einem anderen Standpunkt ausgehend und in anderen Zusammenhängen führte die evolutionäre Betrachtungsweise des Lebens und der Menschheit den Paläontologen, Philosophen und Theologen Teilhard de Chardin zu einer Gesamtschau des Lebens, in der das menschliche Werden eingebettet ist in die grosse Bewegung der Materie und des Lebens auf ein letztes Ziel hin. Auf dieses Ziel hin strebt das Leben, und von diesem Ziel wird das Leben angezogen. Teilhard de Chardin nannte das Ziel den Punkt Omega. Ihm zeigte sich das Ziel auch als eine in christlicher Liebe verbundene Menschheit, die die Möglichkeit hat, verbunden mit dem Universum, «nicht nur in einem Etwas, sondern in einem Jemand zu konvergieren». [160] So verhält sich für Teilhard de Chardin

«das Leben in seinen Tastversuchen (...) wie eine sich ausbreitende Welle. Wirklich, es scheint alles versucht zu haben. Doch, ist es nicht eben, wenn man es recht bedenkt, noch viel bemerkenswerter, dass es (...) beständig in derselben Richtung versucht hat - das heisst, in Richtung von mehr Anordnung und Psyche, gleichzeitig das eine durch das andere?» [161]

Aus der Sicht von Teilhard de Chardin hat diese Bewegung des Lebens in der Gegenwart ein Klima geschaffen, «in dem der Mensch fortfahren kann, zu wachsen, das Klima der Hingabe und der Entsagung in einem Gefühl der Brüderlichkeit». Und die Gegenwart kritisch betrachtend, fährt er fort: «Wahrlich, bei der Geschwindigkeit, mit der das Bewusstsein und der Ehrgeiz der Welt zunehmen, wird sie explodieren, wenn sie nicht lernt, zu lieben. Die Zukunft der denkenden Erde ist organisch an ein Umschlagen der Kräfte des Hasses in Kräfte der Liebe gebunden.» [162]

Der Zoologe Joachim Illies sagt, dass in solchen Entwürfen der Menschheit die Evolution zum «metabiologischen Prinzip» wird. Hier beginnt die «Selbstüberschreitung der Biologie», um letzte Antworten auf unsere Fragen nach dem «Warum» und «Wie» des Lebens und unserer Existenz zu suchen. Hier, in dieser Grenzüberschreitung eröffnet sich eine «integrale Bewusstseinsmutation (J. Gebser), ein komplementäres

Denken (N. Bohr)», das «es uns möglich macht, die für unübersteigbar geltende Mauer des Entweder-Oder niederzureissen und zu einem die Gegensätze umfassenden Sowohl-Als auch zu gelangen, wie es allein der Komplexität der Wirklichkeit angemessen ist».[163]

Wie auch immer die kulturell-technische Evolution weitergehen wird, der Mensch ist der entscheidende Faktor in diesem Prozess, weil er zu einsichtigem Lernen fähig ist. Und weil er dieses Vermögen zu einsichtigem Denken, Fühlen und Handeln hat, trägt er auch die Verantwortung für das weitere Werden der Menschheit.

Aber nicht nur das Werden der Menschheit ist durch stetes, lebenslanges Lernen gekennzeichnet. Auch das Werden des einzelnen Menschen vollzieht sich als lebenslanger vielfältig verschränkter Lernprozess, fassbar und erfahrbar in der Entwicklung der einzelnen Person.

In den geradezu symbolhaften ersten Monaten und Jahren des menschlichen Lebens - so haben wir gesehen - wird das dialektische Ineinander und Miteinander von Hilflosigkeit und Angewiesensein auf mitmenschliche Hilfe und aktives Streben nach Überwindung dieses Zustandes, Offenheit, Lernfähigkeit und Lernwilligkeit offenbar. Dabei tragen diese Unzulänglichkeiten und das aktive Streben von allem Anfang an typisch menschliche Züge: Das «Lernbedürfnis» des Säuglings im Erkunden, Spielen, Nachahmen und in der Neugierde lässt die vielfältigen Möglichkeiten und Kräfte des Geistwesens Mensch erahnen.[164]

Dieses Lernbedürfnis und die Lernfähigkeit werden dem Menschen zur lebenslangen Lernnotwendigkeit. Lebenslanges Lernen wird damit zum Wesensmerkmal einer evolutionären pädagogischen Anthropologie. Lange Zeit und zum Teil auch heute noch beschränkte sich das Interesse von Psychologie und Pädagogik auf die Lernvorgänge im Kindes- und Jugendalter (vgl. z. B. die Entwicklungspsychologie). In neuerer Zeit bemüht man sich vermehrt, auch die Entwicklungs- und Lernprozesse im Erwachsenenalter und im Altern zu erforschen.[165] Ursula Lehr weist in ihren Studien zur «Psychologie des Alterns» darauf hin, dass es falsch wäre, von einer generellen Abnahme der Lernfähigkeit im Alter zu sprechen.[166] Sie unterscheidet mit Engelmayer fünf Elemente der «Lernfähigkeit» des Menschen: Kapazität der Lernfähigkeit, Leichtigkeit des Lernens (Aufnahmefähigkeit), Nachhaltigkeit des Lernens (Tiefe, Erinnerungsfähigkeit), Anregbarkeit zum Lernen (Interesse), Lernintensität.[167] Auch wenn noch wenige Untersuchungen zur Frage des Lernens im Erwachsenenalter vorliegen, kann doch festgehalten werden, dass «Lernen» und «Lernfähigkeit» so gesehen als lebenslange Wesensmerkmale des Menschen bezeichnet werden können, wobei im Laufe des Lebens unterschiedliche Akzentsetzungen, «qualitative Umstrukturierungen» im Lernen und in der Lernfähigkeit - «wie z. B. eine zunehmende Bedeutung der Motivation, der Art der Darbietung der Lerninhalte, der Anschaulichkeit» - stattfinden. [168] Wieder allgemeiner gesehen zeigt sich dies in den immer wieder neu in den verschiedenen Abschnitten des Lebens akzentuierten Stellungnahmen zum Leben und seinen Anforderungen.

Die vorher genannte qualitative Umgestaltung menschlichen Lernens zeigt sich mit zunehmendem Alter des Menschen auch im Verwiesensein des Einzelmenschen auf die Mitmenschen, auf die Gemeinschaft, und zwar nicht mehr nur zum nackten Überleben, sondern zur gemeinsamen Lösung gemeinsamer Aufgaben in den verschiedenen Formen mitmenschlicher Gemeinschaften. Von hier aus ergeben sich auch neue Zugänge zur Frage der Gerichtetheit des menschlichen Werdens in ihrer für den Menschen typischen Eigenart. Mag die Frage der Zielgerichtetheit des Lebens an sich kontrovers diskutiert werden, so erscheint sie für das Werden der Menschheit und des einzelnen Menschen als unabdingbar notwendig. [169]

Der sich seiner selbst bewusst gewordene Mensch ist ein Wesen, das auf sinnvolle Gestaltung seines Werdeprozesses verwiesen ist. Es ist eingespannt zwischen den Polen seiner Unzulänglichkeiten und seiner gleichzeitigen Weltoffenheit und seinem Streben nach Gestaltung seiner selbst und der Welt. Zu dieser sinngebenden Gestaltung braucht der Mensch Orientierungshilfen. Diese Hilfen anzubieten und damit dem Menschen Möglichkeiten zur sinnvollen Selbst- und Wirklichkeitsgestaltung zu eröffnen, ist Aufgabe von Erziehung und Bildung.

Anmerkungen

2. Der Mensch als Natur- und Geistwesen

1 Aristoteles: Hauptwerke, Auswahl, hrsg. von W. Nestle, Stuttgart 1977, S. 205 ff.
2 Jacob F.: Die Logik des Lebens, Frankfurt a. M. 1972, S. 332.

2.1 Eigenart menschlicher Entwicklung und Lebensform

3 Vgl. z. B.: Hassenstein B., Mohr H. u. a.: Freiburger Vorlesungen zur Biologie des Menschen, Heidelberg 1979; Hofer H., Altner G.: Die Sonderstellung des Menschen, Stuttgart 1972; Gadamer H.-G., Vogler P. (Hrsg.): Neue Anthropologie. Biologische Anthropologie, Bd. 1 und 2, Stuttgart 1972; Goertler K.: Morphologische Sonderstellung des Menschen im Reich der Lebensformen auf der Erde. In:

Gadamer/Vogler, Bd. 2, S. 215–257; Wezler K.: Menschliches Leben in der Sicht des Physiologen. In: Gadamer / Vogler, Bd. 2, S. 292–385.

4 Vgl. z. B.: Eibl-Eibesfeld I.: Grundriss der vergleichenden Verhaltensforschung – Ethologie, München 1980[6]; Lorenz K.: Über tierisches und menschliches Verhalten, 2 Bde., München 1974[17] (Bd. 1) und 1974[11] (Bd. 2); Overhage P.: Der Affe in Dir - Vom tierischen und menschlichen Verhalten, Frankfurt a. M. 1972; Illies J.: Zoologie des Menschen. Entwurf einer Anthropologie, München 1976. Dabei ist hier darauf hinzuweisen, dass gerade im Bereich der Ethologie oft durch neuere Forschungen frühere Ansätze und Einzelerkenntnisse als überholt beurteilt werden müssen (vgl. etwa den ganzen Problemkreis zur evolutionstheoretischen Frage nach der Erhaltung und Vermehrung der Art oder der miteinander konkurrierenden Gene oder die Frage des sogn. «Mischverhaltens» [Komment- bzw. Beschädigungskampf] usw. [z. B. Wickler W., Seibt U.: Das Prinzip Eigennutz, Hamburg 1977]).

5 Goertler, op. cit., S. 217.

6 Portmann A.: Biologie und Geist, Zürich 1956, S. 28; das Buch ist 1982 als Taschenbuch im Suhrkamp-Verlag erschienen; hier wird nach der Ausgabe von 1956 zitiert.

7 Portmann A.: Biologische Fragmente zu einer Lehre vom Menschen, Basel 1969[3], S. 27–38 und 61–68: Obwohl gerade in jüngster Zeit die Erforschung der embryonalen Entwicklung im Mutterleib unter verschiedenen Gesichtspunkten grosse Bedeutung hat und Beachtung erfährt (biologisch, medizinisch, psychologisch, ethisch), kann ich an dieser Stelle nicht darauf eingehen. Zusammenfassung bei Overhage, op. cit., S. 162 ff.; Sader K.: Embryonalentwicklung und Entwicklungsanomalien bei Menschen. In: Hassenstein B., Mohr H., op. cit., vor allem S. 51–59.

8 Wezler K.: op. cit., S. 336.

9 Portmann A., Biologische Fragmente, S. 64 f.

10 Hassenstein B.: Verhaltensbiologie des Kindes, München 1973, S. 20 ff.

11 Portmann A., op. cit., S. 64 f.

12 Die folgenden Zitate und Tabellen stammen ebenfalls aus Portmann, op. cit., S. 47–55.

13 Nach Portmann, op. cit., S. 49 sowie Wezler K., op. cit., S. 342 ff.

14 Portmann, op. cit., S. 55.

15 Portmann, Biologie und Geist, S. 26.

16 Hellbrügge T., v. Wimpffen J. H.: Die ersten 365 Tage im Leben des Kindes, Zürich 1977.

17 ebenda, S. 33.

18 Vgl. dazu die entsprechenden Erkenntnisse in Darstellungen zur Entwicklungspsychologie.

19 Portmann, Biologische Fragmente, S. 90.

20 Vgl. z. B. die Literaturhinweise in Anm. 4 sowie: Immelmann K., Barlow G. u. a.: Verhaltensentwicklung bei Mensch und Tier, Berlin 1982.

21 Z. B. Popper K. R., Eccles J. C.: Das Ich und sein Gehirn, München 1982[2], vor allem S. 535–541 und 370–374; vgl. auch Wezler K., op. cit., S. 369 ff.

22 Hassenstein B.: Verhaltensbiologie des Kindes, München 1973, S. 51 ff.; dazu auch: Hassenstein B. und H.: Was Kindern zusteht, München 1977 und Hassenstein B.: Verhaltensentwicklung des Kindes in der Sicht der Verhaltensbiologie und der Psychoanalyse - ein Vergleich. In: Hassenstein B., Mohr H. u. a.: Freiburger Vorlesungen zur Biologie des Menschen, Heidelberg 1979, S. 169 ff.

23 Portmann, Biologische Fragmente, S. 96 f.

24 Hassenstein, Verhaltensbiologie, S. 46 f.
25 Portmann, Biologie und Geist, S. 31.
26 ebenda, S. 34.
27 Hassenstein, op. cit., S. 48 f.; vgl. dazu Hassenstein, Verhaltensentwicklung, S. 168 f.
28 Portmann, op. cit., S. 41.
29 Portmann, Biologische Fragmente, S. 109.
30 Campbell B. G.: Entwicklung zum Menschen, Stuttgart 1979 ^{2}, S. 336 f.
31 Portmann, op. cit., S. 110 f.
32 Wezler K., op. cit. in Gadamer / Vogler, S. 338; Über das Phänomen der Akzeleration sind im Laufe der Zeit verschiedene Theorien und Annahmen entwickelt worden. Aus den zahlreichen Untersuchungsergebnissen wird deutlich, dass verschiedene Faktoren (z. B. Hebung des Lebensstandards, Ernährung, Urbanisierung, Heiratsmodalitäten, Industrialisierung) als Ursachen – einzel oder in Wechselwirkung – denkbar sind. Vgl. z. B.: Portmann, Biologische Fragmente, S. 135 f. und Schenk-Danzinger L.: Entwicklungspsychologie, Wien 1973 ^{7}, S. 217 ff.
33 Wezler, op. cit., S. 344.
34 Hunt M.: Das Universum in uns, München 1982, S. 44.
35 ebenda, S. 37 ff.
36 ebenda, S. 36.
37 Vgl. Sinz R.: Gehirn und Gedächtnis, Stuttgart 1978, S. 97 f., ebenfalls die folgenden Zitate.
38 Popper K. R., Eccles J. C.: Das Ich und sein Gehirn, München 1982 ^{2}, S. 425, ebenfalls das folgende Zitat.
39 ebenda, S. 426.
40 Vgl. Hunt, op. cit., vor allem S. 246–265; Popper, Eccles, op. cit., vor allem S. 359–375.
41 Landmann M.: Philosophische Anthropologie, Berlin 1982 ^{5}, S. 160.
42 Platt D.: Biologie des Alterns, Heidelberg 1976, S. 245.
43 Portmann, Biologische Fragmente, S. 149.
44 Als Übersicht vgl. Platt, op. cit. und Wunderli J., Meier-Baumgartner H.: Mensch und Altern, Basel 1984 ^{4}.
45 Wunderli, Meier-Baumgartner, op. cit., S 11.
46 ebenda, S. 11.
47 Lehr U.: Psychologie des Alterns, Heidelberg 1974 ^{2}.
48 Wunderli, Meier-Baumgartner, op. cit., S. 75 f.
49 Portmann, op. cit., S. 49.
50 Hassenstein B.: Verhaltensbiologie des Kindes, München 1973, S. 44, dazu auch: Faller A.: Der Körper des Menschen, Stuttgart 1980 ^{9}, S. 20–25.
51 Guardini R.: Die Lebensalter – ihre ethische und pädagogische Bedeutung, Würzburg 1961 ^{6}, S. 82; zu Guardini vgl.: Schmucker-v. Koch J. F.: Romano Guardini: Christlicher Realismus und menschliche Selbstbestimmung. In: Speck J. (Hrsg.): Grundprobleme der grossen Philosophen, Philosophie der Gegenwart VI, Göttingen 1984, S. 189–226. Übrigens soll Solon gesagt haben; Ich werde älter und lerne stetig vieles dazu (Γηράσκω δ'αἰεὶ πολλὰ διδασκόμενος), zit. aus: Diehl (Hrsg.): Anthologia Lyrica Graeca, Solon, fr. 22.7. Es handelt sich um einen Pentameter aus einer Elegie Solons an Mimnermos, in der er dessen Wunsch, mit 60 Jahren ohne Leid zu sterben, tadelt (Bezugnahme bei Platon: Laches 188 B und 189 A, 536 d). Ich verdanke den Hinweis meinem Kollegen Hansjörg Vogel.

52 Vgl. Anm. 4; unter anthropologisch-pädagogischen Gesichtspunkten hat Heinrich Roth in seiner Pädagogischen Anthropologie (Hannover 1976[4] (Bd. 1) und 1976[2] (Bd. 2)) Ergebnisse der vergleichenden Verhaltensforschung aufgearbeitet. Am Ende von Kapitel 2 im ersten Band (S. 145–149) hat Roth einige Merkmalsunterschiede zwischen Tier und Mensch tabellarisch zusammengestellt. Bei aller Vorsicht, mit der solche tabellarischen Zusammenfassungen zu behandeln sind, und bei allen Unvollkommenheiten wird doch der grundsätzliche Wesensunterschied zwischen Mensch und Tier bildhaft deutlich, und gleichzeitig wird auch sichtbar, «wann und weshalb der naturwissenschaftliche Vergleichshintergrund für eine Erklärung und Deutung der menschlichen Lebensform nicht mehr ausreicht und ein Wechsel des Aspektes sich als zwingend notwendig erweist» (S. 145):

Tier	*Mensch*
umwelteingepasst	weltoffen
für eine bestimmte Umwelt spezialisierte Organe	nicht spezialisierte Organe (Hand als Universalwerkzeug)
kurze Entwicklungs- und Lernzeit	lange Entwicklungs- und Lernzeit
viele Verhaltens- und Leistungsformen gekonnt angeboren	alle Verhaltens- und Leistungsformen müssen lernend erworben werden
früh alternd	spät alternd
kurze Spielzeit	lange Spielzeit
ohne Pubertätswachstumsschub	mit Pubertätswachstumsschub (Gestaltwandel)
frühe Geschlechtsreife	späte Geschlechtsreife
ohne Darstellungsfunktion der Sprache	Sprache
Gedächtnis	dazu Erinnerung und Phantasie
verhältnismässig geringe Auswertung der Erfahrungen	auf Auswertung seiner Erfahrungen angewiesen
Lernen durch Versuch und Irrtum, kaum Einsicht	Lernen durch Einsicht
trieb- und instinktsicher	trieb- und instinktunsicher (höchstens Instinktansätze)
durch Erfahrung erworbene Leistungsformen gehen mit dem Einzeltier wieder verloren	die menschlichen Erfahrungen (auch die grosser einzelner) werden summiert, bewahrt und tradiert
Sozialverhalten (Werbung, Nestbau, Kampfverhalten) angeboren oder geprägt, relativ starr	ist variabel
gleichförmiges bis starres Sozialleben	dauernder Sozialwandel
angeborene Normen des Verhaltens	tradierte Normen des Verhaltens

Tier	*Mensch*
wenig Umweltänderung herbeiführend	technische Umweltänderungen grössten Ausmasses
Umwelt besteht aus «Anziehern und Abstossern» (negativen und positiven Valenzen)	Umwelt wird als gegenständliche Welt in ihren sachlichen Bezügen erkannt
erlebnisbewusst	ich- und selbstbewusst
lebt in der Gegenwart	vergegenwärtigt das Vergangene und nimmt das Zukünftige in Handlungsentwürfen vorweg
getriebenes Wesen	wollendes, planendes, sich entscheidendes Wesen
seelisches Wesen	geistiges (kulturelles, geschichtliches, religiöses) Wesen

Grafik 4: Übersichtstabelle mit Mensch-Tier Unterscheidungsmerkmalen, aus H. Roth

53 Vgl. dazu: Diemer A.: Elementarkurs Philosophie-Philosophische Anthropologie, Düsseldorf 1978, S. 232 f.; Landmann M.: Philosophische Anthropologie, Berlin 1982[5]; Vollmer G.: Evolutionäre Erkenntnistheorie, Stuttgart 1975.

54 Gehlen A.: Der Mensch. Seine Natur und seine Stellung in der Welt, Frankfurt 1962; ders.: Anthropologische Forschung. Zur Selbstbegegnung und Selbstentdekkung des Menschen, Hamburg 1961; ders.: Die Seele im technischen Zeitalter, Hamburg 1957. – Obwohl Gehlen verschiedentlich an den Begriff des «Mängelwesens» von Herder anknüpft, nennt er 1957 diese Charakterisierung als etwas «überprägnant» (in: Anthropologische Forschung, Hamburg 1961, S. 17 f.) Gehlen gibt dem Begriff der «Unspezialisiertheit» (vgl. z. B. ebenda S. 46 ff.) den Vorzug. Er spricht auch von «physischer» bzw. «organischer Mittellosigkeit» sowie von «morphologischer Hilflosigkeit» (ebenda).

55 Gehlen A.: Anthropologische Forschung, S. 46 f.

56 Vgl. Kapitel 2, S. 57.

57 Gehlen A., op. cit.. S. 104 ff.

58 Vgl. z. B.: Tinbergen N.: Instinktlehre, vergleichende Erforschung angeborenen Verhaltens, Berlin 1966[4]; Eibl-Eibesfeld I.: Stammesgeschichtliche Anpassungen im Verhalten des Menschen. In: Gadamer H.-G., Vogler P. (Hrsg.): Biologische Anthropologie, Bd. 2, Stuttgart 1972, S. 3–59.

59 In diesem Zusammenhang spricht August Vetter in seiner «Personale(n) Anthropologie» (Freiburg 1966) von «Entmächtigung des Instinkts» und «Instinktenthebung» (S. 64 ff.) und glaubt, durch diese Instinktenthebung einen Erklärungsansatz für die Angst gefunden zu haben.

60 Gehlen, op. cit., S. 104 f.

61 Vgl. dazu: Vogel G., Angermann H.: Atlas zur Biologie, Bd. 2, München 1968, S. 388 ff.; Roth H.: Pädagogische Anthropologie, Bd. I, Hannover 1976[4], S. 392 ff.

62 Gehlen, op. cit., S. 17; Gehlen knüpft hier wohl an den amerikanischen Pragmatismus an, wie er etwa von William James (1842–1910) und John Dewey (1859–1952) vertreten wurde.

63 Gehlen, op. cit., S. 48.
64 ebenda, S. 21 f.
65 ebenda, S. 35.
66 ebenda, S. 71; zu Gehlen vgl.: Böhler D.: Gehlen A.: Die Handlung. In: Speck J. (Hrsg.): Grundprobleme der grossen Philosophen, Philosophie der Gegenwart II, Göttingen 1973, S. 230–280.
67 Scheler M.: Die Stellung des Menschen im Kosmos, Bern 1978 [8].
68 ebenda, S. 10 und S. 37 ff.
69 ebenda, S. 38.
70 ebenda, S. 52 ff.
71 ebenda, S. 71.
72 ebenda, S. 92; vgl. dazu die Ausführungen von N. A. Luyten in seinem Aufsatz «Der Mensch als Selbst- und Weltgestalter». In: Luyten N. A. (Hrsg.): Weltgestaltung als Herausforderung, Freiburg 1973, S. 11–54.
73 So u. a. in Luyten N. A.: Der Mensch als Selbst- und Weltgestalter. In: Luyten N. A. (Hrsg.): Weltgestaltung als Herausforderung, Freiburg 1973, S. 11–54; auch in: Anthropologische Begründung von sozialer Integration und von Integrationskonflikten. In: Blesi P., Lattmann U. P. (Hrsg.): Konflikt und Begegnung der Generationen, Zug 1979. S. 11–24.
74 Vgl. dazu: Frings M. S.: Max Scheler: Drang und Geist sowie Böhler D.: Arnold Gehlen: Die Handlung, beide in: Speck J. (Hrsg.): Grundprobleme der grossen Philosophen, Philosophie der Gegenwart II, Göttingen 1973, S. 9–42 und 230–280.
75 Plessner H.: Mit anderen Augen, Aspekte einer philosophischen Anthropologie, Stuttgart 1982, S. 6; Plessner H.: Die Stufen des Organischen und der Mensch, Berlin 1975.
76 Plessner, Mit anderen Augen, S. 6.
77 ebenda, S. 9.
78 ebenda, S. 6.
79 ebenda, S. 9, ebenfalls die folgenden Zitate.
80 Plessner H.: Die Frage nach der Conditio humana, Frankfurt 1976, S. 189.
81 Plessner, Mit anderen Augen, S. 11 f., ebenfalls die folgenden Zitate.
82 Plessner, Die Frage, S. 196.
83 Plessner H.: Die Stufen des Organischen und der Mensch, Berlin 1975, S. 32; vgl. zu Plessner: Asemissen H. U.: Helmut Plessner: Die exzentrische Position des Menschen. In: Speck J., op. cit., S. 146–180.
84 Freud S.: Psychische Behandlung (Seelenbehandlung). In: Freud S.: Studienausgabe, Schriften zur Behandlungstechnik, Ergänzungsband, Frankfurt 1975, S. 18 f.; ebenfalls die folgenden Zitate.
85 Adler A.: Grundbegriffe der Individualpsychologie. In: Adler A.: Psychotherapie und Erziehung, Bd. II, Frankfurt 1982, S. 31; ebenfalls das folgende Zitat.
86 Adler A.: Der Sinn des Lebens, Frankfurt 1981, S. 162; vgl. dazu auch: ders.: Menschenkenntnis, Frankfurt 1981, S. 30 f.
87 Jung C. G.: Die Struktur der Seele. In: Jung C. G.: Seelenprobleme der Gegenwart, Bd. 3 der Studienausgabe, Olten 1972, S. 120.
88 ebenda, S. 126 f.
89 Popper K. R., Eccles J. C.: Das Ich und sein Gehirn, München 1982 [2], S. 50.
90 Popper K. R.: Objektive Erkenntnis. Ein evolutionärer Entwurf, Hamburg 1973 [2], S. 123.

91 Popper, Eccles, op. cit., S. 38.
92 Popper K. R.: Objektive Erkenntnis, S. 278 f.
93 Popper, Eccles, op. cit., S. 62.
94 Eccles J. C.: Das Gehirn des Menschen, München 1975, S. 242 ff.; vgl. auch: Popper, Eccles, op. cit., S. 421 ff.
95 Popper K. R.: Objektive Erkenntnis, S. 135.
96 Popper, Eccles, op. cit., S. 64.
97 Vgl. ebenda, S. 64 ff.
98 Zum Beispiel Popper, Eccles, op. cit., S. 646 ff.; Eccles J. C., Zeier H.: Gehirn und Geist, München 1980, S. 181 ff.
99 Popper, Eccles, op. cit., S. 64 ff.
100 Zum Beispiel Popper, Eccles, op. cit., S. 531 ff.
101 Popper K. R., Lorenz K.: Die Zukunft ist offen, München 1985, S. 75.

2.3 Menschliches Werden und Lernen als Selbst- und Wirklichkeitsgestaltung – ein Ansatz zu einer evolutionären pädagogischen Anthropologie

102 So zum phylogenetischen Aspekt z. B. in: Portmann, Biologie und Geist, S. 50–75.
103 Pestalozzi J. H.: Meine Nachforschungen über den Gang der Natur in der Entwicklung des Menschengeschlechtes. In: Pestalozzi, Gesammelte Werke in zehn Bänden, Zürich 1946, Bd. 8, S. 38 f.
104 Zur Entstehungsgeschichte der Evolutionslehre und der wichtigsten Erkenntnisse vgl. als Einführung und Überblick: Knoll J.: Evolution, Westermann-Kolleg Biologie, Braunschweig 1980.
Zur besseren Orientierung über die Zeiträume versuche ich, auf der folgenden Seite die Lebensgeschichte in einer Grafik zu skizzieren. In der Zeitskala der Erd- und Lebensgeschichte halte ich mich vor allem an Kattmann U. u. a.: Kennzeichen des Lebendigen, Stuttgart 1984[2] (Bd. 2), S. 279 sowie Simpson G. G.: Leben der Vorzeit, Einführung in die Paläontologie, Stuttgart 1972 sowie Knoll J.: Evolution, Braunschweig 1980. (siehe Grafik 5)
105 Wuketits F. M.: Grundriss der Evolutionstheorie, Darmstadt 1982.
106 Campbell B. G.: Entwicklung zum Menschen, Stuttgart 1979[2], S. 30.
107 Vgl.: Knoll J., op. cit.; Miram W., Scharf K.-H. (Hrsg.): Biologie heute, S. II, Hannover 1981, S. 288–327; aber auch in der Frage des «Wozu» des evolutiven Geschehens gehen die Meinungen und Theorien auseinander. Dies betrifft die grundsätzliche Frage nach der Gerichtetheit der Evolution – wie wir noch später sehen werden – wie auch die Frage nach dem Zweck einer bestimmten Eigenschaft bzw. eines bestimmten Merkmals. Hier geht es – in einer kurzen Formulierung zusammengefasst – um die Frage, ob es bei den evolutiven Prozessen «um die Erhaltung bzw. Vermehrung der Arten» oder ob es «um die Erhaltung bzw. Vermehrung der miteinander konkurrierenden Gene» geht. (Vgl. dazu: Apel K. O., Böhler D., Rebel K.: Funk-Kolleg Praktische Philosophie/Ethik, Studientexte 1, Weinheim 1984, S. 20–41); Jacob F.: Das Spiel der Möglichkeiten, München 1984[2], vor allem S. 13–40.

Ära	Periode	Epoche	vor etwa Mio. Jahren	Beispielhafte Stichworte zur Tier- und Pflanzenwelt
Känozoikum	Quartär	Holozän Pleistozän	Neuzeit bis vor 3 Mio. Jahren	Alle heutigen Tiere oder deren unmittelbare Vorfahren vorhanden. Vorherrschaft des Menschen. Kulturelle Evolution. Bei Pflanzen wie Tertiär.
	Tertiär	Pliozän Miozän Oligozän Eozän Paläozän	70	Starke Entfaltung der Vögel und neuzeitlicher Säugetiere. Erste Vormenschenaffen und Vormenschen (ab ca. 25 Mio. J.). Sumpfwälder. Annäherung der Pflanzen und Tiere an die heutigen Formen
Mesozoikum (Erdmittelalter)	Kreide	(Epochenbezeichnung nicht einheitlich verwendet)	135	Zunahme der Säugetiere und Vögel. Aussterben der Saurier und Ammoniten. Laubhölzer und Gräser
	Jura		180	Hauptzeit der Saurier. Übergangsformen von Reptilien zu Vögeln. Erste Knochenfische. Nadelhölzer
	Trias		220	Entfaltung der Reptilien (Saurier). Erste Säugetiere. Ausbreitung von Schachtelhalmen und Farnen
Paläozoikum (Erdaltertum)	Perm		270	Viele Meerestiere (Triboliten) und Landpflanzen sterben aus. Nadelhölzer
	Karbon		350	Höhepunkt der Amphibien. Erste Kriechtiere. Bärlapp- und Schachtelhalmwälder
	Devon		400	Mannigfaltigkeit der Fische. Erste Amphibien, Insekten Erste Baumfarne
	Silur		430	Erste Landtiere (z. B. Skorpione). Erste echte Fische. Erste Landpflanzen (Nacktfarne)
	Ordovicium		500	Erste fischartige Wirbeltiere (kieferlos)
	Kambrium		600	Leben im Meer. Die meisten Stämme der Wirbellosen. Algen
Präkambrium				Bakterien. Blaualgen. Einzeller. Ringelwürmer

Grafik 5: Zeitskala der Erd- und Lebensgeschichte

108 Henke W., Rothe H.: Der Ursprung des Menschen, Stuttgart 1980[5], S. 45 f.

109 Heberer G.: Die Herkunft der Menschheit. In: Mann G., Hess A. (Hrsg.): Propyläen Weltgeschichte, Bd. 1, 1. Halbband; Frankfurt 1961, S. 87–153 und Henke, Rothe, op. cit.

Zur besseren Orientierung versuche ich, die Stammesgeschichte der Menschenaffen und des Menschen in einer vereinfachten Grafik darzustellen. Ich halte mich dabei an die oben zitierte Literatur sowie an jene in Anm. 104 zitierte:

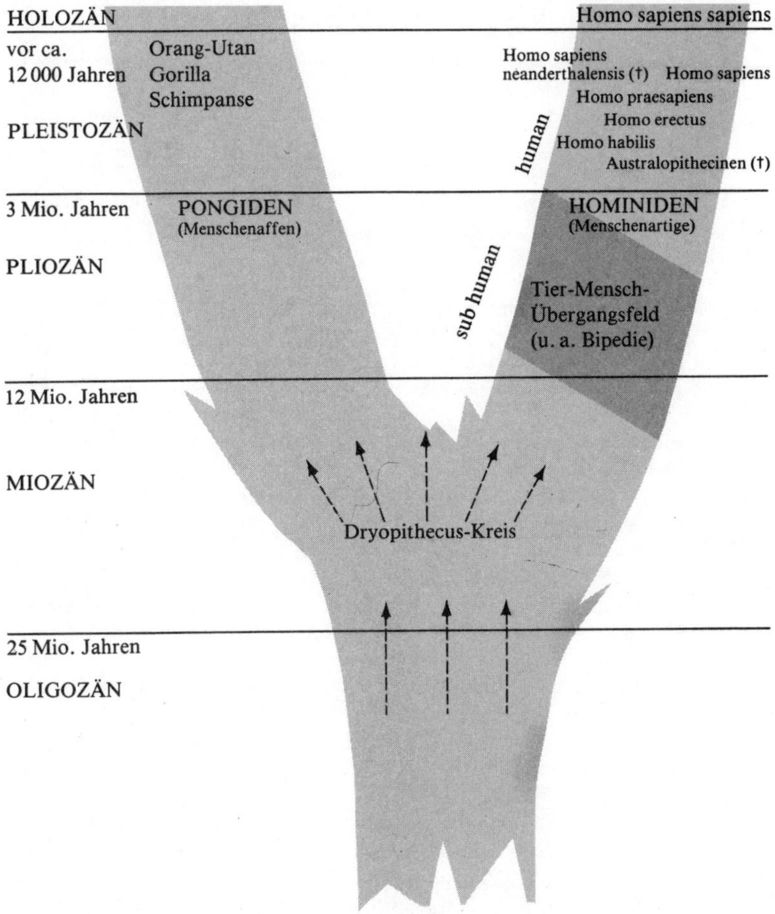

Grafik 6: Mögliche vereinfachte Darstellung der Hypothesen über die Stammesgeschichte der Hominoidea (Pongidae und Hominidae)

Legende: Die gestrichelten Pfeile um den Dryopithecus-Kreis deuten die Vermutungen und Hypothesen bezüglich des Ursprungs und der Abzweigungen der verschiedenen Gruppen an. Dryopithecus-Kreis: zusammenfassende Bezeichnung für einige Funde (z. B. Dryopithecus, Aegyptopithecus, Proconsul) mit unterschiedlicher Zuordnung.

Homo (lat.): Mensch
Pithecus (gr.): Affe
Drys (gr.): Waldbaum, Eiche
Australis (lat.): südlich
Erectus (lat.): aufrecht
Habilis (lat.): geschickt, tauglich
Sapiens (lat.): weise

110 Heberer, op. cit., S. 152.
111 ebenda, S. 153.
112 Vgl. Henke, Rothe, op. cit.; auch Karolyi L. v.: Anthropometrie, Stuttgart 1971.
113 Vgl. dazu: Henke, Rothe, op. cit., an verschiedenen Orten; Eccles J. C., Zeier H.: Gehirn und Geist, München 1980, S. 91 f.
114 Vgl. Henke, Rothe, op. cit., an verschiedenen Stellen.
115 Eccles, Zeier, op. cit., S. 65.
116 Zit. nach Jantsch E.: Die Selbstorganisation des Universums, München 1984[2], S. 231.
117 Jantsch, op. cit., S. 231 ff.
118 Ditfurth H. v.: Der Geist fiel nicht vom Himmel, Hamburg 1982[4], S. 50 f.
119 ebenda, S. 51.
120 Jantsch, op. cit., S. 234.
121 Ditfurth, op. cit., S. 51.
122 Vollmer G.: Evolutionäre Erkenntnistheorie, Stuttgart 1975, S. 102; eine Einführung über Entstehung und Schwerpunkte der evolutionären Erkenntnistheorie gibt Rupert Riedl in «Evolution und Erkenntnis» (München 1984[2]). –
Zur *evolutionären Erkenntnistheorie* seien noch folgende Hinweise angeführt: Die Grundfrage, die die evolutionäre Erkenntnistheorie beschäftigt, ist alt: Wie erkennen wir? Wie ist Erkenntnis möglich? Wie verhält sich unsere Erkenntnis zur «Aussenwelt»?
- Hoimar v. Ditfurth schlägt den Bogen von Immanuel Kants Frage nach dem Erkenntnisvorgang zur heutigen Sichtweise mit folgenden Worten (In: Wir sind nicht nur von dieser Welt, Hamburg 1981, S. 165 f.): «Die Signale, die meine Sinnesorgane aufnehmen und aus denen mein Gehirn dann ein ‹Bild der Welt› zusammenstellt, stammen zwar auch nach Ansicht von Kant aus einer realen Aussenwelt. Auf ihrem Weg bis zu meinem Bewusstsein werden sie jedoch so stark verändert, dass das Ergebnis über die Quelle, aus der sie stammen, nichts mehr aussagt. Die Ordnung, die das von uns erlebte Weltbild aufweist, ist nicht das Abbild der Ordnung in der Welt selbst. Es ist, so Kant, nur das Abbild der geordneten Strukturen meines eigenen Denkapparats.»
- Und hier knüpfen dann rund 200 Jahre später Konrad Lorenz und weitere evolutionäre Erkenntnistheoretiker an. Da «Erkennen eine Anpassung des Lebewesens an sein Milieu, die Anpassung aber das Ergebnis eines informationsgewinnenden Prozesses» ist, «so liegt es nahe, die biologische Entstehung von Information allgemein als Erkenntnisgewinn zu bezeichnen» (Kaspar R.: Die Evolution des Erkennens. In: Kaltenbrunner G.-K.: Wir sind Evolution, Freiburg 1981, S. 62 f.). «Leben selbst ist ein erkenntnisgewinnender Prozess», formulierte deshalb Konrad Lorenz einen Kerngedanken seiner evolutionären Erkenntnistheorie. Lorenz sagt nun, dass sich in unserem Hirn im Laufe der Evolution Erkenntnisstrukturen herausgebildet haben, und zwar in Wechselwirkung zwischen dem erkennenden, d. h. dem sich anpassenden Menschen und der «realen Aussenwelt». Durch den Wahrnehmungsprozess erfolgte im Organismus (Hirn) ein Abbild (partielle Repräsentation) bestimmter Teile der Wirklichkeit, d. h.: «Aus der Gesamtwirklichkeit (W) wird der Ausschnitt (W') im Organismus sozusagen repräsentiert» (Wuketits F. M.: Biologische Erkenntnis: Grundlagen und Probleme, Stuttgart 1983, S. 227). Rupert Riedl und zahlreiche Forscher verschiedener Disziplinen messen dieser neuen Erkenntnis eine historische Be-

deutung zu, vergleichbar den Wenden, die Kopernikus, Darwin oder auch Kant und Freud im Welt- und Menschenverständnis herbeigeführt haben (Riedl R.: Evolution und Erkenntnis, München 1984^2, S. 273–298; dazu den von K. Lorenz und F. M. Wuketits herausgegebenen Sammelband «Die Evolution des Denkens», München 1983, mit Beiträgen aus verschiedenen Wissenschaftsdisziplinen.

– Der Biologe und Nobelpreisträger François Jacob umschreibt den Kerngedanken in seinem Buch «Das Spiel der Möglichkeiten. Von der offenen Geschichte des Lebens» (München 1984^2, S. 77 ff.) wie folgt: «Nur durch einen ununterbrochenen Fluss von Materie, Energie und Information können Lebewesen überleben, wachsen und sich vermehren. Es ist daher für einen Organismus absolut notwendig, dass er seine Umwelt oder zumindest die Aspekte seiner Umwelt, die mit seinen Lebensbedürfnissen zusammenhängen, wahrnimmt. (...) Jeder Organismus ist so ausgestattet, dass er eine bestimmte Wahrnehmung von der Aussenwelt erhält.» So nimmt jeder Organismus «immer nur einen Ausschnitt aus seiner Umwelt wahr, einen Ausschnitt, der je nach Organismus verschieden ist.

Bei den niederen Wirbeltieren wird die Sinnesinformation starr in motorisch-nervöse Imformation umgesetzt. Diese Tiere scheinen in einer Welt globaler Reize zu leben, die entsprechende Reaktionen auslösen – die Verhaltensforscher sprechen von ‹angeborenen Auslösemechanismen›. Bei den Vögeln dagegen und in noch höherem Masse bei den Säugetieren wird die ungeheure Menge von Information aus der Umwelt durch die Sinnesorgane gefiltert und vom Gehirn verarbeitet, das eine vereinfachte, aber brauchbare Repräsentation der Aussenwelt liefert. Das Gehirn arbeitet nicht in der Weise, dass es ein exaktes Abbild einer Welt aufzeichnet, die als metaphysische Wahrheit aufzufassen ist, sondern es schafft sein eigenes Bild. (...)

Die von verschiedenen Arten wahrgenommenen Umwelten können sich je nachdem, wie die Information verarbeitet wird, so grundlegend voneinander unterscheiden, als kämen die Reize aus verschiedenen Welten. Wir selbst sind in dem Weltbild, das unsere Sinnesorgane und unser Gehirn uns liefern, so sehr befangen, dass wir nur schwer begreifen, dass diese Welt auch anders gesehen werden kann. Die Welt einer Fliege, eines Regenwurms oder einer Möwe vermögen wir uns kaum vorzustellen.

Gleichgültig, auf welche Weise ein Organismus seine Umwelt erkundet – die Wahrnehmung, die er von ihr gewinnt, muss notwendig die ‹Realität› oder genauer jene Aspekte der Realität widerspiegeln, die unmittelbar mit seinem Verhalten zu tun haben. Wenn das Bild, das sich ein Vogel von den Insekten macht, die er seinen Jungen als Nahrung bringen muss, nicht wenigstens wenige Aspekte der Realität widerspiegeln würde, gäbe es keine Jungen mehr. Wenn die Vorstellung, die sich der Affe von dem Zweig macht, auf den er springen will, nichts mit der Realität zu tun hätte, gäbe es keinen Affen mehr. Und wenn das nicht ebenso für uns gelten würde, wären wir nicht hier, um darüber zu diskutieren. Die Wahrnehmung bestimmter Aspekte der Realität ist eine biologische Notwendigkeit. Es kann sich nur um bestimmte Aspekte handeln, denn es ist offensichtlich, dass unsere Wahrnehmung der Aussenwelt stark gefiltert ist. Unser Sinnesapparat erlaubt uns, einen Tiger zu sehen, der in unser Schlafzimmer eindringt. Er erlaubt uns nicht, die Teilchenwolke zu erkennen, aus der, wie die Physiker uns versichern, die Realität des Tigers besteht. Die Aussenwelt, von deren ‹Realität› wir eine intuitive Kenntnis besitzen, erscheint demnach als eine Schöpfung des Nervensystems. Sie ist gewissermassen eine mögliche Welt, ein Modell, mit dessen Hilfe der Organismus die Masse der empfangenen Informationen verarbeitet und für das tägliche Leben nutzbar machen kann. Man gelangt so zur Definition einer Art von ‹biologischer Realität›, die in der spezifischen Repräsentation der Aussenwelt besteht, welche das Gehirn der jeweiligen Art aufbaut. Die Qualität dieser biologischen Realität wächst mit der Evolution des Nervensystems im allgemeinen und des Gehirns im besonderen. (...)

Nach dieser Auffassung lebt jeder von uns in einer ‹realen› Welt, die sein Gehirn aus den Informationen, welche die Sinne und die Sprache liefern, aufbaut. Diese reale Welt bildet die Bühne, auf der alle Ereignisse des Lebens sich abspielen.»

123 Vgl. z. B. : Dobzhansky Th. u. a.: Beiträge zur Evolutionstheorie, Jena 1980; dazu auch Liedtke M.: Evolution und Erziehung, Göttingen 1976 [2], S. 32 ff.

124 Vgl. dazu den Sammelband: Siewing R. (Hrsg.): Evolution, Stuttgart 1978; Huxley J.: Die Entfaltung des Lebens, Frankfurt 1954.

125 Ausführliche Beiträge zur kosmischen Evolution finden sich in Siewing R., op. cit. sowie: Ditfurth H. v.: Im Anfang war der Wasserstoff, München 1981 [2]; Lüth P.: Der Mensch ist kein Zufall, Stuttgart 1981, S. 25–71; Sagan C.: Unser Kosmos, München 1982; bezüglich des Urknalls, «der unser Universum ins Leben rief», vgl. z. B. Sagan, op. cit., S. 258.

126 Vollmer G.: Evolutionäre Erkenntnistheorie, Stuttgart 1975, S. 61.

127 Nollau G.: Die Evolution der Erdkruste. In: Siewing, op. cit., S. 61.

128 Vgl. z. B.: Sachsse H.: Über die Richtung der Naturprozesse. Die physikalischen und chemischen Grundlagen der Evolution. In: Kaltenbrunner G.-K. (Hrsg.): Wir sind Evolution, Freiburg 1981; vgl. dazu folgende, die Evolutionsprozesse veranschaulichenden Unterrichtsmaterialien: Dia-Reihe mit Texten sowie Folien-Set: Die Zeit aus der wir kommen: Entstehung und Entwicklung der Erde, Jünger-Verlag, Offenbach und Frankfurt, Auslieferung Schmidlin AV-Medien-Technik, Toffen/Bern.

129 Vgl. dazu die entsprechenden Beiträge in Siewing R., op. cit.; eine übersichtliche zusammenfassende Darstellung findet sich in Knoll J.: Evolution, Westermann-Kolleg Biologie, Braunschweig 1980, in den Kapiteln «Die Entstehung des Lebens auf der Erde» (S. 66–76), «Evolutionsfaktoren» (S. 41–48) sowie «Evolution der Pflanzen und Tiere» (S. 85–104) mit weiteren Angaben und Hinweisen auf veranschaulichende Lehrmaterialien im entsprechenden Lehrerband (ebenfalls von J. Knoll, Braunschweig 1982); einen Überblick über die Entwicklung des Lebens gibt die Dia-Serie (mit Text) und das Folien-Set: Die Zeit aus der wir kommen: Die Entwicklung der Pflanzen und Tiere, Jünger-Verlag, Offenbach und Frankfurt, Auslieferung Schmidlin AV-Medien-Technik, Toffen/Bern.

130 Vgl. z. B.: Wuketits F. M.: Biologische Erkenntnis: Grundlagen und Probleme, Stuttgart 1983, vor allem S. 137–180; Jantsch E.: Die Selbstorganisation des Universums, München 1984 [2]; Ditfurth H. v.: Im Anfang war der Wasserstoff, Hamburg 1981 [2]; Eigen M., Winkler R.: Das Spiel, Naturgesetze steuern den Zufall, München 1975; als kurzer Überblick (mit weiteren Literaturangaben): Vollmer G., op. cit., S. 57–83.

131 Kattmann U. u. a.: Kennzeichen des Lebendigen, Stuttgart 1982[2] (Bd. 1) und 1984[2] (Bd. 2), hier Bd. 1, S. 33.

132 Wuketits F. M., op. cit., S. 177 f.; dazu: Bertalanffy L. v.: Das biologische Weltbild, 1. Band (Die Stellung des Lebens in Natur und Wissenschaft), Bern 1949, vor allem S. 119–138.

133 Vgl. Wuketits F. M., op. cit., S. 71–82 und S. 116–136. – Lamarck (1744–1829) z. B. war überzeugt, dass es in der Natur solche teleologische Vorgänge gibt. Er glaubte an einen ständigen Fortschritt in der Evolution zu immer grösserer Vollkommenheit. Auch Teilhard de Chardin verstand Evolution teleologisch, und zwar in einem spezifisch christlichen Sinne. Im Gegensatz dazu geht Monod (Monod: Zufall und Notwendigkeit, München 1971) davon aus, dass keine Mechanismen erkennbar seien, die diesen Prozess über Jahrmillionen steuern würden.

In der Biologie wurde zur Klärung dieses Sachverhalts der Begriff Teleonomie eingeführt, der zwar «zielgerichtete» nicht aber «zielintendierte» Vorgänge bezeichnet. Konrad Lorenz (in: Der Abbau des Menschlichen, München 1983, S. 28) sagt dazu: «Die ‹Zweckmässigkeit› des Körperbaus wie des Verhaltens jedes Lebewesens richtet sich ausschliesslich und nachweislich auf die Erzeugung möglichst reicher Nachkommenschaft, d. h. auf das Überleben der Art – auf nichts sonst. Die Fage, wozu die Katze spitze, krumme Krallen hat, und die Antwort ‹zum Mäusefangen›, sind Kurzschrift für die Frage, welche arterhaltenden Leistungen den Selektionsdruck ausgeübt haben, der den Katzen diese Art von Krallen angezüchtet hat. Wir bezeichnen diese Frage nach der arterhaltenden Zweckmässigkeit als die teleonome Frage, im Gegensatz zu der nach dem Sinn des Daseins suchenden teleologischen». Vgl. dazu auch: Lorenz K.: Induktive und teleologische Psychologie. In: Lorenz K.: Vom Weltbild des Verhaltensforschers, München 1970[3], S. 11–34; ders.: Das Wirkungsgefüge der Natur und das Schicksal des Menschen, München 1978, S. 24–35 («Die Vorstellung einer zweckgerichteten Weltordnung») und auch die Einleitung von I. Eibl-Eibesfeldt (S. 7–23); Wuketits F. M.: Biologische Erkenntnis: Grundlagen und Probleme; Stuttgart 1983, S. 77–82 und 116–126; die philosophische Seite der Frage behandelt Spaemann R., Löw R.: Die Frage Wozu? München 1981; zur psychologischen Dimension vgl.: v. Cranach M. u. a.: Zielgerichtetes Handeln, Bern 1980, in dem «Finalität» für das menschliche Handeln definiert wird (vor allem S. 25–34); zur Bedeutung der «Finalität» in tiefenpsychologischer Hinsicht vgl.: Titze M.: Lebensziel und Lebensstil. Grundzüge der Teleoanalyse nach Alfred Adler, München 1979; einen Gesamtentwurf unter Einschluss einer (christlich verstandenen) Sinn- und Zielfrage der Evolution stellt das Lebenswerk von Pierre Teilhard de Chardin dar (z. B.: Der Mensch im Kosmos, München 1965); vgl. dazu und zur Auseinandersetzung mit den oben angesprochenen Fragen aus philosophisch-christlicher Sicht: Luyten N. A.: Ordo rerum, Fribourg 1969.

Innerhalb der Biologie hat vor allem Ludwig v. Bertalanffy durch die Theorie des Fliessgleichgewichts lebender Systeme auf die Ziel- bzw. Zweckgerichtetheit der Lebewesen als offene Systeme hingewiesen. Das Prinzip des Fliessgleichgewichts in offenen Systemen besagt, dass ein lebender Organismus ein offenes System ist, das «seinen Zustand unter stetem Wechsel seiner Bestandteile aufrecht» erhält (Bertalanffy L. v., Beier W., Laue R.: Biophysik des Fliessgleichgewichts, Braunschweig 1977, S. 23). Dazu steht der Organismus in einem ununterbrochenen Austausch (stofflich, energetisch) mit seiner Umwelt: «Ein lebender Organismus ist ein Stufenbau offener Systeme, der sich aufgrund seiner Systembedingungen im Wechsel der Bestandteile erhält.» (Bertalanffy L. v.: Das biologische Weltbild, 1. Band, Bern 1949, S. 124.) In diesem Prozess ist das Moment der Gerichtetheit, der Ziel- oder Zweckgerichtetheit zu sehen: «Jene Zielstrebigkeit, die das Leben so sehr auszeichnet (...) ist eine notwendige Folge aus jenem eigenartigen Systemzustand, worin wir das Lebendige antreffen: nämlich aus dem Charakter der Organismen als offener Systeme.» (Bertalanffy, op. cit., S. 137.)

134 Popper K. R., Lorenz K.: Die Zukunft ist offen, München 1985, S. 20 ff.

135 Spaemann R., Löw R.: Die Frage Wozu? Geschichte und Wiederentdeckung des teleologischen Denkens, München 1981.

136 Dem Problemkreis der finalen Ausrichtung menschlichen Strebens und Denkens eröffnen sich zusätzliche Dimensionen, wenn man das dem Menschen nicht bewusste Seelenleben mit einbezieht. Die finale Orientierung des menschlichen Strebens ist z. B. Ausgangspunkt und Grundpfeiler der tiefenpsychologischen Lehre Alfred Adlers und der Individualpsychologie (vgl. z. B. Titze M.: Lebensziel und Lebensstil, Grundzüge der Teleoanalyse nach Alfred Adler, München 1979) und wirkt bestimmend für die psychotherapeutische Praxis (vgl. z. B. Louis V.: Individualpsychologische Psychotherapie, München 1985; vgl. auch Kapitel 4, Anm. 11 die Hinweise zu P. Häberlin).

137 Vgl. zur kritischen Auseinandersetzung: Meschkowski H.: Was wir wirklich wissen, München 1984, in diesem Zusammenhang vor allem S. 182–221 und 236–264.

138 Zum Beispiel in: Lorenz K., Kreuzer F.: Leben ist Lernen, München 1981, S. 37 f. sowie Abschnitt 2.24.

139 Bertalanffy, Das biologische Weltbild, S. 106.

140 Lorenz K., Kreuzer F.: Leben ist Lernen, München 1981, S. 18 f.

141 Popper K. R., Lorenz K.: Die Zukunft ist offen, München 1985, S. 18 f.

142 Vgl. dazu das Kapitel «Evolution als schöpferischer Prozess» in «Intelligenz, Vererbung und Umwelt» von Theodosius Dobzhansky, München 1975.

143 Campbell B. G.: Entwicklung zum Menschen, Stuttgart 1979², S. 359, ebenfalls das folgende Zitat.

144 Vgl. dazu z. B.: Lorenz K.: Das Wirkungsgefüge der Natur und das Schicksal des Menschen, München 1978 sowie die bereits zitierten Werke und Arbeiten zur Ethologie und Campbell, op. cit.; unter dem Gesichtspunkt einer «integrativen Pädagogischen Anthropologie» hat Max Liedtke die Möglichkeit einer phylogenetischen Betrachtungsweise in der Pädagogik untersucht, vgl. dazu: Liedtke M.: Evolution und Erziehung, Göttingen 1976², vor allem S. 102 ff. sowie: ders.: Pädagogische Anthropologie als anthropologische Fundierung der Erziehung. In: König E., Ramsenthaler H. (Hrsg.): Diskussion Pädagogische Anthropologie, München 1980, S. 175–190, hier vor allem S. 183 f. und 188 f.; vgl. dazu auch: Lorenz K.: Der Abbau des Menschlichen, München 1983, S. 57–84 und 145–154.

145 Campbell, op. cit., S. 343 ff. und 417 f.

146 ebenda, S. 398 f.

147 ebenda, S. 417.

148 ebenda, S. 349.

149 Simpson G.: Leben der Vorzeit, Stuttgart 1972, S. 152.

150 Campbell, op. cit., S. 420; kleiner Exkurs zu einem ethologischen Gesichtspunkt:
- Auch in der individuellen Entwicklungsgeschichte lassen sich noch «Urformen» sozialen Verhaltens erkennen. Die jüngere vergleichend-psychologische Verhal-

tensforschung hat sich intensiv mit jenen Elementen im menschlichen Sozialverhalten befasst, die man als «ererbt», als übernommen bzw. als Reste aus der menschlichen Entwicklung (Phylogenese) vermutet. Bekannt sind solche phylogenetischen Reaktionen, solche angeborenen Verhaltensweisen beim Säugling: Greif-, Klammer-, Such- und Saugreflexe, Gehbewegungen, Lachen und Weinen scheinen auf solche, aus der Phylogenese stammende, Reaktionsweisen hinzuweisen (vgl. Blöchlinger K.: Zum Problem phylogenetischer Elemente im menschlichen Sozialverhalten, Zürich 1971).

- Aber auch zahlreiche soziale Verhaltensweisen des erwachsenen Menschen scheinen ihre biologische Grundlegung in der Stammesgeschichte zu haben, so etwa das Revierverhalten, Dominanzverhalten, sexuelle Verhaltensweisen, Brutpflege, Verständnis für Ausdrucksbewegungen (Gruss, Lächeln, Küssen), Spielverhalten, Aggression bis zu den anatomischen Grundlagen und Voraussetzungen unseres Sprachverhaltens (vgl. auch Anm. 122).
- Ein Beispiel aus dem Buch von Wolfgang Wickler mag das Gesagte etwas illustrieren: Der Säugling schreit oft, «wenn er Hunger hat. Und dann dreht er den Kopf von einer Seite zur anderen und schlägt mit den Armen. Er bewegt sie abwechselnd auf und ab und öffnet und schliesst dabei die Finger. Meist gehen die Finger auf, wenn der Arm nach oben geführt wird, und schliessen sich, wenn der Arm abwärts bewegt wird. Ein leichter Schleier, den man über das Kind breitet, wird auf diese Weise fusswärts weggeschoben, als ob das Kind kletterte. Ausserdem ist wohl jedem bekannt, was passiert, wenn ein Säugling Haare zu fassen bekommt, wie krampfhaft er sich daran festhält. Alles das hilft ihm im Bettchen wenig. Aber Bettchen sind auch eine wesentlich jüngere Erfindung als Säuglinge. Vergleichsbeobachtungen an Affen zeigen, dass alle diese Verhaltensweisen auch bei ihnen vorkommen, und da leuchtet ihre Bedeutung unmittelbar ein. Das hungrige Junge klettert nämlich zur Brust der Mutter, wobei es sich im Fell erstaunlich festhält. Die seitlichen Kopfbewegungen sind Suchbewegungen; sie hören bei Affen- wie bei Menschenkindern sofort auf, wenn die Lippen die Brustwarze ertastet haben. Dass auch der junge Mensch dieses ganze, wohlgeordnete Verhalten zeigt, kann nur daran liegen, dass es sich länger erhalten hat als der Körperpelz der Mutter, auf den es ursprünglich gemünzt war». Wickler nennt solche Elemente im Verhalten des Menschen «historische Reste» und sagt dazu, sie seien «Anpassungen von gestern, die immer noch mitgeschleppt werden, auch wenn sie ihre Bedeutung verlieren. Man muss also damit rechnen, dass es Verhaltenseigentümlichkeiten beim Menschen – ebenso wie bei anderen Lebewesen – gibt, die zwar nicht den heutigen Erfordernissen entsprechen, die sich aber auch nicht einfach ändern oder abschaffen lassen. Und die Kenntnis solcher Zusammenhänge kann man sogar nutzbringend anwenden. Erfahrene Hebammen wissen zum Beispiel, dass man zu früh geborene Kinder, die nicht trinken, durch folgenden Kniff doch dazu bringen kann: man muss ihnen etwas zum Festhalten in die Hände geben, am besten etwas Pelziges. Auf dem Umweg über das veraltete Festklammern im mütterlichen Pelz, das zur Nahrungsaufnahme gehörte, lässt sich auf diesem noch unreifen Stadium das Saugen in Gang bringen; mit einem technisch noch so raffiniert gebauten Gummisauger geht das nicht» (Aus: Wickler W.: Antworten der Verhaltensforschung, München 1974, S. 186 f.).

- Neuerdings versucht A. David Jonas diese Erkenntnisse für die Psychotherapie fruchtbar zu machen (In: Jonas A. D.: Kurz-Psychotherapie in der Allgemeinmedizin, Stuttgart 1981). Nach der Ansicht von Jonas werden zahlreiche, im Laufe der phylogenetischen Entwicklung erworbenen Verhaltensmuster durch die Erziehung in jedem einzelnen Menschen erneut aktiviert. Beispielsweise kann eine machtorientierte Erziehung Verhaltensweisen auslösen, die z. B. den Demutsgebärden bei Tieren (Statuskämpfe) gleichen: Senken des Kopfes, atonische Haltung des Körpers, hängende Schultern. Jonas versucht auf diese Weise «den biologischen Unterbau der innerseelischen Vorgänge (...) mit den physischen und psychischen Vorgängen» zu vergleichen. Daraus ergibt sich «eine Art Eigensprache» des einzelnen Menschen, die sich auf der nicht-sprachlichen Ebene (Gestik, Mimik) und in Schlüsselworten zeigt. Da diese «direkt» mit der Gefühlsebene des Menschen verbunden sind (limbisches System), werden sie durch die Ratio nicht kontrolliert, sind sie nicht «filtriert» und sagen deshalb unter Umständen über die seelische (vor allem psychosomatische) Befindlichkeit des Patienten mehr aus als Worte. Bei einer entsprechend gezielten Technik der Gesprächsführung kann so diese Eigensprache einen wesentlichen Beitrag für die Diagnostik und Therapie seelisch Leidender sein (vgl. Louis V.: Individualpsychologische Psychotherapie, München 1985, Kapitel 4).

151 Vgl. z. B.: Osche G.: Kulturelle Evolution: Biologische Wurzeln, Vergleich ihrer Mechanismen mit denen des biologischen Evolutionsgeschehens. In: Hassenstein B., Mohr H. u. a., op. cit., S. 33–50 sowie die entsprechenden Beiträge in Siewing R., op. cit.

152 Osche G.: Kulturelle Evolution, S. 33.

153 ebenda, S. 41 f.; vgl. dazu auch Poppers Darlegungen dieser Zusammenhänge in seinem 3-Welten-Modell (Popper, Eccles, op. cit., z. B. S. 69–77). Der Paläontologe André Leroi-Gourhan hat die Zusammenhänge von biologischer und kultureller Evolution in seinem umfassenden Werk «Hand und Wort» (Frankfurt 1984[2]) untersucht. – Hier sei auch noch vermerkt, dass gerade am Beispiel von Werkzeugherstellung und -gebrauch, aber auch anhand der Symbolsprache die Zielintentionalität menschlichen Verhaltens und damit menschlichen Lebens aufgewiesen werden könnte.

154 Osche G.: Die Sonderstellung des Menschen in biologischer Sicht: Biologische und kulturelle Evolution. In: Siewing R., op. cit., S. 380 ff.; vgl. auch Lorenz K.: Die Rückseite des Spiegels, München 1981[5] und: Der Abbau des Menschlichen, München 1983.

155 Osterwalder Ch., André R.: Fundort Schweiz, Solothurn 1981.

156 Liedtke M.: Evolution und Erziehung, Göttingen 1976[2], S. 55 ff.

157 Es eröffnen sich unter den behandelten Gesichtspunkten einige Dimensionen hinsichtlich der Verantwortung in Politik, Wissenschaft und Bildung. Unsere Geschichte ist zu reich an Erfahrungen, als dass wir bei der Beurteilung der Gegenwart und der Zukunftstendenzen und -planung so tun könnten, als wüssten wir von nichts. Das pragmatische Motto «Wir tun's mal und sehen, was rauskommt», das wir heute so oft in Wissenschaft, Technik, Politik und Wirtschaft antreffen, kann zwar – anthropologisch gesehen – durchaus dem Neugier- und Spielverhaltensbereich des Menschen zugeordnet werden. Angesichts der ungeheuerlichen Auswirkungen, die aufgrund des kulturell-technischen Entwicklungsstandes in vielen Bereichen möglich und bereits vorhanden sind, kann eine solche Geisteshal-

tung auch verheerende, menschheitsbedrohende Dimensionen annehmen. Oft einzige oder hauptsächliche Legitimationsbasis für solche (pseudo-)pragmatische Haltung sind sogenannte Sachzwänge jeglicher Art. Man kann auch feststellen, dass manchmal die gleichen Personen, die für Differenzierung, Erneuerung, schöpferische Kräfte und Weiterentwicklung in ihren oder in bestimmten Wirklichkeitsbereichen (z. B. im wirtschaftlichen und technischen Bereich) sind, anderen Bereichen (z. B. den – geisteswissenschaftlich orientierten – Wissenschaften vom Menschen wie Psychologie, Pädagogik, Soziologie wie auch Kunst) ein eben solches (schöpferisches) Fortschreiten, eine Differenzierung absprechen. Als ob sich die menschliche Geistesfähigkeit so kanalisieren und planen liesse. Eine solche Auffassung stünde im Widerspruch zu einer fundamentalen anthropologischen Aussage, jener der grundsätzlichen Offenheit des Menschen (vgl. Kapitel 2.2). In allen Bereichen aber ist der Mensch – aufgrund seiner Geistigkeit und Offenheit – zur Verantwortung für sein Denken und Handeln aufgerufen. Insbesondere sollen Polarisierungen und Einseitigkeiten vor allem in der Frage der «menschlichen Mittel» zur Lebens- und Daseinsbewältigung vermieden werden. Es ist z. B. wenig sinnvoll, die denkerische Leistung des Menschen zugunsten seiner emotional-sozialen Kräfte und umgekehrt einschränken zu wollen. Der Mensch braucht ein Gleichgewicht zwischen beiden, zwischen Rationalem und Emotionalem, zwischen Vernunft und Natur. Es kann aber gefährlich werden, wenn z. B. in der Bildung Kopf und Herz gegeneinander ausgespielt werden. Bildung und Schule haben alle menschlichen Kräfte zu fördern. Eine Überbetonung des Emotionalen öffnet Irrationalismen verschiedener Art die Tore. Eine Überbetonung des Rationalen unterdrückt die emotionalen Kräfte im Menschen. Ich glaube, in diesem Zusammenhang gegenwärtig drei Tendenzen in der allgemeinen Geisteshaltung beobachten zu können. Sie verlaufen zeitlich gesehen parallel, inhaltlich gegeneinander. Die eine Tendenz ist die zunehmende Verstärkung der sogenannten pragmatischen Dimension im Denken und Handeln. Der «Primat des Machbaren» diktiert in vielen Bereichen in zunehmendem Masse die Entwicklung. Da sind es – wie auch immer motivierte – Ängste und Allmachts-Phantasien, dort ist es der (vermeintliche) Fortschritt, ein andermal die Konkurrenz oder die Furcht vor der davonlaufenden Zeit. Dieses Diktat führt zu steten Rückkoppelungsprozessen, so dass die Machbarkeits-Schraube sich in unheimlichem Tempo dreht und den kulturell-technischen Wandel exponentiell beschleunigt. Die jeweiligen Produkte in Technik, Militär, Wissenschaften, Kultur und Wirtschaft legen Zeugnis von dieser Entwicklung ab. Die zweite Tendenz – sozusagen der Gegenpol – ist die Emotionalisierung vieler Lebensbereiche bis zu den sich ausbreitenden Irrationalismen und der zunehmenden Dogmatisierung. Es mag sich dabei teilweise um eine Gegenreaktion zum Machbarkeits-Primat handeln. Zum andern Teil aber wird diese Tendenz auch gezielt verstärkt und in den Dienst bestimmter Interessen genommen. Beide Elemente, beide Pole sind wohl in geistig-kulturell-technischer Entwicklung seit eh treibende Faktoren gewesen, meist wohl in Form von sich ablösenden Wellenbewegungen. Gegenwärtig, so glaube ich, werden beide Bewegungen gleichzeitig stärker, zum Teil in Form von Aktion und Reaktion, zum Teil aber auch ineinander übergehend und sich gegenseitig verstärkend. Die dritte Tendenz verbindet die beiden ersten Tendenzen und verstärkt sie zugleich. In dem Sinne ist sie nicht ein vermittelndes Drittes oder verbindendes Drittes im Sinne der Synthese. Es handelt sich um die meiner Meinung nach zunehmende Anti-Intellektualität, um eine Anti-Rationalität im Sinne der Gegenaufklärung. Anthropologisch und phylogenetisch gesehen, müssten wir nach dem bisher Gesagten doch meinen, dass eine offene, kritische Vernunft die Verbindungslinie zwischen den genannten Tendenzen sein müsste. Eine kritische Rationalität wäre – gerade auch unter anthropologisch orientierten gesellschaftstheoretischen und -politischen Zukunftsvorstellungen – als integrative Denk- und Geisteshaltung gegenwärtig dringend notwendig (vgl. z. B. die Arbeiten zum kritischen Rationalismus von K. R. Popper und Hans Albert). Eine solche Geisteshaltung müsste sich als grundsätzlich offen verstehen, offen für die Ganzheitlichkeit menschlichen Seins. Für die Erziehung und den Unterricht beinhaltet dies den Auftrag, alle Kräfte des Menschen zu fördern, die geistig-intellektuellen, die emotional-sozialen und die praktischen Fähigkeiten (vgl. z. B.: Lattmann U. P.: Unterrichtsvorbereitung, Hitzkirch 1975 [3]).

158 Dobzhansky Th.: Intelligenz, Vererbung, Umwelt, München 1975, dieses und die folgenden Zitate S. 125 ff.; vgl. dazu auch Schindelwolf O. H.: Phylogenie und Anthropologie aus paläontologischer Sicht. In: Gadamer H.-G., Vogler P. (Hrsg.): Neue Anthropologie (Bd. 1), Biologische Anthropologie, Erster Teil, Stuttgart 1972, S. 230–292, vor allem S. 278 ff.

159 Dobzhansky, ebenda.

160 Teilhard de Chardin P.: Die Schau in die Vergangenheit, Olten 1965, S. 314.

161 ebenda, S. 396.

162 ebenda, S. 313; «Die Zukunft des Menschen» (Olten 1963) enthält Arbeiten von Teilhard de Chardin, in denen er sich, zum Teil in kritischer Auseinandersetzung mit der Gegenwart, mit der Frage der Weiterentwicklung der Menschheit (Noogenese, Ultra-Humanum) befasst. Zu seinem Denken vgl. weiter: Teilhard de Chardin P.: Der Mensch im Kosmos, München 1965; ders.: Die Entstehung des Menschen, München 1961; zur Einführung vgl.: Kopp J. V.: Entstehung und Zukunft des Menschen, Luzern 1967 [7] sowie Hemleben J.: Teilhard de Chardin (rororo-bildmonographie), Hamburg 1977; zur kritischen Auseinandersetzung: Luyten N. A.: Ordo rerum, Fribourg 1969, S. 178–233 sowie ders.: Teilhard de Chardin – Eine neue Wissenschaft? Freiburg 1966.

163 Illies J.: Die Evolution des Lebendigen. In: Kaltenbrunner G.-K. (Hrsg.): Wir sind Evolution. Die kopernikanische Wende der Biologie, Freiburg 1981, S. 29–56, hier S. 53.

164 Hassenstein B.: Verhaltensbiologie des Kindes, München 1973, S. 49; vgl. auch: Schenk-Danzinger L.: Entwicklungspsychologie, Wien 1973[7], S. 31–53; Portmann A., op. cit., S. 89 f.; Wezler K., op. cit., S. 340.

Der Begründer der Individualpsychologie, Alfred Adler, hat in diesem Streben nach Überwindung der Hilflosigkeit das «Grundgesetz des Lebens» gesehen (Adler, Der Sinn des Lebens, Frankfurt 1981, S. 55 ff.) und hat es – zusammen mit dem biologisch-psychischen Korrelat des Minderwerts – zu einem Pfeiler seiner Anthropologie und Psychologie gemacht: «In diesen einfachen Bedingungen, in diesem Streben des Kindes, seinen Schwächezustand zu überwinden, was wieder den Anreiz zur Entfaltung einer Menge von Fähigkeiten abgibt, liegt seine Erziehbarkeit begründet» (Adler, Menschenkenntnis, Frankfurt 1981, S. 43 f.).

So ist die Tatsache, dass der Mensch während seines extrauterinen Frühjahres wesentliche Merkmale lernend erwirbt, nicht nur typisch menschlich (in biologisch-morphologischer und geistiger Hinsicht), sondern darüber hinaus vielfältiges Symbol für die menschliche Lebensweise insgesamt, wie dies z. B. in der Uroboros- und Participation mystique-Thematik in der Jungschen Psychologie deutlich zum Ausdruck kommt (vgl. z. B. Jung C. G. und v. Franz M.-L. u. a.: Der Mensch und seine Symbole, Zürich 1968; Neumann E.: Ursprungsgeschichte des Bewusstseins, Zürich 1949: hier werden die Stadien der Entwicklung der Menschheit (phylogenetisch) und jene der individuellen Persönlichkeitsentwicklung (ontogenetisch) anhand eines reichen Materials aus Mythologien, Sagen, Märchen und Traumbildern dargestellt (vgl. auch Abschnitt 4.2); ders.: Das Kind, Zürich 1963).

165 Thomae H., Lehr U.: Altern, Probleme und Tatsachen, Wiesbaden 1977.

166 Lehr U.: Psychologie des Alterns, Heidelberg 1974[2], S. 87; vgl. auch Abschnitt 2.13.

167 Engelmayer O.: Pädagogische Entwicklungs- und Lebenshilfe, München 1956; vgl. auch: Löwe H.: Einführung in die Lernpsychologie des Erwachsenenalters, Berlin 1980 sowie: Hassenstein B.: Das spezifisch Menschliche nach den Resultaten der Verhaltensforschung. In: Gadamer H.-G., Vogler P. (Hrsg.): Neue Anthropologie, Biologische Anthropologie, Zweiter Teil, Suttgart 1972, vor allem das Kapitel «Lernanreize und Lernfähigkeit», S. 71–77; Skowronek H.: Lernen und Lernfähigkeit, München 1975[6].

168 Lehr U., op. cit., S. 88.

169 Vgl. dazu die Ausführungen über die Sinnverwiesenheit des Menschen in Kapitel 4 und jene über die Persönlichkeitsentwicklung und die Erziehung in Kapitel 5.1 und 5.3.

3. Kulturfähigkeit und Mitmenschlichkeit – Menschliche Gegebenheiten und Forderungen

Kritik ist ein unabdingbares Element der in sich widerspruchsvollen Kultur, bei aller Unwahrheit doch wieder so wahr wie die Kultur unwahr.

Theodor W. Adorno

Betrachtest du den Einzelnen an sich, dann siehst du vom Menschen gleichsam nur so viel, wie wir vom Mond sehen; erst der Mensch mit dem Menschen ist ein rundes Bild. Betrachtest du die Gesamtheit an sich, dann siehst du vom Menschen gleichsam nur so viel wie wir von der Milchstrasse sehen; erst der Mensch mit dem Menschen ist umrissene Form. Betrachte den Menschen mit dem Menschen, und du siehst jeweils die dynamische Zweiheit, die das Menschenwesen ist, zusammen: hier das Gebende und hier das Empfangende, hier die angreifende und hier die abwehrende Kraft, hier die Beschaffenheit des Nachforschens und hier die des Erwiderns, und immer beides in einem, einander ergänzend im wechselseitigen Einsatz, miteinander den Menschen darzeigend. Jetzt kannst du dich zum Einzelnen wenden und du erkennst ihn als den Menschen nach seiner Beziehungsmöglichkeit; du kannst dich zur Gesamtheit wenden und du erkennst sie als den Menschen nach seiner Beziehungsfülle. Wir mögen der Antwort auf die Frage, was der Mensch sei, näher kommen, wenn wir ihn als das Wesen verstehen lernen, in dessen Dialogik, in dessen gegenseitig präsentem Zu-zweien-Sein sich die Begegnung des Einen mit dem Anderen jeweils verwirklicht und erkennt.

Martin Buber

Im vorangegangenen Kapitel fragten wir nach dem Menschen als lebenslang Werdendem und Lernendem in seiner körperlich-geistigen Einheit und Eigenheit. Im weiteren Gedankengang sollen nun einzelne Ausprägungen der Lebensweise des Menschen im Sinne der Gestaltung seines Lebens und der Umwelt behandelt werden. Bei dieser Welt- und Selbstgestaltung handelt der einzelne Mensch nicht als isoliertes Individuum, sondern als Glied einer Gemeinschaft und in einem Sinnbezug. Weil der Mensch unzulänglich und auf andere Menschen angewiesen ist, aber auch weil er ein Wesen mit fast unbeschränkten Möglichkeiten ist, «kann der einzelne unmöglich alle Aufgaben, die zur Lebensführung gehören, im Alleingang erfüllen. Wir sind aufeinander angewiesen.» [1] Die mitmenschliche Dimension erweitert und bereichert so die individuellen Gestaltungsmöglichkeiten, begrenzt sie aber andererseits auch. Auch von einer anderen Seite stösst der gestaltende Mensch an Grenzen. Die Mitmenschen, das heisst die Gemeinschaften in ihren verschiedensten Formen, sind auch «Träger und Verbürger der Konstanten im menschlichen Verhalten», d. h. sie sichern «das Fortbestehen der Gesellschaft als menschliche Gemeinschaft durch verbindliche Normen.» Im Anschluss an die Ausführungen in Kapitel zwei gehen wir davon aus, dass die kulturelle und soziale Formung und Gestaltung des eigenen Lebens und der Umwelt Gegebenheiten des Menschseins und Forderungen an den Menschen und seine Erziehung sind.

3.1 Kulturverständnis und Kulturgestaltung

Wir haben festgestellt, dass der Mensch in eine soziale und kulturelle Umwelt hineingeboren wird, diese aber im Laufe seines Lebens mit- und umgestaltet. Kultur ist demgemäss immer gebunden an den Menschen, sie ist nicht etwas vom Menschen bzw. von bestimmten Menschen Unabhängiges. Dies gilt sowohl für das Hervorbringen, das Gestalten von Kultur, für die Kulturschöpfung, wie für das Verstehen, das Nachvollziehen von einmal geschaffenen kulturellen Leistungen. Von daher gehört das Befähigen zu Kulturverständnis und Kulturschaffen zu den wesentlichen Aufgaben von Erziehung und Bildung.

3.11 Zum Wort und Phänomen

Das Wort Kultur ist in der Umgangssprache so weit verbreitet, dass es einen nicht wundert, dass sein Gebrauch völlig unterschiedlich ist. Auch in wissenschaftlicher Hinsicht ist der Begriff Kultur vielfältig gebraucht, er «schwebt in einer eigentümlichen Unbestimmtheit» (Gadamer).[2]

Etymologisch gesehen stammt das Wort Kultur vom lateinischen «cultura» und bedeutete handwerkliches Bauen, Bearbeitung des Bodens (vgl. agri-cultura, vino-cultura). Schon Cicero sprach von «cultura animi» und meinte damit das Pflegen des Seelenlebens, des Geistes, des geistigen Lebens. Im Laufe des 18. Jahrhunderts erhielt das Wort Kultur eine zunehmende Bedeutung und auch einen pädagogischen Stellenwert als schöpferisches Hervorbringen eines Werkes. So bezeichnete Kultur schliesslich die Welt der Ideen, des Geistes, d.h. die geistigen «Produkte», Objekte in der Kunst, Wissenschaft und in der Lebensgestaltung. Diesen Objekten, diesen objektivierten menschlichen Ideen und Vorstellungen setzte man den schaffenden und erkennenden Geist gegenüber.

Heute beschäftigen sich viele wissenschaftliche (Teil-)Disziplinen mit dem Phänomen Kultur. So werden Begriff und Phänomen etwa in Kulturanthropologie, Kulturphilosophie sowie in Kulturgeschichte, aber auch in Kultursoziologie vielfältig und unterschiedlich ausgelegt. Innerhalb dieser Wissenschaften ist eine Fülle von Erkenntnissen - so vor allem auch in der Ethnologie - erarbeitet worden. Diese Arbeiten haben auch dazu beigetragen, dass einerseits das Verständnis unter den Angehörigen verschiedener Kulturen (Völkerverständigung), andererseits das Verständnis für den kulturellen Wandel, für die Dynamik der eigenen Kultur im Wachsen ist.

Schon früh hat man versucht, die kulturelle Entwicklung der Menschheit in Phasen einzuteilen. So z.B. unterscheidet Richard F. Behrendt im Anschluss an R. Linton drei grosse Kulturphasen der Menschheit, die er anhand dreier Merkmale - Produktionstechniken, Wirtschaftsform, Wirtschaftskreise - miteinander vergleicht:[3]

	Typische Produktionstechnik	Typische Wirtschaftsform	Ausdehnung der Wirtschaftskreise
1.	Entdeckung und Gebrauch von Sprache, Werkzeugen und Feuer.	Sammler- und Jägernomaden.	Minimal-Existenzwirtschaft, praktisch ohne Arbeitsteilung.
2.	Domestizierung von Pflanzen und Tieren; ständige Siedlungen, sogar Städte, ermöglicht durch Produktionsüberschüsse der Landwirtschaft. Erfindung und Gebrauch von Apparaten (Mühlen). Seit etwa 5000 v. Chr.	Viehzucht Landwirtschaft Manufaktur.	Territorialwirtschaft mit Arbeitsteilung innerhalb eines räumlich beschränkten Gebietes, je nach den verfügbaren Transportmitteln.
3.	Exakte wissenschaftliche Methoden. Fortschritt von natürlicher Energie (Mensch, Tier, Wind, Wasser) zu künstlich erzeugter Energie und damit zur Maschine, in wachsender Unabhängigkeit von natürlichem Standort. Entdeckung und künstliche Erfindung neuer Stoffe. Seit etwa 1775 n. Chr.	Industrie Dienstleistungsberufe.	Weltwirtschaft mit sehr intensiver Arbeitsteilung und gegenseitiger Abhängigkeit aller Gebiete, und zwar desto stärker, je entwickelter sie sind («One World»).

Betrachtet man die kulturelle Entwicklung der Menschheit unter dem Gesichtspunkt einer solchen Etappenfolge, dann können wir u. a. folgende Tendenzen in der kulturellen Entwicklung feststellen:

- eine zunehmende und sich differenzierende Beherrschung der natürlichen Umwelt durch den Menschen mit Hilfe der von ihm geschaffenen technischen Mittel,
- eine zunehmende und sich differenzierende Arbeitsteilung,
- eine Ausdehnung der wirtschaftlichen, kulturell-gesellschaftlichen Beziehungen bei gleichzeitiger Steigerung gegenseitiger Verflochtenheiten und Abhängigkeiten,
- eine zunehmend kürzere Dauer der grossen Phasen. Das heisst: die einschneidenden Änderungen, Revolutionen erfolgen in kürzeren Zeitabschnitten. Dies wird besonders deutlich, wenn wir z. B. in der vorangehenden Darstellung als 4. Phase unsere Zeit als Beginn einer neuen

Phase, einer neuen Revolution, nämlich jene der Massenmedien, des individuellen Verkehrs sowie der Mikrotechnik (Mikroelektronik und Mikrobiologie) hinzufügen.

Eine solche Betrachtung der kulturellen Entwicklung hat den Nachteil, dass die ungeheure Dynamik der kulturellen Entwicklung innerhalb einer Kulturphase, wie wir sie vor allem in der Gegenwart erleben, nicht sichtbar wird. Ja, die einzelne Phase erscheint fast als etwas Starres. Auch verleitet eine solche Darstellung zur Annahme, die (kulturelle) Entwicklung der Menschheit würde - menschheitsgeschichtlich gesehen - in einem geradlinigen Prozess verlaufen, was aber eine völlig falsche Vorstellung wäre. Dies wird deutlich bei neueren Untersuchungen über die Entstehung und den Wandel einzelner Kulturkreise. So hat etwa Norbert Elias in seinem Werk «Über den Prozess der Zivilisation»[4] den Wandel der abendländischen Gesellschaft aufgezeigt, indem er von einem Gesamtverständnis der menschlichen Gesellschaft ausgeht, also kulturelle, psychologische, soziologische Gesichtspunkte anwendet.

Im Anschluss an die evolutionäre Betrachtung der Kulturentwicklung in Kapitel zwei stellt sich auch die Frage nach dem Auf und Ab der Kulturen, nach der «ewigen Wiederkehr» gleicher oder ähnlicher Strukturen, kurz: die Frage nach einem Rhythmus oder gar nach Gesetzmässigkeiten im Werden und Vergehen der Kultur. Die so gestellte Frage ist wahrscheinlich unbeantwortbar. Neben der oben erwähnten Erklärung von N. Elias kann Arnold Toynbee genannt werden, der in seinem Grundlagenwerk «Studie zur Weltgeschichte»[5] einen Beitrag zur Klärung dieser Frage lieferte. Während Oswald Spengler in «Der Untergang des Abendlandes»[6] ein Modell des Zwangsläufigen, fast mechanisch verlaufenden Auf und Ab (Entstehung - Entfaltung - Untergang) der Kulturen in einer Art sich wiederholender Wellenbewegungen entwickelte, geht Toynbee von einem dynamischen Ansatz aus, um den Rhythmus von Ursprung, Wachstum, Höhepunkt, Stillstand und Zerfall der Kulturen zu erklären. Toynbee legt dem Werden und Vergehen der Kulturen ein Prinzip zugrunde, das er «Das Prinzip von Herausforderung und Antwort» (Challenge and response) nennt.[7] Toynbee meint mit Antwort die Reaktion der Menschen einer bestimmten Kulturepoche oder einer bestimmten gesellschaftlichen Gruppe auf Herausforderungen jeglicher Art, «in jeder Richtung die Skala hinauf und hinab, ob es sich um die Herausforderung leerer Bäuche, die nach Brot hungern, oder hungriger Seelen, die nach Gott dürsten, handelt.» Mit anderen Worten, solche Herausforderungen können von innen oder aussen kommen, neue (geistige, technische) Ideen und Möglichkeiten sein (z. B. gegenwärtig Mikrotechnologie), Katastrophen, Kriege usw. So entstehen neue Kulturen nach Toynbee sozusagen als «kreative Antwort» auf die Zeitsituation. Der Aufstieg und Zusammenbruch einer Kultur hängt demgemäss nach Toynbee u. a. damit zusammen, dass eine Kultur, eine Epoche die Kraft zu dieser «kreativen Antwort» nicht mehr aufbringt, an Flexibilität verliert und dann erstarrt.

Neben der Frage nach der Entstehung der Kultur bzw. der Kulturen und ihrer Entwicklungen im Rahmen kulturanthropologischer Untersuchungen kann die Gegenüberstellung von «Kultur» und «Zivilisation» helfen, Phänomen und Begriff von Kultur zu klären. In dieser Gegenüberstellung erhält dann Kultur die Bedeutung der «geistigen Kultur» (z. B. Kunst, Wissenschaft, Religion usw.), während Zivilisation auf das Nützliche, Zweckmässige, technisch Machbare verweist. Kultur enthält dann die überindividuell und jederzeit gültigen Wertvorstellungen. Damit wird die Dimension der Kulturwerte immer mehr zu einer Eigenwelt, losgelöst von den Menschen, die sie erzeugt, geschaffen haben. Gerade dieses Verständnis von Kultur war und ist oft bestimmend für die Werte und Inhalte der Bildung, und diese prägten und prägen die Ideale und Normen für das Leben. Anstelle der Wechselwirkung zwischen Mensch und Kulturwelt trat ein über dem Leben schwebendes Reich der Kultur mit absolut normierendem Anspruch. Die Aufgabe der – höheren – Bildung wurde oft vorwiegend darin gesehen, das Individuum diesem Reich zu erschliessen bzw. dieses Reich dem Individuum zu erschliessen. Die Linien einer solchen Bildungsvorstellung lassen sich bis in die Antike zurückverfolgen. In der neueren Zeit wurde dieses Bildungsideal im Neuhumanismus erneut verankert. Die geisteswissenschaftlich orientierte Pädagogik knüpfte in der ersten Hälfte unseres Jahrhunderts an diesen Grundgedanken an und prägte mit ihrer Bildungstheorie Erziehung und Bildung bis in unsere Zeit. An einem Vertreter der Kulturpädagogik, am Philosophen und Pädagogen Eduard Spranger, soll dies im folgenden Exkurs aufgezeigt werden.

3.12 Exkurs: Von der Kulturpädagogik zur kritischen Pädagogik

Die Hinordnung der Bildung – vor allem der höheren Bildung – auf die überindividuell gültigen Kulturwerte hat nicht nur die gymnasiale – sogenannte humanistische Bildung – bestimmt.[8] Vielmehr wurde diese Auffassung in der Zeit nach Humboldt schlechthin zum Ideal bürgerlicher Bildung und Bildungspolitik.

Die Grundlagen der Kulturpädagogik

Kultur und Bildung stehen denn auch als zwei zentrale Begriffe am Anfang der Pädagogik als eigenständige Wissenschaft zur Zeit Wilhelm Diltheys (1833–1911). Der Philosoph und Theologe Wilhelm Dilthey hat mit seinem Verständnis von Leben, Mensch und Kultur die Pädagogik als Wissenschaft und die Praxis der Bildung bis in unsere Zeit wesentlich mitgeprägt.[9] Für Dilthey ist das Wesen des Menschen grundsätzlich nur auf dem Wege über das Verstehen seiner Objektivationen, d. h. seiner kulturellen, seiner geistigen Schöpfungen möglich.[10] Diese sind auch die wesentlichen Lebensäusserungen des Menschen und der Menschheit. Sie begegnen dem einzelnen Menschen in den verschiedenen Kulturgütern und -systemen. Dilthey beschreibt die Beziehungen von Kultur, Individuum und Wissenschaft folgendermassen:

«... Wie die Systeme der Kultur: Wirtschaft, Recht, Religion, Kunst und Wissenschaft, wie die äussere Organisation der Gesellschaft in den Verbänden der Familie, der Gemeinden, der Kirche, des Staates aus dem lebendigen Zusammenhang der Menschenseele hervorgegangen sind, so können sie schliesslich auch nur aus diesem verstanden werden. Psychische Tatsachen bilden ihren wichtigsten Bestandteil, ohne psychische Analyse können sie also nicht eingesehen werden. Sie enthalten Zusammenhang in sich, weil Seelenleben ein Zusammenhang ist. So bedingt das Verständnis dieses inneren Zusammenhangs in uns überall ihre Erkenntnis. Sie konnten als eine übergreifende Macht über den einzelnen nur entstehen, weil Gleichförmigkeit und Regelmässigkeit im Seelenleben besteht und eine gleiche Ordnung für die vielen Lebenseinheiten ermöglicht.

Und wie die Entwicklung der einzelnen Geisteswissenschaften an die Ausbildung der Psychologie gebunden ist, so kann auch die Verbindung derselben zu einem Ganzen ohne Verständnis des seelischen Zusammenhangs, in welchem sie verbunden sind, nicht herbeigeführt werden. Ohne die Beziehungen auf den psychischen Zusammenhang, in welchem ihre Verhältnisse gegründet sind, sind die Geisteswissenschaften ein Aggregat, ein Bündel, aber kein System.»[11]

Bei diesen Kultursystemen handelt es sich also um die geistigen Schöpfungen innerhalb eines bestimmten Bereiches. Die Inhalte dieser Kultursysteme sind die geistigen «Objektivationen», also Schöpfungen des menschlichen Geistes. Die Aufgabe der Bildung besteht nun darin, dem einzelnen Menschen zu helfen, diese Schöpfungen verstehen zu lernen.

Eduard Sprangers Kultur- und Bildungstheorie

Eduard Spranger (1882–1963), ein Schüler von Wilhelm Dilthey, hat auf diesem Grundgedanken aufbauend eine umfassende Bildungstheorie entwickelt. [12] Spranger kann als einer der bedeutendsten und einflussreichsten Vertreter der Kulturpädagogik und Kulturanthropologie bezeichnet werden. Seine Bildungstheorie kann uns helfen, den Zusammenhang von Kultur und Bildung besser zu verstehen. Die Grundgedanken können wie folgt zusammengefasst werden. [13]

Die Beziehung des Individuums zu den objektiven Mächten

Spranger geht davon aus, dass der einzelne Mensch als Individuum und als Subjekt den Kultur-Schöpfungen, den Objekten unserer Kultur gegenübersteht. Die Heranbildung des einzelnen Menschen ereignet sich in Auseinandersetzung des Subjekts mit diesen Objekten der Kultur. Sehr schön beschreibt Spranger diese Beziehung in seiner 1916/17 erschienenen Abhandlung über «Das Problem der Bildsamkeit»: «Die Faktoren des Bildungsprozesses ordnen sich also in eine subjektive und in eine objektive Reihe: Hier ein sich im wesentlichen von innen heraus entwickelndes Wesen individueller Art, dort objektive Kulturgüter, deren Sinn und Leben in das Subjekt hineingebildet werden sollen; hier ein Gesetz des Subjektes, dort ein Gesetz der Objektwelt.» [14] Was meint Spranger mit dieser Objektwelt? In seinem grundlegenden Werk von 1914 (zweite, erweiterte Auflage 1921) «Lebensformen» entwickelt er im ersten Teil den Grundgedanken, dass das Individuum in einer vielfältigen, lebendigen Beziehung zu den objektiven Gegebenheiten stehe. Dabei versteht Spranger «‹objektiv› zunächst nur als das vom einzelnen Unabhängige, ihm Gegenüberstehende, auf das Ich Wirkende». [15] In diese Welt der Objekte gehören Ausschnitte sinnlicher Gegebenheiten, die Natur wie auch die Kultur, die geistigen Objektivitäten, wie etwa Werkzeuge, Sprache, Schrift, Kunstwerke, Riten usw. So kann man also diese Objektwelt gliedern in einzelne (Kultur)-gebiete: Kunst, Religion, Wissenschaft, Wirtschaft, Gesellschaft, Technik, Recht, Erziehung usw. Die einzelnen Objekte innerhalb dieser Gebiete (z. B. ein Gedicht, ein Gesetz usw.) sind einmal von einem Individuum, einem individuellen Geist hervorgebracht, geschaffen worden. Nachdem sie dann Gestalt angenommen haben, haben sie sich vom Schöpfer gelöst, verselbständigt und stehen nun sozusagen als objektive Gebilde über die Zeiten hinweg den Individuen zur Verfügung.

Kulturinhalt und Bildungswert

Der individuelle, subjektive Geist steht nun dem objektiven Geist gegenüber. Die einzelnen Kulturgüter, also z. B. ein Gedicht, ein Bauwerk, ein religiöses Ritual, ein Gesetz enthalten Sinn, Werte und Normen, die ein Einzelmensch kraft seiner Geistigkeit erkennen und verstehen kann. Die Werte, die in den einzelnen Kulturgütern enthalten sind, müssen in Verstehens- und Erlebnisakten des Individuums aktualisiert werden. Diese Werte enthalten ein «Sollen» für den einzelnen Menschen. Oft sind es überzeitliche, «allgemeingültige Werte». Sie enthalten etwas für den einzelnen Verpflichtendes, Normierendes, so dass das Leben des einzelnen von solchen allgemeingültigen Werten überhöht und geleitet wird. Solche Wertkategorien sind z. B. das Heilige, das Gute, das Wahre, das Schöne, das Gerechte. [16] In ihnen und aus ihnen spricht der «normative Geist» einer Zeit, einer Kultur. Die Kulturinhalte (der objektive Geist) sind - so könnte man vereinfachend und zusammenfassend sagen - für den einzelnen Menschen (den subjektiven Geist) deswegen ein unverzichtbares Bildungsgut, weil sie überindividuelle Werte und Normen (normativer Geist) enthalten. Hier liegt im übrigen einer der kritischen Ansatzpunkte der Pädagogik Sprangers wie der Kulturpädagogik allgemein. [17]

Die Bildsamkeit und die Aufgabe der Erziehung

Nach Spranger sollen im Bildungsprozess die Werte und der Sinn der objektiven Kulturgüter in das Subjekt hineingebildet werden. Dies setzt voraus, dass der einzelne Mensch bildungsfähig und bildungswillig, eben bildsam ist. Bildsam im Sprangerschen Sinne bedeutet, seine inneren Kräfte in der Auseinandersetzung mit den Kulturgütern, den objektiven Gegebenheiten und den in ihnen enthaltenen Werten und Normen zu bilden. Entsprechend ist die Bildsamkeit durch zwei Kräfte, zwei sogenannte Strukturfelder, bestimmt.

Auf der einen Seite steht die Objektwelt. Diese hat ihre eigene Gesetzmässigkeit, ihre eigene Struktur. Auf der andern Seite steht das Subjekt, das ebenfalls durch seine eigenen Entwicklungsgesetze bestimmt wird. Die Aufgabe der Erziehung besteht darin, dem einzelnen Menschen zu helfen, den Zugang zu diesen Werten zu finden, ihm diese Objektwelt zu eröffnen, ihn für diese Werte aufzuschliessen, ihn zu befähigen, in eine lebendige Beziehung und in eine Auseinandersetzung mit den Kulturgütern zu treten: «Die Hilfe zu dieser ‹Wiederbelebung›, zum Aktualisieren der konstituierenden, kulturschaffenden Akte heisst Erziehung.» Dabei handelt es sich wirklich um eine Hilfe. Denn die Erziehung kann dieses In-Beziehung-Treten nur indirekt beeinflussen, sozusagen als «Geburtshilfe», indem sie «die geeigneten psychischen Dispositionen schafft, aus denen der Akt nachher von selbst hervorspringt».[18] Die Erzieher, die dazu berufen sind, diese Geburtshilfe zu leisten, nehmen in diesem Geschehen sozusagen eine Mittler-Stellung ein zwischen der Objektwelt und dem Subjekt. Der Erzieher muss mit andern Worten im Kind das Interesse, die Liebe zu dieser Objektwelt, zu diesen Werten in den Kulturgütern, erwecken. Das Individuum für die kulturellen Werte zu erschliessen bzw. die «Weitergabe des Kulturbesitzes von der elterlichen Generation an die Nachkommen» ist aber keineswegs letztes Ziel der Erweckung der Bildsamkeit. In seiner Tübinger Vorlesung über die «Philosophische Grundlegung der Pädagogik» sagt Spranger (1948), dies sei nur eine erste Stufe, eine Vorstufe: «Erziehung muss überliefern, aber sie will mehr: Die Entbindung sinngebender Akte. Denn darauf beruht der Geist. Aller tradierte Stoff ist nur eine Gegebenheit zu dieser tiefergreifenden Wirkung.»[19] Im Bildungsvorgang soll «das Ich seiner Kraft und seines aufbauenden Schaffens bewusst» werden. «Bildsamkeit und Selbsttätigkeit stehen daher nicht im Gegensatz zueinander, vielmehr ist alles Bilden ein Freimachen der Selbsttätigkeit, Herauslösung entscheidender Leistungen in ihrer elementaren spezifischen Gestalt.»[20]

Für Spranger wird der Mensch dann bildsam, «wenn in ihm die Liebe geweckt wird zur inneren Erzeugung der objektiven Kulturgüter». Damit ist ein weiteres wichtiges Element des erzieherischen Geschehens angesprochen: Die Liebe. Die Liebe ist für Spranger Voraussetzung und Grundlage der Erziehung.

Denn der Erzieher kann die Liebe zu den Kulturgütern nur wecken, wenn er selbst diese Liebe besitzt, wenn er sich selbst bestimmen lässt durch diese Werte, wenn er sich selbst um den individuellen Zugang zu diesen Werten bemüht. Zu dieser Liebe zu den objektiven Werten muss nun aber beim Erzieher noch die Liebe zum Kind kommen. So wird die Liebe als Eros zum Menschen und zum objektiven Wert zum Angelpunkt des erzieherischen, bildnerischen Geschehens. Auf der Seite des zu Erziehenden bedeutet das, dass zusätzlich zur Bereitschaft zur Bildsamkeit, zur Bereitschaft zum Aufnehmen das Handeln kommen muss, die willentliche Übung und Gewöhnung: «In diesen wiederholten Betätigungen formt sich der subjektive Geist.»

Spranger hat 1948 seine Vorstellungen über den Bildungsprozess so zusammengefasst:

«Erziehung ist diejenige bewusste Kulturtätigkeit, die Entwicklungshilfe mit dem Ziel leistet, dass der Mensch den Sinn und den sittlichen Gehalt einer ihm erreichbaren Kulturwelt aus eigener echter Gesinnungskraft erfasse, bewerte und gestalte. Sie wird sich dabei ihrer Grenzen bewusst sein: Nämlich nur einen Prozess einzuleiten, der erst in der Weckung des Selbsterziehungswillens seine Krönung findet.» [21]

Wie die Kultur- und Wertpädagogik beinhaltete auch die vorherrschende philosophische Grundströmung gegen Ende des letzten Jahrhunderts und zu Beginn unseres Jahrhunderts einen starken idealisierten und idealisierenden Akzent. Durch ihre starke Orientierung an einem - zum Teil für sich selbst und «ewig» und absolut existierenden - Reich der Werte, enthält die Kulturphilosophie dieser Zeit «ein einziges kulturelles Gebot: die ständige Vergeistigung des Verhaltens, d. h. die Überwindung der Subjektivität, welche sich dem Bestreben der Seele, das Dasein gemäss dem objektiven Sinn zu gestalten, widersetzt. Kultur ist die Anstrengung zur Lösung dieser Aufgabe». [22]

Fast notwendigerweise führt eine solche kulturphilosophische Haltung zur Bildungstheorie im skizzierten Sinne. Dies wird z. B. beim schon erwähnten Philosophen und Pädagogen Paul Häberlin deutlich. Häberlin versteht Kultur als «Pflege», und zwar als

«Pflege des Geistes oder der geistigen Möglichkeit. So nur ist Kultur sinnvoll, dem Sinn des Daseins entsprechend. Sie ist nichts anderes als ‹Übung des Geistes› in der Erfüllung dieses Sinnes.

Daher ist Kultur innere, persönliche Angelegenheit jedes einzelnen Menschen. Sie ist gleichbedeutend mit wahrer, d. h. geistiger Bildung. Bildung heisst Gestaltung des Menschen zur sinnvollen (dem Sinn des Daseins entsprechenden) Menschengestalt. - Kultur, und damit wahre Bildung, ist Sache jedes Menschen, weil sie Sache des Menschen ist. Eben dadurch ist sie gemeinsame Aufgabe der Menschheit. Soweit es Menschen gibt, soweit reicht die Aufgabe der Kultur, und solange es Menschen gibt, solange besteht sie.

(...) Kultur ist ihrem Wesen nach nicht ein fester ‹Besitz›, sondern immer Übung, Pflege des Geistes und daher Kampf gegen den Ungeist, der immer droht. Genau so, wie eben die Aufgabe des Menschen immer Aufgabe ist. Der Sinn des Daseins kann nicht ein für allemal erfüllt sein, - das Dasein geht weiter, sein Sinn muss ständig erfüllt werden. So ist Kultur nur dort, wo sie lebt. Auch sie, wie das Leben überhaupt, schreitet von Zustand zu Zustand; das heisst: der Mensch schreitet aus einer Phase relativer Geistigkeit je in eine neue Phase. Dieser Prozess kann Fortschritt, er kann aber auch Rückschritt bedeuten.» [23]

Die Weiterentwicklung

Die Vorherrschaft dieser geisteswissenschaftlich orientierten Kultur- und Bildungsphilosophie wurde – nach einem kurzen und intensiven Wiederaufblühen nach dem Zweiten Weltkrieg – seit den fünfziger Jahren durch neuere Strömungen zurückgedrängt. Vorbereitet wurde der Schwund an Aussage- und Überzeugungskraft durch verschiedene Faktoren, wie z. B. die Auswirkungen der Industrialisierung, Verstädterung und der zunehmenden Technisierung des Lebens, der Differenzierung und Aufsplitterung der Wissenschaften, der kultur- und ideologiekritischen Komponente in den Sozial-, Geistes- und Humanwissenschaften, der Erfahrungen durch die beiden Weltkriege usw. In prophetischer Genialität hat Friedrich Nietzsche diesen Wandlungsprozess geahnt. [24]

Ich habe in Anmerkung 25 versucht, die Wandlung des Wert- und Kulturverständnisses in unserem Jahrhundert anhand einiger Repräsentanten zu skizzieren. Zusammenfassend kann man sagen, dass sich die Entwicklung des Wert- und Kulturverständnisses in unserem Jahrhundert in einem immer dichter und komplexer werdenden Netz von geistigen Strömungen vollzog und vollzieht. Neben dem Weiterbestehen und dem sich weiter differenzierenden Verständnis von Wert und Kultur im traditionellen Sinne sind in unserem Zusammenhang drei Schwerpunkte von Bedeutung: Die vor allem mit Max Weber sich entwickelnde empirisch-positivistische Auswirkung der Sozialwissenschaften und ihr Einfluss auf das Kulturverständnis, die kultur- und gesellschaftskritisch orientierte Sozialphilosophie der Frankfurter Schule und schliesslich der von manchem als Alternative zwischen diesen beiden bezeichnete kritische Rationalismus im Sinne von Karl Popper und von Hans Albert.

Die verschiedenen Strömungen führten zu einer Situation, in der es fast unmöglich geworden ist, von einem allgemeinen Kulturbegriff zu sprechen. Gehlen versuchte 1961 die Situation mit dem Begriff der «Welt-Industrie-Kultur» zu charakterisieren und bezeichnete damit eine «landschaftslose Kultur». [26] Wir können die Situation positiv als pluralistische, negativ als ein seelenloses und weitgehend ahistorisches Kulturverständnis bezeichnen. So spricht man denn von der heutigen Zeit oft auch von einer Zeit der Kulturkrise, vom Zerfall der Kultur.

In philosophischer Hinsicht fragt man sich sogar, ob «in der technischen Zivilisation der ‹one world› Kultur im überkommenen Sinn noch möglich ist, ob Kultur nicht zu den historisch vergangenen Phänomenen zu zählen ist». [27] Zu einer Relativierung eigener Kultur, damit zu einem differenzierten Kulturverständnis und gleichzeitig zu einer gewissen Ratlosigkeit führten auch die umfassenden kulturphilosophischen und kulturvergleichenden Studien.[28] Solche Untersuchungen und Detailerkenntnisse aus kulturvergleichenden Studien erschütterten vor allem jene Grundlagen des Kulturverständnisses, das - wie oben geschildert - in den Kulturinhalten das ewig und allgemeinverbindliche und gültige Reich der Werte und Normen enthalten sah. Eine solche Sichtweise ist nach dem heutigen Erkenntnisstand wissenschaftlich kaum mehr haltbar. Andererseits sind allgemein akzeptierte Alternativen nicht greifbar. Sicher ist nur, dass wir seit einiger Zeit an einer «neuen Kultur-Schwelle» stehen,[29] für die tatsächlich und vor allem hinsichtlich des weiteren Verlaufs ein hohes Mass an «Unbestimmtheit» geradezu charakteristisch ist.

Aus einer vergleichbaren «Unbestimmtheit» heraus entwickelten sich auch innerhalb der Pädagogik in methodischer und inhaltlicher Hinsicht vor allem seit dem Zweiten Weltkrieg verschiedene Richtungen. Diese neueren Richtungen gewannen ihr Selbstverständnis und Profil oft in Auseinandersetzung mit oder in Abhebung vom geisteswissenschaftlich orientierten Kultur- und Bildungsverständnis.[30] Und gerade über das jeweilige Verständnis von Kultur und Bildung wirkten diese erziehungswissenschaftlichen Grundströmungen auch auf das Unterrichtsverständnis und damit auf die Didaktik. Während die geisteswissenschaftliche Didaktik noch um eine Klärung einiger ihrer zentralen Begriffe wie z. B. jenen des «Exemplarischen» rang, wurde sie von der eher erfahrungswissenschaftlich orientierten Curriculum-Forschung (Lehrplanforschung) bedrängt und schliesslich von dieser und anderen Richtungen (z. B. kommunikative Didaktik) verdrängt. Lange war der traditionelle Kultur- und Wertbegriff geradezu wegleitend für das Bildungsverständnis und damit für die Inhalte des Unterrichts. Die neue Zeitsituation[31] forderte aber neue Orientierungsgesichtspunkte, neue «Kriterien für die Auswahl von Bildungsinhalten»[32]. Die Neuorientierung wurde zusätzlich verstärkt durch den pragmatischen, auf das praktische Leben ausgerichteten Grundzug im Zeitgeist, der lebensnahe Unterrichtsinhalte forderte, Inhalte, die auf die Bedürfnisse der Zeit und der Industriegesellschaft ausgerichtet sind.

3.13 Das appellative Kulturverständnis

In der Gegenwart bahnt sich eine neue Akzentsetzung im Kultur- und Bildungsverständnis an. Sie kann stichwortartig als Neubesinnung auf soziale und vor allem emotionale Werte, auch als Rückbesinnung auf die

Bedeutung traditioneller Werte für Erziehung und Unterricht charakterisiert werden. Diese Bewegung ist als Gegenbewegung zur technisch-rationalen Akzentuierung in den vorangegangenen Jahrzehnten zu verstehen. Aus - geschichtlichen und aktuellen - Erfahrungen und aus grundsätzlich theoretischen Überlegungen wissen wir aber auch, wie Wert- und Sinnempfänglichkeit, unkritische Bejahung von Wert- und Sinnvorgaben missbraucht werden können. Von daher beinhaltet eine kritische (im ursprünglichen Sinne des Wortes von krinein [κρίνειν, gr.] = unterscheiden, beurteilen) Wert- und Sinnbejahung und eine entsprechende Erziehung immer auch ein Spannungsmoment zur Tradition, zur Kultur, zur sogenannten Realität, wie sie ist im Vergleich zu ihr, wie sie sein sollte und sein könnte.

Nach all dem Gesagten stellt sich die Frage, ob es nicht sinnlos und widersprüchlich sei, angesichts dieser Situation vom Menschen als einem Kulturwesen und von der Erziehung zur Kulturfähigkeit zu sprechen. Die so gestellte Frage ist nicht sehr fruchtbar. Wir haben in Kapitel zwei gesehen, dass die Lebensweise des Menschen nur als eine in sozialen und kulturellen Beziehungen sich entwickelnde denkbar ist, und dass schon die biologischen Eigenheiten menschlicher Entwicklung auf die ihm eigene Lebensweise verweisen. Es könnte sich also nur darum handeln, den Begriff Kultur durch einen anderen zu ersetzen. Dadurch wäre wohl wenig gewonnen. Zudem ist der Begriff «Kultur» in der Umgangssprache stark verwurzelt, so dass es für den Pädagogen angezeigt ist, sich mit Phänomen und Begriff auseinanderzusetzen und zur Klärung beizutragen. Und Bildung heisst - in einem zu bestimmenden Sinne - immer auch Kulturbildung, d. h.: Befähigung zum Verständnis, zur Auseinandersetzung und Weiterentwicklung kultureller Gegebenheiten.

Lernen, sich in der Welt zurechtzufinden, an ihr teilzuhaben, bedeutet somit auch - und zwar zu einem grossen Teil - sich mit den Schöpfungen und ihrer Werthaltigkeit kritisch-argumentativ auseinanderzusetzen. Alle diese Elemente weisen darauf hin, dass es notwendig ist, aus einer umfassenden anthropologischen Sicht heraus ein für die Erziehungs- und Bildungsarbeit fruchtbares Verständnis von Kultur und Bildung zu entwikkeln. Ein solches Kulturverständnis kann gemäss dem bisher Gesagten und der anthropologischen Grundhaltung in dieser Arbeit kein statisches und somit kein dogmatisch-normatives sein.

Die menschheitsgeschichtliche Betrachtung der Kultur und die vergleichende Kulturanthropologie machen uns das vielfältige Zusammenwirken verschiedener Faktoren in der kulturellen Evolution deutlich. Einer solchen Betrachtung kann dann in formaler Hinsicht vor allem eine beschreibende Definition von Kultur gerecht werden. So kann etwa mit K. Narr «unter Kultur (...) im weiteren Sinne alles, was der Mensch in Betätigung seiner geistigen Kräfte dauerhaft aus der Natur gemacht und ihr hinzugefügt hat, sei es in der äusseren Lebensführung, den gesellschaftlichen Einrichtungen und Bräuchen, sei es in den in einem engeren Sinne geistigen Schöpfungen»[33] verstanden werden.

Verständnis von und Teilnahme an den kulturellen Prozessen bedeutet dann für den Menschen eine Herausforderung. Kulturverstehen und Kulturschöpfung werden dann etwas dem Menschen Auf-Gegebenes, Teil seiner Selbst- und Wirklichkeitsgestaltung. Kulturverstehen und Kulturschaffen sind dann steter Appell an den Menschen. Ein solches appellatives Kulturverständnis muss sich in dreifacher Hinsicht als offen und kritisch erweisen: Gegenüber der Vergangenheit, der Tradition, gegenüber der Gegenwart und gegenüber der Zukunft, dem Neuen und Schöpferischen. Appellatives Kulturverständnis in diesem Sinne meint dann weder ein kritikloses Bejahen noch ein hochmütiges und ignorantes Über-Bord-Werfen kultureller und traditioneller Werte, sondern stete Bereitschaft zu offener und kritischer Auseinandersetzung. Gerade in einem Zeitalter zunehmender Ideologiebildungen wird ein solches Kulturverständnis immer notwendiger. Jaspers hat das Denken in Ideologien neben der Simplifikation und der Negation als Merkmal unserer Zeit bezeichnet.[34] Es besteht die Gefahr, dass anstelle ernsthafter kultureller Auseinandersetzung Ideologiebildungen treten, denn «in der Hoffnungslosigkeit entsteht das Bedürfnis nach Illusion, in der Öde des persönlichen Daseins das Bedürfnis nach Sensation, in der Ohnmacht das Bedürfnis nach Vergewaltigung noch Ohnmächtigerer».[35] Jaspers meint, es sei «für den Gang der Dinge wesentlich, ob der Einzelne es aushält, in der Schwebe zu bleiben, oder ob er sich flüchtet in Gewissheiten».[36] Erziehung und Bildung haben ihren Beitrag zu leisten, damit der Mensch sich in offener, kritischer und schöpferischer Weise mit der Kultur auseinandersetzen kann. Diese Auseinandersetzung muss sich in mitmenschlicher Gemeinschaft vollziehen, wie wir in Abschnitt 3.3 sehen werden.

3.2 Gemeinschaftsfähigkeit und Mitmenschlichkeit

Die Betrachtung der Entwicklung des Individuums wie auch der Menschheit hat uns verschiedentlich auf die soziale Dimension des Menschseins verwiesen. Und gerade die Gegenwart offenbart uns mit aller Deutlichkeit, dass die Menschheit als ein Ganzes zu verstehen ist und diese ganze Menschheit wiederum in ein grösseres Ganzes eingebettet ist, in Natur, Kultur und Kosmos mit ihrer jeweiligen Vergangenheit, Gegenwart und Zukunft. Die Fähigkeit zur Gemeinschaft und Mitmenschlichkeit und die Verantwortung für Gemeinschaft und Mitmenschlichkeit kommt in der Charakterisierung des Menschen als soziales Wesen zum Ausdruck. Dabei ist auch der Gebrauch des Wortes sozial vielfältig. Henecka weist auf mindestens vier Bedeutungs- und Verwendungszusammenhänge von «sozial» hin: Sozial im Sinne einer ethisch-moralischen Haltung, sozial im öffentlich-politischen Sinne, sozial in einem politischen Sinne in der Form des sozialistischen Programms und schliesslich sozial in der «wissenschaftlichen (soziologischen) Verwendung» etwa im Sinne «von ‹dem Gemeinwohl, der Allgemeinheit dienend, die menschlichen Beziehungen in der Gemeinschaft regelnd und fördernd und den (wirtschaftlich) Schwächeren schützend›».[37] Vorwiegend in diesem letzteren Sinne wird sozial hier verstanden, wenn wir vom Menschen als sozialem Wesen sprechen.

Die soziale, auf die Gemeinschaft und Mitmenschlichkeit bezogene Dimension des Menschseins ist Gegenstand und Thema zahlreicher Wissenschaften und fachlicher Auseinandersetzungen. Ich will in den folgenden Abschnitten versuchen, diese Dimension von verschiedenen Gesichtspunkten aus anzuleuchten.

Der Mensch – das gemeinschaftbildende Wesen

Schon Aristoteles hat den sozialen Dimensionen im Leben des Menschen eine fundamentale Bedeutung beigemessen. In seinen philosophisch-politischen Schriften sagte Aristoteles verschiedentlich, der Mensch sei von Natur aus ein Wesen der Gemeinschaft (homo politicus, geselliges Wesen). Weil der Mensch von Natur aus ein «staatbildendes Wesen» ist, «streben die Menschen, auch wenn sie keiner gegenseitigen Hilfe bedürfen, nach Lebensgemeinschaft; aber freilich führt sie auch der gemeinsame Nutzen zusammen, insofern dies für einen jeden zur Verschönerung des Lebens beiträgt».[38] Und in seinem politischen Hauptwerk, «Politik», schreibt Aristoteles im Abschnitt über «Das Wesen der staatlichen Gemeinschaft»:

«Was nämlich jedes Wesen nach Vollendung seines Werdeprozesses ist, das nennen wir seine Natur. (...) Daraus erhellt, dass der Staat von Natur und der Mensch von Natur ein staatsbildendes Wesen ist. (...) Dass aber der Mensch als ein staatsbildendes Wesen höher steht als jede Biene und jedes Herdentier, ist klar. (...) Denn das ist die Eigentümlichkeit des Menschen im Verhältnis zu den Tieren, dass er allein ein Gefühl für den Unterschied von Gut und Böse, von Recht und Unrecht hat. Das gemeinsame Bewusstsein davon aber schafft erst Haus und Staat. So ist denn der Staat von Natur früher als das Haus und jeder einzelne von uns. Denn das Ganze muss früher sein als der Teil. (...) Wer aber nicht in Gemeinschaft leben kann oder, weil er sich selbst genügt, einer solchen nicht bedarf, der ist folglich entweder ein Tier oder ein Gott. Der Trieb zu einer solchen Gemeinschaft liegt also von Natur in allen Menschen.» [39]

Und im Zusammenhang mit der Klärung der Frage des höchsten Gutes des Menschen, der Glückseligkeit, sagt Aristoteles in seiner «Nikomachischen Ethik»: «(...) Denn das vollkommen Gute muss offenbar sich selbst genügen. Als sich selbst genügend bezeichnen wir nicht nur das Leben eines Individuums, das für sich lebt, sondern das es auch für seine Eltern und Kinder, seine Frau und seine Freunde und Mitbürger tut. Denn der Mensch ist von Natur ein gemeinschaftbildendes Wesen.» [40]

In diesen Textausschnitten von Aristoteles kommt die Fähigkeit, ja die Notwendigkeit des Menschen zur Gemeinschaft, zur Gemeinschaftsbildung und die vielfältigen Aspekte des Gemeinschaftslebens – mitmenschlicher Bezug, Familie, Staat usw. – sehr schön zum Ausdruck.

Im Laufe unserer abendländischen Geschichte – und natürlich auch in jener anderer Kulturkreise – finden wir die verschiedensten Aussagen über das Verhältnis des Individuums zur Gemeinschaft, von der sozialen Antithese, wonach der «Mensch dem Menschen ein Wolf» sei bzw. am Anfang der «Kampf aller gegen alle» (Hobbes) stehe, über die fundamentale Bezogenheit von ICH und DU (Kierkegaard, Buber, Heidegger) und den philosophischen Sozialismus, wonach der Mensch «genetisch und konstitutiv erst mit und durch die Gruppe» Mensch ist, bis schliesslich zur Teilhabe am Weltganzen (Hegel), am Ewigen und Göttlichen (Plotin) und zur Verbundenheit mit dem Kosmischen und dem persönlichen Gott (Teilhard de Chardin).

Der zur Gemeinschaft und Mitmenschlichkeit fähige Mensch

Ein hoher Stellenwert kommt der sozialen Dimension des Menschen seit je in der Psychologie zu. Im Laufe der letzten Jahrzehnte hat sich innerhalb der Psychologie eine eigentliche Disziplin, die Sozialpsychologie, herausgebildet. [41] Sie untersucht das menschliche Verhalten im sozialen Kontext. Die Themen und Methoden sind vielfältig. Gegenwärtig handelt es sich methodisch gesehen bei den Untersuchungen meist um empirischstatistisch orientierte Verfahren. Erforscht werden einzelne Variablen des sozialen Verhaltens eines Menschen bzw. einer Gruppe und/oder die dieses Verhalten beeinflussenden Faktoren der Umwelt (z. B. Stereotypbildungen, Normenprobleme, Gruppenstrukturen, Rollenproblematik).

In Hinsicht auf die vorangegangenen Darlegungen und auf die weiteren Ausführungen will ich hier kurz eine Theorie erwähnen, in der u. a. das Problem der Gemeinschaftsfähigkeit und Mitmenschlichkeit in anthropologischer Hinsicht ein grundlegendes Element darstellt. Es handelt sich um die Individualpsychologie von Alfred Adler (1870–1937). Die Individualpsychologie ist in ihrem Kern und ihrer Absicht nach eine Tiefenpsychologie. Alfred Adlers Lehre kann auch als eine evolutionäre und sozialpsychologisch orientierte Tiefenpsychologie verstanden werden. Hier steht der Mensch denn auch als soziales Wesen im Mittelpunkt. Adler betont in seinen Schriften immer wieder, dass der Mensch von Natur aus auf die Gemeinschaft ausgerichtet sei: «Die Beziehungen der Menschen untereinander sind zum Teil naturgegeben und als solche Veränderungen unterworfen, teils entstehen hieraus planmässige Beziehungen, wie sie besonders im politischen Leben der Völker, bei der Staatenbildung, im Gemeinwesen beobachtet werden können.» [42] Für Adler ist der Mensch schon aufgrund seiner Unzulänglichkeiten zur Gemeinschaft gezwungen.

Die soziale Verwiesenheit des Menschen beschränkt sich nach Adler nicht nur auf eine ICH-DU-Beziehung oder auf eine WIR-Beziehung im Sinne einem nahestehender Mitmenschen. Dieses WIR-Gefühl ist umfassender:

«Das Ziel, das der Einzelmensch zu verfolgen hat, muss in der Richtung liegen, die zur Vervollkommnung der gesamten Menschheit sub specie aeternitatis führt. Es genügt auch nicht eine Teilgemeinschaft irgendeiner Art – etwa Gruppen, die durch bestimmte politische, religiöse oder sonstige Ideale verbunden sind –, und es ist auch nicht die bestehende Gesellschaft gemeint, sondern eine erst zu entwickelnde ideale Gemeinschaft, die sämtliche Menschen umfasst, die alle von dem gemeinsamen Streben nach Vollkommenheit erfüllt sind.» [43]

Zu der Sichtweise der sozialen Idee von Adler ist zweierlei festzuhalten:

Zunächst ist dem Menschen diese soziale Dimension zwar sozusagen kulturell vererbt, «als notwendige und allgemeine Voraussetzung menschlicher Kulturentwicklung». Aber diese muss dann im Laufe des Werdens «entwickelt werden, durch die Erziehung, besonders aber durch die richtig geleitete Schöpferkraft des Individuums». [44] Im Streben des Kindes, seine Unzulänglichkeiten mit Hilfe anderer und in Richtung auf die Mitmenschlichkeit und die Gemeinschaft zu überwinden, sieht Adler geradezu die Erziehbarkeit des Kindes begründet. [45] Dies ist die eigentliche zentrale *Auf-gabe* des Menschen, des Mensch-Seins, des menschlichen Werdens. Wird diese verfehlt oder in eine falsche Richtung geleitet, entstehen psychische Schädigungen.

Zweitens ist festzuhalten, dass diese soziale Dimension umfassend ist. Sie reicht von der (ursprünglichen) Mutter-Kind-Beziehung über die Familien- und Gruppenbeziehungen bis zum Grundgefühl, Glied der Menschheit, der Natur, ja des Kosmos zu sein.

Die soziale Dimension und das sozial-sittliche Werden des Menschen stehen auch im Zentrum mancher entwicklungspsychologisch orientierter Psychologien. [46] In einigen Modellen und Theorien wird insbesondere die Entwicklung des moralischen Verhaltens bzw. der Werthaltungen untersucht, [47] wobei vor allem im ethischen Bereich das in Kapitel fünf entwickelte Konzept des ganzheitlichen Werdens und Lernens, unter Einbezug der nicht bewussten Tiefenschichten und ihrer Dynamik, eine vorsichtige und relativierende Interpretation gegenüber solchen Untersuchungen und Aussagen nahelegt. Oft handelt es sich bei diesen Forschungen weniger um den grundsätzlichen Nachweis der sozialen Dimension des Mensch-Seins im anthropologischen Sinne als vielmehr um Beiträge zu einzelnen Gesichtspunkten dieser Dimension, insbesondere um die Untersuchung über Entstehung und Entwicklung einzelner sozialer (moralischer) Verhaltensweisen in Kindheit und Jugend angesichts verschiedener (Umwelt-) Bedingungen. [48]

Homo sociologicus

Den sozialen Beziehungen zwischen Individuum und Gemeinschaft sind die Fragestellungen und Untersuchungen der Soziologie gewidmet. Ralf Dahrendorf zeigt in seinem Aufsatz «Soziologie und menschliche Natur», dass das weite Feld soziologisch bedeutsamer Fakten und Zusammenhänge ein einheitliches und genaues Verständnis von Soziologie als einer Wissenschaft vom Menschen erschwert. [49] Da die Soziologie menschliches Verhalten in seinen vielfachen Bezügen erforscht, umfasst sie beispielsweise Fragen «der sozialen Klassen ebenso wie die Strukturanalyse der Grossstadt und des Bürobetriebes, die Untersuchung familiärer Autoritätsverhältnisse und die Erklärung politischer Revolutionen». [50] Zur Klärung des Verhältnisses von Individuum und Gemeinschaft trägt vor allem die soziologische Rollentheorie bei. «Als Träger sozial vorgeformter Rollen» untersucht sie den Menschen als «homo sociologicus» im Schnittfeld von Individuum und Gesellschaft. [51] Ich habe in Anmerkung 52 den Begriff der sozialen Rolle etwas ausführlicher behandelt. Ralf Dahrendorf erläutert die Begriffe der Rolle und Position folgendermassen:

«Zu jeder Stellung, die ein Mensch einnimmt, gehören gewisse Verhaltensweisen, die man von dem Träger dieser Position erwartet; zu allem, was er ist, gehören Dinge, die er tut und hat; zu jeder sozialen Position gehört eine soziale Rolle. Indem der Einzelne soziale Positionen einnimmt, wird er zur Person des Dramas, das die Gesellschaft, in der er lebt, geschrieben hat. Mit jeder Position gibt die Gesellschaft ihm eine Rolle in die Hand, die er zu spielen hat.» [53]

So bezeichnen die sozialen Rollen «Ansprüche der Gesellschaft an die Träger von Positionen (...)». Sie «sind Bündel von Erwartungen, die sich in einer gegebenen Gesellschaft an das Verhalten der Träger von Positionen knüpfen». Diese Zusammenhänge lassen sich verdeutlichen am Beispiel des Lehrerberufs. [54] Der Lehrer steht in seinem Beruf in einem vielfältigen und vielschichtigen Bezug zu Personen und Personengruppen: Das Einzelkind, die Schulklasse, die Kinder des Schulhauses, Eltern, Kollegen, Vorgesetzte im Schulhaus, Behörden in Gemeinde und Kanton, Interessenverbände wie Lehrerorganisation, kulturelle und politische Vereinigungen, Kirchen, Wirtschaft, Politik, Armee, Wissenschaften vom Menschen usw. Alle diese Bezugspersonen und Bezugsgruppen stellen ihre spezifischen und zum Teil sich widersprechenden Erwartungen an den Lehrer in seiner Berufsrolle. Ein Mensch ist aber nicht nur Träger einer einzigen sozialen Rolle. Meist muss er mehrere soziale Rollen ausfüllen und mehreren sozialen Rollen gerecht werden (z. B. zusätzlich zur Berufsrolle jene des Vaters, der Mutter, des Partners, des Politikers usw.). Der einzelne Mensch muss lernen, mit diesen Erwartungen umzugehen und sie in seine Ich-Identität zu integrieren. [55]

Die von – göttlicher – Liebe getragene Gemeinschaft

Die Bezogenheit des Menschen auf ein DU, auf das umfassendste DU, kommt in der Theologie am deutlichsten zum Ausdruck. Der Mensch, als Geschöpf Gottes, kann sich nur in Beziehung zu Gott verstehen. In seinem theologisch-anthropologischen Werk «Der Mensch im Widerspruch» fragt Emil Brunner: «Ergibt sich vom christlichen Glauben aus eine charakteristische Anschauung über das Verhältnis des Einzelnen zur Gemeinschaft, genauer über das Einzelsein und das Gemeinschaftssein?» [56] Brunner geht davon aus, dass der Mensch als Person unbedingt unauswechselbar ist, weil Gott, der Schöpfer, «diesen bestimmten Menschen von Ewigkeit her liebt» und ihn «zum ewigen Ziel bestimmt, nämlich eben zu einem persönlichen Ziel, zur Gemeinschaft mit ihm, dem Schöpfer (...)». Mein Selbstsein und meine unbedingte Selbstwertigkeit ist im «personhaften Wort Gottes» begründet. Obwohl auch der Mensch verschiedene Formen und Stufen der Verbundenheit und der Gemeinschaft - ein spezifisch menschliches Phänomen - kennt, - Zweckgemeinschaften, Freundschaft usw. - gilt als unbedingte Gemeinschaft nur «die Verbundenheit durch das, was das Neue Testament ‹Liebe› heisst».

Dadurch, dass Gott den Menschen zu seiner Liebe ruft, «gibt er ihm auch sein Sein - in - Gemeinschaft». «Gott hat den Menschen zuerst und zumeist zur Gemeinschaft mit ihm, dem Schöpfer, geschaffen.»

Diese Gemeinschaft mit dem Schöpfer findet aber auch zur Gemeinschaft mit der Schöpfung:

«Das Sein in Gott aber ist als das Sein in Gottes Liebe auch notwendigerweise Sein in der Liebe zu aller Kreatur. Wer den göttlichen Schöpferwillen bejaht, kann nicht anders als Gottes Geschöpfe lieben, weil Gott sie liebt. Gott hat den Menschen nicht nur zur Gemeinschaft mit ihm selbst, sondern zur Gemeinschaft mit dem Mitgeschöpf geschaffen. Er hat den Menschen zum vornherein nicht nur als Einzelnen, sondern als Glied der umfassendsten Menschengemeinschaft geschaffen. (...) Das Ziel, zu dem Gott den Einzelnen ruft und zu dem man nur als ‹Einzelner›, als Selbstverantwortlicher, Selbstverantwortender kommt, ist: das Reich Gottes. Die denkbar universalste und die unbedingte Gemeinschaft ist die andere Seite der gottgegebenen Verantwortung. Verantwortliche Existenz ist gemeinschaftliche, gemeinschaftsbezogene Existenz: Liebe - so wie das Neue Testament von Liebe spricht.»

Dieser Gemeinschaftsidee liegt eine Bezogenheit vom ICH zum DU zugrunde, in der «am Dusein des Anderen sein Selbstsein aufgeht als das Personsein, das nicht irgendeinem höheren Etwas untergeordnet, sondern selbst der letzte Sinn ist, das, was allem geistigen Es, aller Kultur, aller Staatlichkeit erst Sinn und Recht gibt».[57] Hier ist der Mensch als Person gemeint, «die erst in ihrer unaufhebbaren Gebundenheit an das Du des Anderen als ICH-Selbst entsteht und besteht».

Von einer solchen Schau der Gemeinschaft der Gläubigen, der communio sanctorum, eröffnet sich auch ein Zugang zur ursprünglichen Bedeutung von Kirche. Kirche, ekklesia (ἐκκλησία), bedeutet Volksversammlung, Versammlung, Gemeinde. Sie ist im ursprünglichen Sinne «Gemeinde Jesu als reiner Persongemeinschaft» (Brunner) und wurde dann zunehmend auch eine institutionelle Organisation.[58]

Eine theologisch ausgerichtete Idee der Gemeinschaft enthält auch das Menschenbild von Teilhard de Chardin. Ausgehend von seinen paläontologischen Forschungen und Erkenntnissen über den Menschen, sieht Teilhard de Chardin die weiteren Schritte der Evolution geradezu in einer Phase zunehmender Gemeinschaftsbildung, durch die Herausbildung eines «Noosphären-Gehirns» als Organ des kollektiven Bewusstseins der Menschheit.[59] In seinen Vorstellungen über den weiteren Verlauf der Evolution spielt sich das Werden der Menschheit (gemäss den vorangegangenen Gesetzen der zunehmenden Komplexität, Differenzierung und Verinnerlichung) als Phase der Konvergenz ab, in der «wir nur durch eine ganz besondere Form von Vereinigung, nämlich dadurch, dass wir uns zu einer Gesamtperson zusammenschliessen (Personalisation), das retten können, was sich an göttlichem Auftrag hinter unserer individuellen Selbstsucht verbirgt».[60] «Der wahre Schwerpunkt eines jeden von uns liegt nicht am Ende einer einsamen, von den anderen wegführenden Bahn, sondern er fällt zusammen (ohne deshalb eins zu werden) mit einem Punkt, auf den eine Vielheit menschlicher Einzelwesen zuströmt, – eine Vielheit, die sich in Freiheit ihrer selbst bewusst ist und doch, beseelt von einem einheitlichen Streben und Verlangen, mit sich selbst verschmilzt.» Diesen Grundgedanken in kosmischer Sicht fortführend, meint Teilhard:

> «Die moderne Astronomie hält es bis auf weiteres für durchaus möglich, dass vor einigen Milliarden Jahren die gesamte Masse der Gestirne noch in einer Art Ur-Atom zusammengefasst war. Ist es nun nicht sehr bemerkenswert, dass uns auch die Biologie, wenn wir sie bis zum Äussersten extrapolieren (...) zu einer ganz ähnlichen Hypothese führt...? Ich meine damit die Hypothese eines letzten Brennpunktes des Universums (den ich Omega genannt habe); eines Brennpunktes, nicht mehr physischer Veräusserlichung und Ausweitung, sondern psychischer Verinnerlichung, in dem die irdische Noosphäre, die sich durch immer weitere Zunahme ihrer Komplexität mehr und mehr konzentriert, in einigen Millionen Jahren ihr Ende und Ziel finden wird.»[61]

In seinem spirituellen und theologischen Werk «Le milieu Divin» verlässt Teilhard de Chardin die naturwissenschaftliche Ebene und skizziert einen «Entwurf des inneren Lebens». Darin nimmt die Idee der Gemeinschaft religiös-theologische Formen an. Wiederum ist es die Liebe, genauer die Nächstenliebe, die als Kraft die Vereinigung der Menschheit betreibt. Es ist «die Kraft der Vergöttlichung, die in der Nächstenliebe enthalten ist».[62] Sie macht es möglich, «dass sich durch die unermessliche Zeit und die verwirrende Vielzahl der Einzelmenschen hindurch ein einziger Vorgang vollziehe: die Eingliederung der Auserwählten in Christus; dass aus allen in der Welt zerstreuten und bloss angedeuteten geistigen Kräften ein Einziges entstehe: der mystische Leib Christi».[63] Teilhard fragt, welcher Macht es vorbehalten sei, «die Hüllen aufzusprengen, in denen unsere eigenen kleinen Welten sich eifersüchtig abschliessen und kümmerlich dahinleben möchten»? Es ist die «Liebe, die sowohl Ursache wie auch Wirkung jeder geistigen Verbindung ist». Sie wirkt als ein Drang nach Vereinigung. Sie kann die Menschheit zur mystischen Verklärung führen, in der «die ganze Gemeinschaft der Menschen, die in der Liebe nur noch einen einzigen Leib und eine einzige Seele bildet. Dieses Zusammenwachsen der geistigen Einheiten der Schöpfung unter der Anziehung Christi ist der höchste Sieg des Glaubens in der Welt.»

Konflikt und Begegnung der Generationen

Wir haben in Kapitel zwei gesehen, dass die Beziehung zwischen Mutter und Kind sozusagen die Urform der sozialen Beziehung zwischen Menschen darstellt. Auch in der Beziehung zwischen Erzieher und Kind, zwischen Schüler und Lehrer findet sich ein Urelement zwischenmenschlicher Beziehung, wie wir schon bei Sokrates festgestellt haben. Diese Beziehung kann modellhaft für das Verhältnis der Generationen zueinander betrachtet werden. Wie ich im Exkurs über die Entwicklung von der Kulturpädagogik zur kritischen Pädagogik aufgezeigt habe, vollziehen sich aber Erziehung und zwischenmenschliche Begegnungen nicht in einem hermetisch abgeschlossenen Raum. Sie sind vielmehr durchwoben vom Spannungsfeld sozialer Wert- und Normvorstellungen, die sich in kulturellen, gesetzlichen und institutionellen Formen ausgebildet und niedergeschlagen haben, und gerade heute wird dieses Spannungsfeld zunehmend problemgeladener. Auf diesem Hintergrund hat sich auch das Verhältnis von Erzieher und Kind, Lehrer und Schüler, das Verhältnis der Generationen zueinander gewandelt. An den unterschiedlichen Vorstellungen über dieses Verhältnis lässt sich der Wandel verdeutlichen. Ich habe an anderer Stelle diese Thematik ausführlich behandelt.[64] Zusammenfassend möchte ich festhalten, dass ich eine Tendenz von einem eher personalen Verständnis und damit Konflikt der Generationen (z. B. Eltern–Kind, Lehrer–Schüler usw.) in Richtung eines Konflikts zwischen Individuen bzw. Gruppen und kulturell-gesellschaftlichen Ordnungen und Institutionen wahrzunehmen glaube. In diesem Spannungsfeld haben Erziehung und Bildung die Aufgabe, der jüngeren und älteren Generation und den für die Institutionen Verantwortlichen zu helfen, dass die Auseinandersetzungen nicht zu ausweglosen Konflikten ausarten, sondern dass sie als mitmenschliche Begegnungen gestaltet und damit zu einem Stück sinnerfüllten Lebens werden. Wenn das Verhältnis zwischen Menschen der älteren und jüngeren Generation zu einer Spanne solch sinnerfüllten

Lebens und zu echter Begegnung werden soll, bedeutet das gerade für den Erwachsenen immer auch wagnisvolles Engagement und schliesst die Möglichkeit des Misslingens zum vornherein ein.[65] Bereitschaft und Offensein für solche Begegnungen zwischen den Generationen als gemeinsame Zielsetzung kann das Generationenverhältnis zu einer Zeit des sinnvollen Miteinanders werden lassen, gegründet in der gegenwärtigen Achtung und in gegenseitigem Vertrauen. Das heisst aber gleichzeitig für beide Seiten, das Wagnis auf sich zu nehmen, dass das eigene Engagement und das eigene Vertrauen nicht erwidert, nicht oder falsch verstanden werden kann oder zu einem andern als dem erwarteten «Ergebnis» führt. Solche Wendungen in der mitmenschlichen Begegnung können bis zu tragischen Schicksalsschlägen reichen. Diese Ungewissheiten und Probleme und die stets vorhandene Möglichkeit des Scheiterns engagierter Begegnung erklärt vielleicht auch die beobachtbare Tendenz einer zunehmenden Theoretisierung und Institutionalisierung mitmenschlicher Beziehungen im allgemeinen und jener zwischen Alt und Jung im besonderen, da damit eine Milderung und Entschärfung des Wagnis-Charakters einhergeht. Ich glaube aber, dass wir in unserem Leben und im Verhältnis zwischen der älteren und der jüngeren Generation wieder vermehrt echte personale Begegnung wagen müssen.

3.3 Kultur- und Gemeinschaftsfähigkeit in pädagogischer Sicht

Ich habe einleitend zu diesem Kapitel festgehalten, dass die sozialen und kulturellen Dimensionen hinsichtlich des Werdens und Lernens des Menschen als miteinander verzahnte und ineinander greifende Prozesse bzw. als sozio-kultureller Prozess zu sehen sind.

Aus den anthropologischen Gegebenheiten, dass der Mensch ein zur Kultur und Gemeinschaft befähigtes Wesen ist und dass er der Gemeinschaft und der Kultur bedarf, erhält Erziehung und Bildung den Auftrag, dem Menschen in diesem Prozess zu helfen. Um kultur- und gemeinschaftsfähig werden zu können, bedarf der Mensch der Fähigkeit und Bereitschaft zum Verständnis, zur Teilnahme und zur Gestaltung des kulturellen und sozialen Geschehens.

In den Sozialwissenschaften hat sich für die Bezeichnung des Erlernens und des Umgangs mit kulturellen Verhaltensmustern der Begriff der Enkulturation eingebürgert. Im Zusammenhang mit den Begriffen Sozialisation und Personalisation (vgl. unten) hat sich dieser Begriff als brauchbar und zweckmässig erwiesen. Mit Enkulturation kann man jenen Teil des menschlichen Lernens bezeichnen, der notwendig ist, um die oben aufgeführten kulturellen Lebensformen verstehen, an ihnen teilhaben und sie mitgestalten zu können. Enkulturation in diesem Sinne reicht dann vom Erlernen der sogenannten traditionellen Kulturtechniken (Lesen, Schreiben, Rechnen) bis zum Erlernen, Verstehen und Gestalten komplexer Symbolsysteme (Sprache, Künste, Technik).

Eine gewisse Zeit hoffte man, mit diesem Begriff - meist im Zusammenhang mit den Begriffen Sozialisation und Personalisation - eine erfahrungswissenschaftlich brauchbare Kategorie zu haben, um das kulturelle Lernen zu erfassen.[66] Enkulturation würde sich dann «auf die kulturspezifischen Veränderungen und Aufbauprozesse der Persönlichkeit von Heranwachsenden»[67] beziehen. Aber bald gelangte auch dieser Begriff in das Stadium jener «merkwürdigen Unbestimmtheit» wie der Begriff der Bildung, Kultur usw. So wird Enkulturation einmal als Oberbegriff von Sozialisation und Personalisation und wieder ein andermal Enkulturation als identisch mit Bildung verwendet. Wurzbacher[68] hat ein Konzept vorgeschlagen, in dem er die für das menschliche Werden und Lernen bedeutsamen Faktorengruppen Gesellschaft, Person und Kultur in ihren Wechselwirkungen darstellt. Um nicht in Einseitigkeiten hinsichtlich des einen oder andern Faktors (z. B. «Soziologismus», «Personalismus») zu verfallen, schlägt er die begriffliche Unterscheidung von Sozialisation, Enkulturation und Personalisation vor. Dabei ist natürlich zu betonen - auch Wurzbacher weist nachdrücklich darauf hin -, dass diese drei Elemente oder Faktorengruppen in der Wirklichkeit des menschlichen Werdens und Lernens eine Einheit und Ganzheit bilden und nur aus didaktischen Gründen oder zu theoretisch-wissenschaftlichen Zwecken auseinandergenommen werden können.

Die drei Komponenten dieses Konzepts stellen sozusagen drei Stränge, drei Sichtweisen oder drei Seiten des gleichen Vorganges, des gleichen Prozesses dar, ja eine gesunde Entwicklung der Persönlichkeit zeichnet sich gerade durch einen ausgewogenen Prozess der Integration im Sinne des Aufbaus einer personalen Identität aus.

So wollen wir mit Enkulturation aus unserem appellativen Kulturverständnis heraus jenen Prozess bezeichnen, in dem ein Mensch (oder eine Gruppe von Menschen, siehe unten) fähig wird, die kulturellen Lebensformen im oben festgehaltenen Sinne zu verstehen, an ihnen teilzunehmen und sie mitzugestalten.[69]

Wie die Fähigkeit zum Verstehen und zur Teilhabe und Mitgestaltung an der Kultur der Erziehung und des Lernens bedarf, so ist die Fähigkeit zum Mitsein, zur Gemeinschaft und zur Mitmenschlichkeit ebenfalls nicht etwas Gegebenes, sondern etwas dem Menschen Aufgegebenes.

Im Schnittfeld verschiedener Wissenschaften (Soziologie, Psychologie, Entwicklungs-, Sozial-, Tiefenpsychologie, Kulturanthropologie, Anthropologie usw.) hat sich eine erfahrungswissenschaftlich ausgerichtete, interdisziplinäre Forschungsrichtung entwickelt, die man als Sozialisationsforschung bezeichnet.[70] Obwohl sich der Begriff - im Gegensatz zum Begriff der Enkulturation, siehe oben - auf breiter Basis durchgesetzt hat, ist es keineswegs so, dass sich eine einheitliche Begrifflichkeit herausgebildet hätte. Klaus Hurrelmann hat die verschiedenen Definitionen untersucht und kommt dabei zur Feststellung,

«dass der Begriff Sozialisation eingesetzt wird

1. zur Bezeichnung jener gesellschaftlichen Handlungen und Einrichtungen, die direkt oder indirekt auf die Entwicklung der Persönlichkeit von Gesellschaftsmitgliedern Einfluss nehmen;
2. zur Bezeichnung eben dieser Entwicklung, sofern diese von Faktoren der sozio-kulturellen Umwelt bestimmt wird;
3. zur Bezeichnung des Prozesses der Vermittlung von und der Auseinandersetzung mit gesellschaftlichen Werten, Normen und Handlungsmustern, in dessen Verlauf das Gesellschaftsmitglied zu einem potentiell handlungsfähigen menschlichen Subjekt wird».[71]

In Analogie zum Begriff der Enkulturation bezeichnet Sozialisation den gesellschaftsbezogenen Aspekt des Mensch-Seins und der Kultur:

«Während der Enkulturationsbegriff das Erlernen aller kulturellen Erfahrungen, Inhalte, Symbole, Fertigkeiten, Massstäbe und Einstellungen umfasst, ist der Terminus Sozialisation nur auf die soziale Dimension der Kultur bezogen. Mit Sozialisation bezeichnet man jenen Teilbereich der Enkulturation, in dem die Werte und Normen der betreffenden Gesellschaft bzw. Gruppe gelernt werden.»[72]

Der Begriff der Sozialisation kann so im Verbund mit den Begriffen Enkulturation und Personalisation helfen, das menschliche Werden und Lernen möglichst umfassend und in seinen Teilbereichen klar zu sehen. Theodor Wilhelm hat mit einigem Recht darauf hingewiesen, dass Sozialisation «ein soziologischer, kein pädagogischer Begriff» sei und «sein pädagogischer Wert (...) im wesentlichen darin» bestehe, «dass er der Pädagogik Gelegenheit» gebe, «e contrario die eigene Aufgabe (...) deutlicher zu erkennen».[73] In einer anthropologisch ausgerichteten Pädagogik aber hilft der Begriff der Sozialisation gerade in der Verwendung mit Enkulturation und Personalisation nicht nur zur Klärung des menschlichen Miteinander-Seins. Vielmehr sind aus der Sozialisationstheorie und -forschung so viele pädagogisch bedeutsame Erkenntnisse herausgewachsen, dass der Pädagoge nicht darum herumkommt, sich damit auseinanderzusetzen.

Wie aber Kulturfähigkeit in unserem Sinne mehr bedeutet als Enkulturation, so bezeichnet Gemeinschaftsfähigkeit und Erziehung zur Gemeinschaftsfähigkeit mehr als Sozialisation. Gemeinschaftsfähigkeit umfasst ein Verhalten zu Menschen (und Dingen) und Institutionen (im weitesten Sinne); Gemeinschaftsfähigkeit beinhaltet aber auch eine Haltung, eine Gesinnung und natürlich, wurzelnd in dieser Haltung, ein entsprechendes Verhalten. Da «jeder Mensch (...) die Disposition zum Gemeinschaftsgefühl» mitbringt, muss es «entwickelt werden durch Erziehung», sagt Alfred Adler, und wichtigstes Hilfsmittel «in der Erziehung ist es, dass dem Menschen die Bedeutung des Gemeinschaftsgefühls bewusst werde, als die dem Menschen angemessene Form des Strebens nach Vollkommenheit».[74] Wir stellen also auch in diesem Verständnis der Erziehung zur Gemeinschaftsfähigkeit ein appellatives Moment fest. Diese Gemeinschaftsfähigkeit bezieht verschiedene Kreise mit ein, nämlich alle Formen der Gemeinschaft, in die ein Mensch im Laufe seines Lebens hineinwachsen muss, bzw. mit denen er in eine Wechselbeziehung treten muss. Grundlage all dieser Beziehungen ist die Mutter-Kind-Beziehung. Ausgehend von dieser Ur-Beziehung, dieser Ur-Gemeinschaft bauen sich die Beziehungen zu weiteren Gemeinschaften auf: Familie, Mitmenschen, Menschheit, Kultur, Natur, Kosmos.

Gerade bei diesen sich stets ausweitenden Kreisen des Mitseins wird der Grundgedanke, dass der Mensch sich in einem steten Werdeprozess befindet, deutlich sichtbar. Dies beinhaltet auch die erste Strophe des Gedichts von R. M. Rilke aus «Das Buch vom mönchischen Leben» (1899):

Ich lebe mein Leben in wachsenden Ringen,
die sich über die Dinge ziehn.
Ich werde den letzten vielleicht nicht vollbringen,
aber versuchen will ich ihn.

Die schöpferische, kritische und offene Auseinandersetzung mit der Kultur lasse sich nur in mitmenschlicher Gemeinschaft vollziehen, habe ich in Abschnitt 3.1 gesagt. Wir könnten diesen Gedanken auch so ausdrücken, dass Kulturschöpfungen, Kulturverständnis und Kulturkritik immer auch in einem grösseren Ganzen gesehen werden müssen, ja, dass Kultur ihren Sinn und ihre Berechtigung in diesem grösseren Ganzen zu erweisen hat.

Dieses grössere Ganze können nur die Idee und die Wirklichkeit der Humanität sein. Die Zusammenhänge von Kultur und Humanität beschrieb Albert Schweitzer in seinem Buch «Kultur und Ethik».[75] Als Ziel der Kultur nennt Schweitzer, «dass jeder Mensch in einem möglichst menschenwürdigen Dasein zu wahrem Menschentum gelangen soll».[76] An diesem Ziel ist Kultur und kultureller Fortschritt zu messen, denn «wo das Bewusstsein schwindet, dass jeder Mensch uns als Mensch etwas angeht, kommen Kultur und Ethik ins Wanken».[77]

Anmerkungen

3. Kulturfähigkeit und Mitmenschlichkeit – Menschliche Gegebenheiten und Forderungen

1 Luyten N. A.: Anthropologische Begründung von sozialer Integration und von Integrationskonflikten. In: Blesi P., Lattmann U. P. (Hrsg.): Konflikt und Begegnung der Generationen, Zug 1979, S. 11–24, hier S. 16 f.; ebenfalls das folgende Zitat; vgl. auch: Luyten N. A. (Hrsg.): Weltgestaltung als Herausforderung, Freiburg 1973.

3.1 Kulturverständnis und Kulturgestaltung

2 Zur Wortgeschichte von Kultur und zur Kulturphilosophie und -anthropologie, vgl.: Historisches Wörterbuch der Philosophie, hrsg. von J. Ritter und K. Gründer, Basel 1976, Bd. 4, Spalten 1309–1332; Landmann M.: Der Mensch als Schöpfer und Geschöpf der Kultur, München 1961; ders.: Philosophische Anthropologie, Berlin 1982[5], vor allem S. 172–200.

3 Behrendt R. F.: Der Mensch im Lichte der Soziologie, Stuttgart 1962, S. 50 ff.

4 Elias N.: Über den Prozess der Zivilisation, Frankfurt 1981[8] (Bd. 1) und 1977[4] (Bd. 2); in diesem Zusammenhang sei auch auf seine Analyse der Begriffe «Zivilisation» und «Kultur» im ersten Band (S. 1–64) hingewiesen.

5 Toynbee A.: Studie zur Weltgeschichte, Bd. 1: Wachstum und Zerfall der Kulturen, Zürich 1949, Bd. 2: Der Gang der Weltgeschichte, Kulturen im Übergang, Zürich 1958 (es handelt sich um eine – für die Übersetzung – gekürzte Ausgabe des Gesamtwerkes); vgl. auch: Jaspers K.: Vom Ursprung und Ziel der Geschichte, München 1983[8], vor allem S. 43–105.

6 Spengler O.: Der Untergang des Abendlandes, München 1979[5].

7 Toynbee, op. cit., Bd. 2, S. 300 ff.; ebenfalls die folgenden Zitate.

8 Deutlich wird dies z. B. im Werk von Friedrich Paulsen (1846–1908) «Geschichte des gelehrten Unterrichtes» (Berlin 1919/1921[3]); vgl. auch: Dolch J.: Lehrplan des Abendlandes, Ratingen 1952; ebenfalls: Vonlanthen A., Lattmann U. P., Egger E.: Maturität und Gymnasium, Bern 1978.

9 Dilthey wird mit Nietzsche, Bergson u. a. zu den Begründern der sogenannten Lebensphilosophie gezählt; vgl.: Rodi F., Lessing H.-U. (Hrsg.): Materialien zur Philosophie Wilhelm Diltheys, Frankfurt 1984.

10 Bollnow O. F.: Der Ausdruck und das Verstehen. In: Rodi, Lessing, op. cit., S. 261. – In einem ähnlichen geistigen Sinne versteht *Paul Häberlin* Kultur. Sie ist für ihn «der Versuch, das ganze Verhalten unter die Führung der Objektivität zu stellen, und tendiert so zur Gestaltung des Lebens nach dem Prinzip des Geistes». (Häberlin P.: Der Mensch. Eine philosophische Anthropologie, Zürich 1969, S. 137.) Für ihn ist die Kultur – als «innere Geschichte des Menschen» – ein «Versuch der Seele, das Leben zu vergeistigen» (ebenda, S. 138). Diese Geschichte dokumentiert «sich im äusseren Verhalten, das heisst in den Reaktionen der Seele gegenüber der ‹Welt›», denn «das ‹Leben› der Menschen besteht ja in diesen Reaktionen. In ihnen findet der innere Zustand, die Haltung der Seele, ihren Ausdruck» (ebenda, S. 138 f.; vgl. dazu die Hinweise zu Toynbee). Auf diesem Hintergrund ergeben sich für Häberlin drei Schwerpunkte, drei Dimensionen einer Kulturphilosophie. Er bezeichnet sie als ästhetische Kultur – sie findet ihren Ausdruck «im zweckfreien Verkehr mit der Welt», ist «Antwort auf das Geschenk der Schönheit» –, als logische Kultur – sie ist bestrebt, «die politische Auseinandersetzung mit der Welt zu vergeistigen», ist «Pflege der Objektivität innerhalb des Zwecklebens» im verpflichtenden Bewusstsein, der Wahrheit unterstellt zu sein – sowie als soziale Kultur – sie vergeistigt «den Verkehr mit den andern Menschen», «ist Kultur des verstehenden Verkehrs», sucht «die wahre Gemeinschaft», gekennzeichnet durch «den Charakter gegenseitiger Hülfe zum Triumph des Geistes» (alle Zitate ebenda, S. 141–162).

11 Aus Bd. I, S. 147 f. der Gesammelten Schriften, Göttingen 1964; hier zit. aus: Schaller K., Schäfer K.-H. (Hrsg.): Bildung und Kultur, ein Repertorium moderner Bildungstheorien, Bd. I, Hamburg 1968, S. 66; Dilthey entwickelte seine Theorie in Auseinandersetzung mit den Anschauungen Hegels zum «objektiven Geist» sowie in Fortführung der Hermeneutik-Theorie von Schleiermacher; vgl. dazu: Oelkers J., Adl-Amini B.: Pädagogik, Bildung und Wissenschaft. Zur Grundlegung der geisteswissenschaftlichen Pädagogik, Bern 1982; Dahmer I., Klafki W.: Geisteswissenschaftliche Pädagogik am Ausgang ihrer Epoche – Erich Weniger, Weinheim 1982.

12 Vgl. Bucher Th., Jost L., Lattmann U. P. u. a.: Eduard Spranger, zur Bildungsphilosophie und Erziehungspraxis, Zürich 1983.

13 Die folgenden Passagen stammen aus: Lattmann U. P. In: Bucher, Jost, Lattmann u. a., op. cit., S. 90 ff.

14 Spranger E.: Gesammelte Schriften, hrsg. von H. W. Bähr, O. F. Bollnow u. a., Heidelberg, hier Bd. II, S. 237.

15 Spranger E.: Lebensformen, Halle 1930[7], S. 5.

16 Vgl. dazu: Weber L.: Das Menschenbild Eduard Sprangers. In: Bucher, Jost, Lattmann, op. cit., S. 20 ff.

17 Vgl. dazu in ebenda die Beiträge von L. Weber und K. Widmer.

18 Spranger E.: Das Problem der Bildsamkeit in op. cit., Bd. II, S. 243.

19 ebenda, S. 66.

20 Spranger E.: Das Problem der Bildsamkeit, S. 250 f., ebenfalls die folgenden Zitate.

21 Spranger E.: Umrisse der philosophischen Pädagogik. In: Bd. II der Gesammelten Schriften, S. 23.

22 Stegmüller W.: Hauptströmungen der Gegenwartsphilosophie, Stuttgart 1969[4], S. 331; weitere Vertreter der Kulturphilosophie und insbesondere der Wertethik:

Edmund Husserl (1859-1938), Max Scheler (1873-1927), Nicolai Hartmann (1882-1950).

23 Häberlin P.: Handbüchlein der Philosophie, Zürich 1978 [3], S. 70 ff.

24 Vgl. die gute geistesgeschichtliche Charakterisierung dieser Wandlungsprozesse in Reble A.: Geschichte der Pädagogik, Stuttgart 1975 [12], S. 243-254 und S. 266-273.

25 Die Weiterentwicklung kann anhand der drei erwähnten Etappen (in groben Zügen) wie folgt skizziert werden:

- Eine markante Phase in der Weiterentwicklung des Kulturverständnisses konzentriert sich im Werk des Soziologen Max Weber (1864-1920). Eine der Kernthesen in Webers Denken besteht gerade in der Relativierung, ja Aufhebung jenes ewigen und absoluten Reichs der Ideen und Werte, wie wir sie oben kennengelernt haben. Es handelt sich um die durch die Erlebnisse der Zeit und - hauptsächlich - durch die zunehmende Bedeutung der erfahrungswissenschaftlichen Erkenntnisweisen fortdauernde «Entzauberung» der Welt: «Das Schicksal einer Kulturepoche, die vom Baum der Erkenntnis gegessen hat, ist es, wissen zu müssen, dass wir den *Sinn* des Weltgeschehens nicht aus dem noch so sehr vervollkommneten Ergebnis seiner Durchforschung ablesen können, sondern ihn selbst zu schaffen imstande sein müssen, dass ‹Weltanschauungen› niemals Produkt fortschreitenden Erfahrungswissens sein können...» (Max Weber, zit. n.: Weiss J.: Max Weber: Die Entzauberung der Welt. In: Speck J. (Hrsg.): Grundprobleme der grossen Philosophen, Bd. IV, S. 13 ff.).
- Diese - wir könnten fast sagen methodologische - «Entzauberung der Welt», zu der in der Nachfolge Max Webers auch die anderen «Kulturwissenschaften» (Weber) in ihrem inhaltlichen Bereich beigetragen haben (vgl. Topitsch E.: Logik der Sozialwissenschaften, Köln/Berlin 1970 [6]), fand in methodischer und inhaltlicher Hinsicht wohl einen ersten Höhepunkt in der «Kritischen Theorie» der Frankfurter Schule. In Abwendung von einer wertneutralen Soziologie (sozialwissenschaftlicher Positivismus) begründeten Max Horkheimer (1895-1973) und Theodor Wilhelm Adorno (1903-1969) im Rückgriff auf sozial-ökonomisches Gedankengut von Karl Marx und psychoanalytische Erkenntnisse von Sigmund Freud jene sozialphilosophische Richtung, die unter dem Namen «Frankfurter Schule» oder «Kritische Theorie» die Sozialwissenschaften (Philosophie, Pädagogik, Psychologie, Soziologie, Anthropologie) aber auch Literatur- und Geisteswissenschaften stark und nachhaltig prägte. Herbert Marcuse (in: Kultur und Gesellschaft I, Frankfurt 1968 [7], S. 56 ff.) hat das oben beschriebene - traditionelle - Kulturverständnis als affirmatives Kulturverständnis bezeichnet. Er meint damit «jene der bürgerlichen Epoche angehörige Kultur (...), welche im Laufe ihrer eigenen Entwicklung dazu geführt hat, die geistig-seelische Welt als ein selbständiges Wertreich von der Zivilisation abzulösen und über sie zu erhöhen» (in op. cit., S. 63). In diesem Verständnis von Kultur wird die «geistige Welt aus einem gesellschaftlichen Ganzen» herausgehoben und hierdurch die Kultur zu einem (falschen) Kollektivum und zu einer (falschen) Allgemeinheit erhöht» (S. 63). Marcuse sagt, der Grundzug einer solchen Weltauffassung sei die Behauptung «einer allgemein verpflichtenden, unbedingt zu bejahenden (affirmativen, U.P.L.), ewig besseren, wertvolleren Welt, welche von der tatsächlichen Welt des alltäglichen Daseinskampfes wesentlich verschieden ist, die aber jedes Individuum ‹von innen her›, ohne jene Tatsächlichkeit zu verändern, für sich realisieren» (S. 63) könne. So entstand ein «Antagonismus zwischen Kultur und

gesellschaftlicher Wirklichkeit» (Marcuse H. in: Der eindimensionale Mensch, Neuwied 1970), den es unbarmherzig offenzulegen gilt.

- Weiterentwickelt und im Ansatz auch wiederum weiter geöffnet (in Hinsicht auf die Analytische Philosophie und die empirische Sozialforschung) hat die kritische Theorie Jürgen Habermas [*1929; vgl. dazu: Zimmerli W. Ch.: Jürgen Habermas: Auf der Suche nach der Identität von Theorie und Praxis. In: Speck J. (Hrsg.): Grundprobleme der grossen Philosophen, Philosophie der Gegenwart, Bd. IV, Göttingen 1981, S. 225].
- Ein Problemkreis, den Habermas unter zahlreichen anderen, vielfältig und differenziert immer wieder behandelt, ist der Zusammenhang von «Erkenntnis und Interesse» (Frankfurt 1973). In «Technik und Wissenschaft als Ideologie» (Frankfurt 1970[4]) hat sich Habermas um die Aufdeckung dieser Zusammenhänge bemüht. Habermas weist nach, dass die Theorien, die Wissenschaften und in einem gewissen Sinne in unserem Zusammenhang auch die Kulturbereiche sich hinter einer «Scheinobjektivität» verbergen, sie - d. h. die Vertreter dieser Bereiche - täten etwas vereinfacht ausgedrückt so, als ob sie wertneutral wären und würden ihre eigentlichen Interessen verschleiern. Die Philosophie im Sinne von Habermas (als kritische Wissenschaftstheorie) hätte die Aufgabe, diese Interessen, die «erkenntnisleitenden Interessen», aufzudecken (in: Technik und Wissenschaft als Ideologie, S. 155). Während für die empirisch-analytischen Wissenschaften ein technisches Interesse, für die historisch-hermeneutischen Wissenschaften ein praktisches Interesse grundlegend sei, so gehe in die Ansätze «kritisch orientierter Wissenschaften jenes emanzipatorische Erkenntnisinteresse ein, das schon den traditionellen Theorien uneingestanden (...) zugrunde» gelegen hätte (in: Technik..., S. 155; vgl. dazu die Ausführungen in Abschnitt 4.2 über die drei Wissensformen von Max Scheler).
- Die oft vereinfachende, den umfassenden Hintergrund der Argumentation nicht kennende und nicht zur Kenntnis nehmende Rezeption dieser und anderer Grundgedanken hat der kritischen Theorie insgesamt und Habermas im besonderen zu einer breiten gesellschaftskritischen Bewegung verholfen, sie aber auch verwässert (vgl. die achtundsechziger Bewegung und vor allem die Folge-Generation). So war es leicht, sie in einer Zeit aufkommender Rückwärtsorientierung mit ihrem anspruchsvollen Gehalt an die Wand zu drücken bzw. sie (fast im Sinne einer Gegenaufklärung) aus dem Bewusstsein zu verdrängen.
- Ihre wissenschaftlich stärksten Kontrahenten entstanden der kritischen Theorie in den Vertretern des sogenannten kritischen Rationalismus, wie er vor allem von Karl Popper und Hans Albert entwickelt wurde. Der kritische Rationalismus versteht sich undogmatisch, ist erfahrungswissenschaftlich orientiert, plädiert für Vernunft und Argumentation, postuliert eine «offene Gesellschaft» und knüpft in konstruktiver Weise an die Tradition an (vgl. dazu die Anm. 157 in Kapitel 2). Mit einer solchen Grundhaltung bot sich der kritische Rationalismus in den letzten Jahren für viele, «die der dominierenden Ideologien oder der unbeirrbaren philosophischen Lehrmeinungen müde geworden sind, als Alternative an» (Hochkeppel W.: Kritischer Rationalismus als Alternative. In: Kaltenbrunner G.-K. (Hrsg.): Plädoyer für die Vernunft, Freiburg 1974, S. 83 ff.).

Wenn ich hier versucht habe, den Weg von einem «affirmativen» Kulturverständnis zu einem kritischen Kulturverständnis zu skizzieren, so deswegen, weil wir die Bewegungen in der Pädagogik - als Teil der Kultur - nur auf diesem Hintergrund richtig verstehen können.

26 Gehlen A.: Anthropologische Forschung, Hamburg 1970, S. 127 ff.
27 Müller M., Halder A. (Hrsg.): Kleines philosophisches Wörterbuch, Freiburg 1977[6], S. 146.
28 Zum Beispiel Toynbee A.: Menschheit und Mutter Erde, Die Geschichte der grossen Zivilisationen, Zürich 1981; vgl. Gadamer H.-G., Vogler P. (Hrsg.): Neue Anthropologie, Bd. 4: Kulturanthropologie, Stuttgart 1973.
29 Gehlen A.: Die Seele im technischen Zeitalter, Hamburg 1969, S. 87 ff.
30 Vgl. etwa: Ritzel W.: Philosophie und Pädagogik im 20. Jahrhundert, Darmstadt 1980; König E.: Theorie der Erziehungswissenschaft, Bd. 1, München 1975; Benner D.: Hauptströmungen der Erziehungswissenschaft, eine Systematik traditioneller und moderner Theorien, München 1973; Speck J. (Hrsg.): Geschichte der Pädagogik, Stuttgart 1978 (2 Bde.); Lassahn R.: Einführung in die Pädagogik, Heidelberg 1974; Menze C.: Die Wissenschaft von der Erziehung in Deutschland. In: Speck J. (Hrsg.): Problemgeschichte der neueren Pädagogik, Stuttgart 1976, S. 9–107.
31 Vgl. z. B. Hartfield G., Holm K.: Bildung und Erziehung in der Industriegesellschaft, Opladen 1973.
32 Robinsohn S. B.: Bildungsreform als Revision des Curriculum, Neuwied 1967; Frey K.: Theorien des Curriculums, Weinheim 1971, vor allem S. 209–276; Lattmann U. P.: Lernziele und Unterrichtsvorbereitung, Fribourg/Basel 1971, vor allem S. 87–104; als Übersicht über Fragestellungen, Themen und Erkenntnisse: Frey K. (Hrsg.): Curriculum-Handbuch, 3 Bde., München 1975.
33 Narr K. J.: Urgeschichte und Kultur, Stuttgart 1961, S. 1; vgl. dazu auch: Narr K. J.: Beiträge der Urgeschichte zur Kenntnis der Menschennatur. In: Gadamer, Vogler, op. cit., Bd. 4, S. 3–62.
34 Jaspers K.: Vom Ursprung und Ziel der Geschichte, München 1983[8], vor allem S. 162–180.
35 ebenda, S. 170.
36 ebenda, S. 192.

3.2 Gemeinschaftsfähigkeit und Mitmenschlichkeit

37 Henecka H. P.: Grundkurs Soziologie. Leverkusen 1985, S. 19 f.
38 Aristoteles, Hauptwerke, Stuttgart 1977, S. 86.
39 ebenda, S. 288 f.
40 ebenda, S. 214.
41 Vgl. z. B.: Backman C. W., Secord P. F.: Sozialpsychologie der Schule, Weinheim 1973; Handbuch der Psychologie, Bd. 7: Sozialpsychologie [hrsg. von C. F. Graumann, Göttingen 1972 (2. Hlbd.) und 1969/1975 (1. Hlbd.)]; in unserem Zusammenhang besonders: Krappmann I.: Sozilogische Dimensionen der Identität Strukturelle Bedingungen für die Teilnahme an Interaktionsprozessen, Stuttgart 1975[4].
42 Adler A.: Menschenkenntnis (1927), Frankfurt 1981, S. 36.
43 Adler A.: Über den Ursprung des Strebens nach Überlegenheit und des Gemeinschaftsgefühls (1933). In: Adler A.: Psychotherapie und Erziehung, Bd. III, Frankfurt 1983, S. 21–32, hier S. 31.

44 Beide Zitate ebenda S. 31.

45 Adler A.: Menschenkenntnis, Frankfurt 1981, S. 43 f.

46 Vgl. als Überblick: Oerter R., Montada L.: Entwicklungspsychologie, München 1982, S. 633–673.

47 Vgl. z. B. Oser F.: Moralisches Urteil in Gruppen, Soziales Handeln, Verteilungsgerechtigkeit, Frankfurt 1981, vor allem S. 319–416.

48 Ein Überblick über die verschiedenen Forschungsansätze findet sich im Band «Sozialisation» von K. R. Mühlbauer, München 1980; vgl. auch: Brinkmann G., Heering W. u. a.: Die soziale Entwicklung des Kindes, München 1974, vor allem S. 9–79 sowie: Engelmayer O.: Die soziale und sittliche Entwicklung im Kindes- und Jugendalter. In: Horney W., Schultze W.: Handbuch für Lehrer, Bd. 3, Gütersloh 1969^2, S. 112–164.

49 Dahrendorf R.: Pfade aus Utopia, Zürich 1974, S. 194 ff.; zur Einführung in die Soziologie: Elias N.: Was ist Soziologie, München 1970; Behrendt R. F.: Der Mensch im Lichte der Soziologie, Stuttgart 1962; für die Pädagogik: Henecka, op. cit.; Weber E.: Erziehungsprobleme in der modernen Gesellschaft, Donauwörth 1973.

50 ebenda, S. 194.

51 Dahrendorf R.: Homo sociologicus: Versuch zur Geschichte, Bedeutung und Kritik der Kategorie der sozialen Rolle. In: op. cit., S. 127–194, hier S. 133.

52 Ich versuche, den Begriff der Rolle durch eine Zusammenfassung des folgenden Handbuchartikels vom M. Sader zu präzisieren:
Sader M.: Rollentheorie. In: Graumann F. C. (Hrsg.): Handbuch der Psychologie, Bd. 7: Sozialpsychologie, 1. Halbband: Theorien und Methoden. Göttingen 1969/1975, S. 204–231.

Sader gibt in seinem Handbuchartikel einen schwerpunktartigen Überblick über den Diskussionsstand der rollentheoretischen Forschung in Sozialpsychologie und Soziologie bis ungefähr 1969, dem Erscheinungsjahr des 7. Bandes des Handbuches der Psychologie. Ausgehend von der umgangssprachlichen Verwendung des Wortes «Rolle» (z. B.: Er spielt seine Rolle gut.), skizziert Sader drei Verwendungsansätze des Begriffes in Kulturanthropologie, Soziologie und Psychologie. Einen grösseren Teil seines Artikels widmet Sader der Erörterung und Klärung einiger grundlegender rollentheoretischer Begriffe (z. B. Position, Erwartung, Sanktion, Selbst). Weiter zählt er einige inhaltliche Schwerpunkte rollentheoretischer Forschung mit Hinweisen auf Forschungsergebnisse auf (z. B. Rollenanalyse, Rollendiskordanz, Rollenspiel). Im Anschluss an diese Darlegungen unterbreitet Sader selbst Vorschläge zur Vereinheitlichung der Begriffsbildung.

Im folgenden fasse ich einige meiner Ansicht nach grundlegende Ausführungen zusammen, wobei ich zum einen oder anderen Punkt Ergänzungen und Querverbindungen anbringe. (Die Seitenzahlen in Klammern beziehen sich auf den Aufsatz.)

1. Entwicklung und Verwendung des Begriffs Rolle und der rollentheoretischen Konzepte

Ausgangspunkt: Zentraler Punkt in rollentheoretischen Forschungsarbeiten bildet der aus der Alltagssprache bekannte Begriff der «sozialen Rolle». Die Rollentheorie strebt «Aussagen über die Verknüpfungen der Begriffe ‹Rolle›, ‹Position› als System von Rollenerwartungen, und ‹Selbst› an». Sader geht in seinem Artikel davon aus, dass rollentheoretische Konzepte den Kriterien sozialpsychologischer Forschung gerecht werden müssen, d. h. dass sie eindeutig «operational brauchbare» Begriffe verwenden müssen (207). Dieses Ziel sei noch nicht erreicht. Sader weist im ersten und zweiten Teil seines Artikels auf, dass zwar mit dem rollentheoretischen Begriffsapparat «auch komplexere Sachverhalte mit Rollenbegriffen» (208) beschrieben werden können, dass «jedoch keine Einheitlichkeit» im Gebrauch der Begriffssprache herrsche und auch noch nicht «von einer eigenständigen Methodologie der Rollentheorie» (208) gesprochen werden könne. Dies hängt wohl mit der Entstehung und Entwicklung des Begriffs der Rolle sowie mit der Verwendung derselben in verschiedenen Zusammenhängen und in methodologisch unterschiedlichen Theorien zusammen.

Sader skizziert drei Verwendungszusammenhänge bzw. Ansätze, die auf dem Begriff der Rolle basieren (205–208).

a) Die theateranaloge Verwendung
Wohl am weitesten geschichtlich zurückverfolgen lässt sich der Begriff «Rolle» in der theateranalogen Verwendung: «Der Mensch als eine Art Schauspieler, dessen Handeln und Verhalten ihm von anderen Instanzen vorgeschrieben wird» (205). «Rolle» wird in diesem Ansatz noch unscharf, zu wenig operational gebraucht, als dass diese Verwendung des Begriffs für empirisch-sozialpsychologische Untersuchungen verwendet werden könnte.

b) Der kultur-anthropologische Ansatz
Als eigentlicher Beginn der Geschichte der Rollentheorie mit systematischer Verwendung des Begriffs bezeichnet Sader den kultur-anthropologischen Ansatz mit den ersten Arbeiten von J. L. Moreno (1934), H. G. Mead (1934) und R. Linton (1936). So sind grundlegende Begriffe der Rollentheorie (Rolle, Rollenhandeln, Position) zuerst innerhalb kultur-anthropologischer Disziplinen entstanden. Hinsichtlich empirisch-sozialpsychologischer Forschungsarbeiten mussten sie allerdings weiterentwickelt und differenziert werden. Als methodisches Hauptproblem bezeichnet Sader – kurz zusammengefasst – dabei die in diesen Arbeiten «zu frühzeitige Bereitschaft zur Abstraktion» (...). «Man sucht den typischen Fall und setzt ihn für das Ganze» (206).

c) Der empirisch-psychologische Ansatz
Auch die nach 1940 entstandenen ersten Arbeiten empirisch-psychologischer Richtung waren der kultur-anthropologischen Begriffssprache noch verhaftet. Erst die Arbeiten von Gross, Mason und Mc Eachern im Jahre 1958 leiteten begriffliche Klärung ein. In einer empirischen Studie zur Rollenproblematik von Schulverwaltungsbeamten haben die Autoren in den Einleitungskapiteln «die Begriffssprache gründlich diskutiert und operational brauchbare Definitionen vorgeschlagen» (207). Darin «wird Rolle definiert als das ‹Gesamt der Erwartungen› (von irgend jemandem) bezüglich des Inhabers einer bestimmten Position» (207).

Sader hält im Anschluss an diese Definition drei methodologische Forderungen hinsichtlich rollentheoretischer Forschungsarbeiten fest (208):

- Die Bezugsgruppe muss genau bezeichnet werden. So muss z. B. bei Aussagen über «die Lehrerrolle» genau definiert werden, welches die Bezugsgruppe ist (Schüler, Lehrerkollegen, Eltern usw.), nach welchen Kriterien

diese ausgewählt worden ist und wie weit auf andere Bezugsgruppen verallgemeinert werden darf.
- Der Positionsinhaber muss möglichst genau bezeichnet werden, z. B. Primarschullehrer dieser oder jener Region in dieser oder jener Situation (Alter, Geschlecht, Dienstjahre usw.).
- Die Verteilungsform der Aussagen muss thematisiert und in die Interpretation einbezogen werden (Häufigkeitsverteilung, Streuung usw.).

Über die Darlegungen von Sader zur Entwicklung, Verwendung und Problematik der rollentheoretischen Begriffssprache wäre festzuhalten, dass eine gewisse Mehrdeutigkeit und Vielschichtigkeit des Begriffs «Rolle» schon in der etymologischen Wurzel festzustellen ist. So weist Rocheblave-Spenlé im Lexikon der Psychologie (Arnold u. a. 1979, 210 f.) darauf hin, dass der Begriff der Rolle «einerseits ‹ein gerolltes Blatt mit einer Niederschrift›, andererseits ‹was ein Schauspieler in einem Theaterstück aufzusagen hat› bedeutet». Seit dem 11. Jahrhundert sei der Begriff «im Sinne von ‹sozialer Funktion, Beruf› gebraucht worden».

Weiter wäre wohl noch darauf hinzuweisen, dass sowohl die Begriffe «Rolle» wie «Position» schon relativ früh Eingang in die Tiefenpsychologie gefunden haben und im System Alfred Adlers einen festen Platz eingenommen haben. So z. B. spricht Adler in seinem 1918 gehaltenen Vortrag «Über Homosexualität» (erschienen 1920) von seiner vergleichenden Individualpsychologie im Zusammenhang mit der Stellung eines Kindes in der Geschwisterreihe und in der Familie geradezu von einer «Positionspsychologie».

Schliesslich wird die Schwierigkeit, zu klaren Definitionen und entsprechender Verwendung rollentheoretisch relevanter Begriffe zu gelangen deutlich, wenn man nicht nur den Begriff soziale Rolle, sondern auch noch sinngleiche und/oder sinnverwandte Begriffe in die Betrachtung über das Verhältnis des Individuums zur Gemeinschaft (Gruppe) und Gesellschaft mit einbezieht, wie dies Ralf Dahrendorf in seinem Aufsatz «Homo Sociologicus» (Dahrendorf 1974) macht.

2. Hauptbegriffe und Hauptinhalte

Im dritten Teil seines Artikels erörtert und präzisiert Sader einige grundlegende rollentheoretische Begriffe, so u. a. (220 f.):
- Position: «Ort in einem Gefüge sozialer Beziehungen» mit u. a. Positionssatz («Gesamt der Positionen eines Individuums zu einem bestimmten Zeitpunkt»), Positionssegment («Teil einer Position, der einer anderen Position zugewandt ist»).
- Erwartungen: Rechte und Pflichten, die mit einer Position verbunden sind, d. h. «normative Aussagen hinsichtlich des Verhaltens, der Attribute».
- Rolle: «Gesamt der Erwartungen an den Inhaber einer Position».
- Selbst: einerseits «als allgemeiner Gegenbegriff zur Rolle» (215), als dasjenige, was nicht im thematisierten Rollensatz enthalten ist: «ein Träger dieser Rollen und möglicherweise auch etwas, aus dem heraus ohne Rolle gehandelt wird» (216), andererseits als das, was «hinter» der Rolle bzw. den Rollen erlebt wird, die Person, die «Identität des Individuums».
- Sanktionen: Rollenerwartungen anderer, denen sich der Positionsinhaber ausgesetzt fühlt und die er zu erfüllen trachtet, d. h. «das auf die Realisierung von Erwartungen gerichtete Verhalten anderer».

Im Anschluss an die Erörterung dieser rollentheoretischen Grundbegriffe referiert Sader im vierten Teil einige inhaltliche Schwerpunkte rollentheoretischer Forschung, und zwar zu den Bereichen

- Rollenanalyse: üblicherweise mit den «Rollenerwartungen von irgend jemandem (Bezugsgruppen) bezüglich irgend jemandem (Inhaber der thematischen Position)»; z. B. Erwartungen der Schüler bezüglich der Rolle des Lehrers.
- Rollendiskordanz: Widersprüchlichkeit, Unvereinbarkeit von Rollenerwartungen für ein Individuum (z. B. Lehrer als Beamter, Partner der Schüler und Verantwortlicher gegenüber den Eltern).
- Rollenspiel: «kurzzeitiges Übernehmen von Rollen, bei dem die zugehörigen Positionen keinen oder jedenfalls nur einen verminderten Ernstcharakter haben»; z. B. einer Rede von Familienangehörigen, Rollenspiele in Therapie, Erziehung und Unterricht.

Gerade im Rollenspiel zeigt sich die ursprüngliche Verwendung des Wortes Rolle und dessen Vieldeutigkeit auch heute noch (vgl. z. B. Shaftel F. R., Shaftel G.: Rollenspiel als soziales Entscheidungstraining, München 1973).

53 Dahrendorf R., op. cit., S. 143; ebenfalls die folgenden Zitate.

54 Vgl. z. B.: Widmer K.: Die Lehrerqualifikationen im gesellschaftlich-sozialen Umfeld der Schule. In: Aregger K., Lattmann U. P., Trier U. P. (Hrsg.): Lehrerbildung und Unterricht, Bern 1978, S. 65–81; Lattmann U. P.: Schulnahe Lehrerbildung, Zürich 1975, S. 59–61.

55 In den Theorien zur Identitätsbildung, wie sie im Rahmen des symbolischen Interaktionismus etwa von Mead, Goffman und Krappmann entwickelt wurden, erfuhr der rollentheoretische Ansatz eine Erweiterung und Vertiefung (vgl. zur Einführung: Haeberlin U., Niklaus E.: Identitätskrisen. Theorie und Anwendung am Beispiel des sozialen Aufstiegs durch Bildung, Bern 1978; Hausser K.: Identitätsentwicklung, New York 1983.

56 Brunner E.: Der Mensch im Widerspruch (1937), Zürich 1965[4], S. 274; daraus ebenfalls die folgenden Zitate, S. 279–286.

57 Dieses und das folgende Zitat ebenda S. 29.

58 Vgl. Zahrnt H.: Die Sache mit Gott. Die protestantische Theologie im 20. Jahrhundert, München 1966, S. 98; zum Verständnis der ICH-DU-Bezogenheit im Personenverständnis innerhalb der thomistischen Theologie vgl.: Philippe M. D.: Person und Interpersonalität. In: Luyten N. A. (Hrsg.): Das Menschenverständnis nach Thomas von Aquin, Fribourg 1976, S. 83–111: «(...) das eigentliche Ziel der Person kann nur eine andere Person sein, die sie liebt; sei es ein anderer Mensch oder Gott» (S. 96); vgl. auch ebenda den Beitrag von J. H. Nicolas.

59 Teilhard de Chardin: Die Entstehung des Menschen, Zürich 1978; S. 114 ff.; auch: ders.: Der Mensch im Kosmos, München 1965, vor allem Kapitel 2.

60 Teilhard de Chardin: Die Entstehung des Menschen, S. 122 f.

61 ebenda, S. 123.

62 Teilhard de Chardin: Der göttliche Bereich, Olten 1963[3], S. 174.

63 ebenda, S. 175 ff.; ebenfalls die folgenden Zitate.

64 Lattmann U. P.: Pädagogische Aspekte des Verhältnisses zwischen den Generationen. In: Blesi P., Lattmann U. P. (Hrsg.): Konflikt und Begegnung der Generationen, Zug 1979, S. 51–70.

65 Die Wesensmomente erzieherischer Begegnung hat Otto Friedrich Bollnow herausgearbeitet in: Existenzphilosophie und Pädagogik, Stuttgart 1959, vor allem S. 87–151.

66 Vgl. etwa: Fend H.: Sozialisation und Erziehung, Weinheim 1970[2/3], vor allem S. 44 ff. und 111 ff.

67 Fend, op. cit., S. 111.

68 Wurzbacher G. (Hrsg.): Sozialisation und Personalisation, Stuttgart 1974[3].

69 Es sind hier nun noch die einen oder anderen Gedanken anzufügen, die im Zusammenhang mit den in diesem Abschnitt entwickelten Überlegungen angesprochen werden sollten.

- Ein Gedanke betrifft die Frage nach den Möglichkeiten und Grenzen des Beitrags von Erziehung und Unterricht zur Kulturfähigkeit im oben genannten Sinne. Innerhalb dieses Fragekreises beschäftigt mich vor allem die Tatsache, dass sich die meisten unserer Kulturbereiche in einem noch nie dagewesenen Tempo wandeln und verändern. Man kann dieses rasante Tempo unter verschiedenen Gesichtspunkten bedenken: unter biologischen (z. B. stammesgeschichtlichen), unter psychologischen, soziologischen oder erzieherisch-schulischen. So ist unter psychologischen Gesichtspunkten zu fragen, ob dem einzelnen Menschen in diesem raschen Zyklenwechsel genügend Zeit bleibt, um eine sinnvolle und sinnerfüllende Identität aufzubauen. Unter erzieherisch-schulischen (und psychologischen) Gesichtspunkten führt diese Situation zu verschiedenen ungelösten Problemen: Der rasche Wandel führt bei der heranwachsenden und der erwachsenen Generation einerseits zu Orientierungsschwierigkeiten, zu Schwierigkeiten bei der Sinnfindung. Andererseits ergibt sich aufgrund dieses Tempos eine Anhäufung und Differenzierung des kulturellen Wissensstandes und der kulturellen Produkte (eine sogenannte Akkumulation), so dass sowohl der Einzelne wie auch eine Generation immer mehr Zeit aufwenden müssen, um - wenn überhaupt - einigermassen auf den Stand der jeweiligen bestimmenden Gruppe (oder Generation) zu gelangen. Mit andern Worten: Es wird für den Einzelnen und für die jeweils nachfolgende Generation immer schwieriger, an dem aktiven Verstehens- und Gestaltungsprozess in der Kultur insgesamt oder in einem kulturellen Bereich im besonderen teilzunehmen (abgesehen vom Verlust des Verständnisses für das Ganze). Äusseres Zeichen für diese Situation ist die dauernde Verlängerung der obligatorischen und nachobligatorischen Schulzeiten.
- In diesen Zusammenhang gehören aber auch einige für unsere Zivilisation und für unsere Gesellschaft existentielle Fragen. Es beginnt bei der grundlegenden Frage familiärer Erziehung bis zu unserem Staats- und Gesellschaftsverständnis. Hier dazu nur ein paar Stichworte: Wenn die erwachsene Generation, die «Welt der Väter und Mütter» sich «so weit oben», auf einem so «hohen (elaborierten) Niveau» in jeder Hinsicht (materiell, geistig, gesellschaftlich) befindet, ergibt sich zwischen ihr und dem heranwachsenden Einzelnen bzw. der heranwachsenden Generation, «der Welt der Söhne und Töchter» eine immer grössere Distanz. Die Wegstrecke, um «auch dorthin zu gelangen», wird immer grösser, jene Welt immer unerreichbarer. Durch die - sich ebenfalls in einem raschen Tempo vollziehende - Differenzierung der Kulturbereiche, sind auch bald alle «Nischen», in denen man noch etwas «Neues» machen könnte, besetzt. Sowohl «jene Welt» zu erreichen wie das Bedürfnis nach einer selbst zu gestaltenden Nische sind aber grundlegende und legitime Bedürfnisse jedes einzelnen Heranwachsenden und jeder heranwachsenden Generation. Dieser Gedankengang und entsprechende

Lösungsmöglichkeiten könnten z. B. durchaus dazu beitragen, das Problem des Generationenkonflikts in einem neuen Lichte zu sehen und eventuell zu mildern. Entsprechende Lösungen könnten zur Verständigung und Begegnung der Generationen bzw. der Menschen zu den Institutionen beitragen (vgl. z. B.: Blesi P., Lattmann U. P. (Hrsg.): Konflikt und Begegnung der Generationen, Zug 1979).

- Auch unter sozialpsychologischen und gesellschaftsorientierten Gesichtspunkten wirft die Häufung des kulturellen Leistungsstandes und die rasch zunehmende Differenzierung und Vernetzung und die damit einhergehende Zunahme schulischer Unterrichtszeit (jeglicher Art und jeglicher Stufe) Probleme auf. Haeberlin und Niklaus haben in ihrem Buch «Identitätskrisen» diese Frage unter dem Gesichtspunkt von Schule und Bildung untersucht. Sie gehen der Frage nach, ob schulische Bildung nicht auch dazu führen könne, die Identitätsfindung zu erschweren, ja gar zu verunmöglichen. Dies kann vor allem dann geschehen, wenn sich Brüche zwischen Herkommen (Familienerziehung, Familienstatus, Sprache usw.) und schulischer Laufbahn («Aufstieg durch Bildung») einstellen und diese nicht integriert werden können.
- Jürgen Habermas hat anlässlich der Verleihung des Hegel-Preises 1974 eine Rede gehalten zum Thema «Können komplexe Gesellschaften eine vernünftige Identität ausbilden?» (In: Habermas J., Henrich D.: Zwei Reden, Frankfurt 1974). Ein Kerngedanke von Habermas' Überlegungen ist der, dass sich «eine Identität des Ich (. . .) nur an der übergreifenden Identität einer Gruppe ausbilden» kann. Habermas analysiert die Entwicklung des Verhältnisses von Gruppen- und Ich-Identität in der Menschheitsentwicklung. Im Laufe dieser kulturellen Entwicklung haben immer mehr Instanzen und Mechanismen zwischen Gruppe (Staat) und Individuum vermittelt bzw. vermitteln müssen. In unserer Zeit sind diese Vermittlungsinstanzen (z. B. universale Religionen, Grundsätze, Moral) immer unwirksamer geworden. Dies führte schliesslich dazu, dass zwischen Gruppe (Staat) und Individuum eine Spaltung stattgefunden hat, die auch die Identitätsfindung des Einzelnen erschwert.
- Schliesslich gehört in diese abschliessenden Überlegungen auch noch die (ethische) Frage nach der Verantwortung des Menschen im kulturellen Werdeprozess. Da der Mensch als Einzelner und/oder als Gruppe/Generation diese kulturellen Schöpfungen hervorbringt, hat er für sie selbst und für ihre Auswirkungen die Verantwortung zu übernehmen. Dieser Gesichtspunkt scheint mir gegenwärtig eine besondere Aktualität zu erhalten angesichts der schon erwähnten kulturellen Leistungen mit globalen und zeitlich schon kaum mehr zu überblickenden Wirkungen und Folgen. Es stellt sich hier auch die Frage, ob die Entwicklungen im ethisch-moralischen Bereich von Einzelnen und Gruppen einerseits und kulturell-technologischem Bereich andererseits wirklich parallel verlaufen seien oder ob nicht die Schere zwischen beiden immer grösser werde und ob sich nicht immer mehr Menschen allzugerne und allzuoft hinter «Sachzwängen», «kollektiver Schuldigkeit» usw. verbergen, anstatt ein eigenes moralisches Urteil und eigene Verantwortlichkeit für ihr Denken und Handeln zu entwickeln und zu übernehmen.

70 Vgl. als Überblick: Mühlbauer K. R.: Sozialisation, München 1980.

71 Hurrelmann K. (Hrsg.): Sozialisation und Lebenslauf, Hamburg 1976, S. 16; hier zit. aus Mühlbauer K. R.: Sozialisation, München 1980, S. 23 f.

72 Weber E.: Pädagogik, Grundfragen und Grundbegriffe, Donauwörth 1976[7], S. 39 ff.; vgl. dort auch die entsprechenden Literaturangaben.

73 Wilhelm Th.: Sozialisation und soziale Erziehung. In: Wurzbacher G. (Hrsg.): Sozialisation und Erziehung, Stuttgart 1974, S. 127–171; hier S. 166 f.

74 Adler A.: Psychotherapie und Erziehung, Bd. 3, Frankfurt 1983, S. 31; vgl. auch: derselbe: Der Sinn des Lebens, Frankfurt 1981, S. 72; Zeitschrift für Individualpsychologie, 1984, Heft 1: Gemeinschaftsgefühl.

75 Schweitzer A.: Kultur und Ethik, München 1960.

76 ebenda, S. 358.

77 ebenda, S. 28.

4. Die Sinnverwiesenheit des Menschen im Prozess der Selbst- und Wirklichkeitsgestaltung

Wenn das Denken sich auf den Weg macht, muss es auf alles gefasst sein, auch darauf, dass es beim Nichterkennen anlangt. Aber selbst wenn es unserm Willen zum Wirken beschieden sein sollte, endlos und erfolglos mit der Nichterkenntnis des Sinnes der Welt und des Lebens ringen zu müssen, so ist diese schmerzliche Ernüchterung für ihn dennoch besser als das Verharren in Gedankenlosigkeit. Denn schon diese Ernüchterung bedeutet Läuterung. (...) Es kann sein, dass wir uns darein schicken müssen, den Sinn der Welt dahingestellt sein zu lassen und unserm Leben aus dem Willen zum Leben, wie er in uns ist, einen Sinn zu geben.

Albert Schweitzer

Wir wissen längst, dass das Geheimnis die Zeitfälle frei behandelt und sehr wohl in der Vergangenheit sprechen mag, wenn es die Zukunft meint. Es ist möglich, dass die Aussage, Seele und Geist seien eins gewesen, eigentlich aussagen will, dass sie einmal eins werden sollen... Wo hier das Leben ist und wo der Tod, bleibt strittig; denn beide Teile, die naturverflochtene Seele und der ausserweltliche Geist, das Prinzip der Vergangenheit und das der Zukunft nehmen, jedes nach seinem Sinn, in Anspruch, das Wasser des Lebens zu sein, und jedes beschuldigt das andere, es mit dem Tode zu halten: keiner mit Unrecht, da Natur ohne Geist sowohl als Geist ohne Natur wohl schwerlich Leben genannt werden kann. Das Geheimnis aber und die stille Hoffnung Gottes liegt vielleicht in ihrer Vereinigung, nämlich in dem echten Eingehen des Geistes in die Welt der Seele, in der wechselseitigen Durchdringung der beiden Prinzipien und der Heilung des einen durch das andere zur Gegenwart eines Menschentums, das gesegnet wäre mit Segen oben vom Himmel herab und mit Segen von der Tiefe, die unten liegt.

Thomas Mann

Der Mensch steht als Werdender und Lernender in einem vielfältigen Beziehungsgefüge der kulturell-geistigen und mitmenschlichen Welt: Als ein Gestalter dieser Beziehungen und als ein durch sie gestaltet Werdender, als ein Handelnder und als ein «Erleidender». Dies führt uns zu den Fragen, wer dieser Handelnde und Erleidende sei. Es ist auch die Frage nach demjenigen, an den der Auftrag aus dem ersten Kapitel «Erkenne Dich selbst» gerichtet ist und nach der Art und Weise, wie er – nach sich selbst und der Welt fragend – diesen Auftrag zu beantworten versucht. In diesem Fragen und im Antworten übersteigt der Mensch sich selbst, eröffnet er sich der Welt und dem Mitmenschen. Dadurch sieht der Mensch sich selbst als Wesen in einem grösseren Zusammenhang, und er fragt nach seiner Bedeutung in diesem grösseren Ganzen und nach der Bedeutung des Ganzen und seiner Elemente. So sieht sich der Mensch vor die Frage nach dem Sinn gestellt, er wird empfänglich für Sinn und muss Sinn geben.

4.1 Die Frage nach dem Menschen als Frage nach dem Sinn

Als der Mensch begann, sich seiner selbst bewusst zu werden und zu fragen, wer er sei, bahnte sich in ihm wohl auch das Interesse und damit das Fragen an nach dem, was ihn umgab. Immer aber war es das Individuum, ein gleiches Ich, das diese Fragen ein Leben lang stellte. Und es war das gleiche Ich, das das eigene Leben erlebte, im Wachsen, Gestalten, Fühlen, Denken, Wollen, Leiden, Glück und Sterben. Die Frage nach diesem Ich, nach dem Kern des Erlebens war von Anfang an eng an die Frage nach dem Menschen überhaupt gebunden. Die Antworten, die der Mensch im Laufe der Geschichte auf die Frage nach dieser Mitte des Menschen gab, trugen und tragen Namen wie Herz, Seele, Ich, Selbst, Selbstbewusstsein, Person und Persönlichkeit.

4.11 Der Mensch als personales Wesen

Frühe Völker haben oft das Herz als eine solche Mitte menschlichen Fühlens, Wollens und Denkens gesehen, wie man noch heute in religiösen Symbolen sehen kann. In der griechischen und römischen Philosophie wurde diese Instanz meist als Seele (Psyche) beschrieben, wobei die Vorstellungen darüber unterschiedlich waren. Entweder bestand die eine Seele aus verschiedenen Seelenanteilen oder verschiedene Seelenbegriffe (z. B. Körperseele, Geistseele) existierten nebeneinander und waren aufeinander bezogen.

Pongratz weist in seiner «Problemgeschichte der Psychologie» die Entwicklung des Begriffes Seele von Augustinus (354–430) bis zu modernen Seelenlehren in der Psychologie nach. [1] In der jüngeren Psychologie ist anstelle des Begriffes Seele meist der Begriff Person oder Persönlichkeit getreten. Ursprünglich entstand der Begriff Person in philosophischen und theologischen Zusammenhängen, und er ist bis heute in der Philosophie und Theologie ein zentraler Begriff geblieben. Gerade über das Verständnis von Person und Persönlichkeit prägten philosophische, theologische und psychologische Theorien auch das jeweilige Bild vom Menschen und seiner Erziehung und Bildung. [2]

Etymologisch lässt sich das Wort Person vermutlich von der Tonmaske des antiken Schauspielers ableiten: Prosopon (τό πρόσωπον) bedeutet das Gesicht, die Maske des Schauspielers, auch die Rolle des Schauspielers. Lange brachte man Person mit dem lateinischen Verb personare in Verbindung, d. h. mit dem Hindurch-Tönen (per-sonare) der Stimme des Schauspielers durch die Maske. Heute gilt eher die Hypothese, dass prosopon auf den etruskischen Gott Phersu zurückzuführen sei. Phersu wird auf Fresken in etruskischen Grabkammern gewöhnlich maskiert dargestellt.

Sowohl in den philosophisch-theologischen wie in den psychologischen Vorstellungen und Definitionen von Person sind «Individualität», «Substantialität» und «Geistigkeit» wesentliche Begriffselemente. [3]

Schon der römische Philosoph und Dichter Boëthius (480–524) definierte Person in diesem Sinne: «Persona est substantia individua rationalis natura» - Person ist die individuelle Substanz geistiger Natur -. An dieser Definition orientierte man sich in der Folgezeit. Immanuel Kant schrieb 1798 in seiner «Anthropologie in pragmatischer Hinsicht» im ersten Buch: «Dass der Mensch in seiner Vorstellung das ICH haben kann, erhebt ihn wesentlich über alle anderen auf Erden lebenden Wesen. Dadurch ist er eine *Person* und, vermöge der Einheit des Bewusstseins, bei allen Veränderungen, die ihm zustossen mögen, eine und dieselbe Person, d. h. ein von *Sachen,* dergleichen die vernunftlosen Tiere sind, mit denen man nach Belieben schalten und walten kann, durch Rang und Würde ganz unterschiedenes Wesen.» [4]

Hans Binder hat in seinem Buch «Die menschliche Person» unter anthropologisch-medizinischen Gesichtspunkten die verschiedenen Auslegungen und Theorien des Personenbegriffs dargestellt. Als Kernfrage, um die «alles Denken, das schon seit vielen Jahrhunderten um das Rätsel der menschlichen Person kreist», entpuppt sich immer wieder, «dass der Mensch nicht einfach leben kann, sondern sein Leben *führen* muss. Diese Führung ist es, in der sich offenbar das Walten der Person hauptsächlich ausdrückt. Daraus ist zu entnehmen, dass die Person nicht eine blosse Ansammlung von alledem sein kann, was sich am Menschen überhaupt feststellen lässt, sondern dass sie ein besonderes ausgezeichnetes Ordnungssystem sein muss, das vor allem die Selbststeuerung des Menschen besorgt, weshalb er als Person das Leben wirklich in seine Hände zu nehmen und zu lenken vermag.» [5]

In unserem Zusammenhang können wir Person als jenen tragenden Grund bezeichnen, der dem Menschen im steten Werden Bewahrung, Identität und Kontinuität gibt. Person ist das Identische im Werdeprozess, das individuelle Ich. Dieser tragende Grund ist sozusagen das Bleibende im steten Wandlungsprozess, im Werden. Erst beide bilden in ihrem Zusammenwirken das Ganze des Werdeprozesses. Personwerdung könnte so als die im Prozess der Selbst- und Wirklichkeitsgestaltung stets von neuem sich aktualisierende Person verstanden werden. [6]

4.12 Die Sinnorientierung

In diesem Prozess, so haben wir einleitend festgestellt, übersteigt der Mensch fragend und antwortend sich selbst. Personwerdung besagt auch, sich öffnen für und sich hinordnen auf die Mitmenschen und die Kultur. Schon der Begriff Person weist auf «Interpersonalität» hin. Person bezeichnet die «radikale Autonomie» und Selbständigkeit und gleichzeitig den «Ort aller Begegnung, allen Austausches, aller Mitteilbarkeit». [7] In diesem Sinne ist Person-Sein Ausdruck, jeweilige Ausprägung eines Geschehens. In diesem Geschehen geht der Mensch «über sich hinaus auf das Andere, das Wesenhafte zu, und kommt ebendarin erst wirklich zu sich selbst». [8]

In diesem Sich-selbst-Übersteigen erfährt der Mensch das Ausser-ihm-Liegende, und indem er sich mit diesem auseinandersetzt, wird es für ihn bedeutungsvoll, und er sucht sich über seine Bedeutung in diesem Geschehen klar zu werden. So beginnt er, nach dem Sinn und Ziel dieses Geschehens mit ihm und um ihn zu fragen. Man könnte fast sagen, hier erfahre die Frage nach der Gerichtetheit des Lebens bzw. des menschlichen Lebens, wie wir sie in Kapitel 2.32 aufgeworfen haben, ihre anthropologische Deutung im Sinne der Sinngerichtetheit.

Die Antworten, die die Menschen sich gegeben haben oder sich offenbaren liessen, sind vielfältig. Sie sprechen aus dem Mythos, aus der Religion und aus der Philosophie zu ihm. Der Mensch sucht auch danach in sinnvollen Gestaltungen des Lebens, in ethischen und wissenschaftlichen Systemen. So erhält die Sinnverwiesenheit des Menschen verschiedenste Ausdrucksformen. In all diesen Formen stellen wir aber fest, dass einzelne Sinngebungen immer auf einen grösseren Zusammenhang weisen, auf einen Sinnzusammenhang. Unter diesem Gesichtspunkt kann man Sinn definieren als «die im Verstehen eröffnete geistige Bedeutung von etwas (z. B. unserer Handlungen, unserer Kulturschöpfung, des Schicksals, unseres Lebens, des Todes, des Daseins, U.P.L.) im Hinblick auf einen grösseren Zusammenhang, in den es sich einfügt (...) sowie die Bedeutung dieses grösseren Ganzen selbst für das in dem Ganzen in besonderer Weise Stehende».[9]

Die Sinnorientierung im menschlichen Leben erschliesst sich aber auch unter anderen Gesichtspunkten. Gerade die evolutionäre Betrachtungsweise des Universums und des Lebens führt den denkenden Menschen zur Frage, welche Bedeutung dieses ganze gewaltige Geschehen habe, welcher Sinn dahinterstecke. Schliesslich zeigt uns auch unsere eigene Geschichte, dass der Mensch, nachdem er die staunende Geborgenheit, in der er sich den Sinn seiner Existenz fraglos geben liess, verlassen hatte, stets fragend unterwegs ist, fragend nach sich selbst und dem Sinn seines Daseins. Offenbar ist der Mensch ein Wesen, dem es nicht gegeben ist, in voller Seinsfülle zu leben. Er sehnt sich stets nach etwas, glaubt, etwas verloren zu haben, hofft stets, etwas, was ihn glücklicher macht, finden zu können. Vielleicht sind es auch die Begrenzungen menschlichen Daseins, die er als Mangel empfindet und die ihn zur Frage nach dem Sinn seines Daseins führen. In diesen Begrenzungen erfährt der Mensch, erfährt sich die Menschheit als abhängig, als durch etwas ausser ihnen Wirkendes bedingt. Er erfährt, dass er endlich ist und diese Endlichkeit nicht in seiner Verfügungsgewalt steht. Viele Menschen, vielleicht vor allem in der heutigen Zeit, müssen zuerst an die Grenzen ihres Daseins gelangen, bis sie sich ihrer selbst, ihrer Personwerdung bewusst werden, um die Grenzen des eigenen Seins überschreiten zu können. Erst in diesem Erfahren der Grenzen des eigenen Seins eröffnen sich dann Sinnhorizonte innerhalb und ausserhalb der eigenen Existenz, werden eigenes und fremdes Leben, Natur und Kultur wertvoll. Hier zeigt sich auch ein neues Verständnis der Finalität menschlichen Werdens und Strebens. Finis heisst seiner lateinischen Wortbedeutung nach nicht nur Ziel, Zweck, Absicht, sondern auch - und dies in erster Bedeutung - Grenze, Grenzlinie.

Dieses Sinn- und Wertstreben und das Sinn- und Werterleben gehören wesensmässig zum Menschen, sind Grundlage seiner Selbst- und Wirklichkeitsgestaltung. Sinn und Werte sind ideelle Grössen im Sinne des Bedeutungsvollen «für die menschliche Existenz, sei es im Bereich der Lust, der Nützlichkeit oder der sittlichen Ordnung». [10] Damit im menschlichen Leben die einzelnen Werte zum Tragen kommen können, muss «eine allgemeine, die einzelnen Umstände übergreifende Zielsetzung bejaht» werden, «sei sie nun als Glück, als Werterfüllung, als Erfüllung des Gotteswillens oder als humanes Ideal umschrieben». [11] Das bedingt aber stets auch «die Bejahung eines prinzipiell möglichen Lebenssinnes».

Die Ausfaltung dieses für den einzelnen Menschen und für die Menschheit Bedeutungsvollen, dieses Sinnhorizontes, des grösseren Ganzen kann verschiedene Gestaltungen annehmen. In dem nachfolgenden Exkurs werde ich einige mögliche Antworten skizzieren, die sich die Menschen auf die Frage nach dem Sinn gegeben haben und geben.

4.2 Exkurs: Mögliche Wege auf der Suche nach Sinn

Wie eng die Sinnfrage an die Grundbestimmung menschlichen Lebens und menschlicher Lebensgestaltung gebunden ist, zeigt sich uns in den vielen und unterschiedlichen Wegen, die die Menschheit auf der Suche nach Sinn, nach übergeordneten Idealen beschritten hat. Nicht nur der einzelne Mensch, die Menschheit als solche ist seit ihren Anfängen auf der Suche nach einem sinnstiftenden grösseren Ganzen.

Die verlorene Geborgenheit oder die Trennung von Himmel und Erde

Wir haben in Kapitel zwei den nachgeburtlichen Zustand des Menschen als geradezu symbolhaft für seine Lebensweise gedeutet: Im Zustand des extrauterinen Frühjahrs offenbart sich seine gänzliche Hilflosigkeit und sein Angewiesensein auf die Mitmenschen, gleichzeitig aber zeigt sich darin auch seine körperlich-geistige Einheit mit ihrer fast unbegrenzten Lern- und Entfaltungsmöglichkeit. Ebenfalls symbolhaft kann das vorgeburtliche Leben des Menschen im Zustand der Mutter-Kind-Symbiose gedeutet werden. Das fraglose Dasein im bergenden Mutterleib kann als

«Ursprungseinheit» verstanden werden, als «Urganzheit», wo innen und aussen, Bewusstsein und Nichtbewusstsein, ICH und DU noch eins sind. Erich Neumann bezeichnet in seinem Werk «Ursprungsgeschichte des Bewusstseins» diese Phase, in der «das Unbewusste den Ichkeim noch völlig in sich enthält wie der Mutterleib den Embryo, in der ein Ich als Bewusstseins-Komplex noch nicht aufgetaucht ist, und keine Spannung zwischen dem Bewusstseins-Ichsystem und dem Unbewussten existiert», als uroborisch und als pleromatisch. «Uroborisch deswegen, weil in ihr das Symbol des Uroboros, der Kreisschlange, dominiert, das charakteristisch ist für die totale Unabgetrenntheit, in der alles in alles mündet, von allem abhängt und mit allen zusammenhängt; pleromatisch, weil hier der Ich-Keim noch in der ‹Fülle›, dem Pleroma, der vorgestaltigen Gottheit, lebt und, als Bewusstsein ungeboren, im Urei, in der Seligkeit des Paradieses ‹ur-ständet›. Das pleromatische Dasein gilt dem späteren Ich als Ur-Seligkeit, denn auf dieser Stufe gibt es noch kein Leiden, das erst mit dem Auftreten des Ich und der Ich-Erfahrung in die Welt tritt.» [12]

Der sich selbst bewusst werdende Mensch, der den Kampf mit den Herausforderungen des Lebens aufnehmen muss, sehnt sich nach diesem Urzustand, dieser Ureinheit. Das Ich tendiert danach, in das ursprüngliche Stadium des Unbewussten, aus dem es aufgetaucht ist, wieder zurückzukehren. Diese Sehnsucht des Menschen finden wir – als Projektion entstanden – nach Neumann in den Mythen, vor allem in den Schöpfungs- und Heldenmythen ausgedrückt. Diese zeigen symbolhaft den Vorgang von Loslösung, Kampf und Sehnsucht nach Wiedervereinigung, wie ihn die Menschheit in ihrem Werden als Gattung und wie ihn jeder Mensch individuell im Laufe seiner Selbst- und Weltgestaltung erlebt. Der Schöpfungsmythos der Maori offenbart diesen Zustand der Ureinheit, seine schmerzhafte Trennung und – in Form der Wehklagen – die Sehnsucht nach der Rückkehr in der ganzen Dramatik des Geschehens:

«Die Himmel, die über uns sind, und die Erde, die unter uns liegt, sind die Erzeuger der Menschen und der Ursprung aller Dinge.

Denn früher lagen die Himmel auf der Erde, und alles war Finsternis. Nie waren sie getrennt gewesen. Und die Kinder des Himmels und der Erde suchten den Unterschied zwischen Licht und Finsternis zu entdecken – zwischen Nacht und Licht. Denn die Menschen waren zahlreich geworden, aber die Finsternis währte noch fort.

Im Andenken an diese Zeit sagt man: ‹während der Nacht›, ‹die erste Nacht›, ‹von der ersten bis zur zehnten Nacht, von der zehnten bis zur hundertsten, von der hundertsten bis zur tausendsten Nacht›, was bedeuten soll, dass die Finsternis ohne Grenzen und das Licht noch nicht vorhanden war.

So ratschlagten die Söhne Rangis, des Himmels, und Papas, der Erde, miteinander und sprachen: ‹Lasset uns Mittel suchen, um Himmel und Erde zu vernichten oder sie voneinander zu scheiden›. Da sprach Tumatauenga: ‹Lasset uns die beiden vernichten›. Darauf sprach Tane-Mahuta: ‹Nicht also, sie mögen voneinander geschieden werden. Lasset den einen emporsteigen und für uns ein Fremder werden, den anderen lasset unten bleiben und für uns eine Mutter sein›. So beschlossen die Kinder des Himmels und der Erde, ihre Eltern voneinander zu reissen; Tawhiri-Matea allein hatte Mitleid mit ihnen. Fünf beschlossen, sie zu trennen, nur einer hatte Mitleid.

So suchten sie durch die Vernichtung ihrer Eltern die Menschen zu vermehren und gedeihen zu machen, und im Andenken an diese Dinge sagt man: ‹Die Nacht! die Nacht! der Tag! der Tag! das Suchen, das Ringen nach dem Licht! nach dem Licht!›.

Nun erhob sich Rongo-Matana, um den Himmel von der Erde zu trennen, aber es gelang ihm nicht. Dann versuchte Haumia-Tikitiki seine Kraft, aber es gelang auch ihm nicht. Dann erhob sich Gangaroa, um seine Eltern auseinanderzureissen, aber er konnte es nicht tun. Tumatauenga versuchte es dann, doch auch sein Bemühen war ebenfalls erfolglos.

Zuletzt erhob sich Tane-Mahuta, der Waldgott, um gegen Himmel und Erde zu kämpfen. Seine Arme erwiesen sich als zu schwach, so beugte er sein Haupt nieder, stiess mit den Füssen nach oben und riss sie auseinander. Da wehklagte der Himmel und rief die Erde: ‹Weshalb dieser Mord? Warum diese grosse Sünde? Warum willst du uns vernichten? Warum willst du uns trennen?› Aber was kümmerte dies Tane? Aufwärts sandte er den Einen, abwärts die Andere, und daher spricht man: ‹Tane stiess, und Himmel und Erde wurden geschieden›. Er ist's, der die Nacht von dem Tage getrennt hat.» [13]

Mit dem Trennen der Ureltern oder mit dem Erkenntnisakt hat sich das Bewusstsein aus der Umklammerung des Unbewussten gelöst. Nun ist das Bewusstsein ein selbständiger Teil. Die Problematik der Gegensätze hat begonnen. Das ewige Hin und Her und das Suchen nach einer neuen Einheit hat damit seinen Anfang genommen. Die Menschheit selbst hat die Einheit zerstört. Dafür muss sie nun büssen und sühnen. Jetzt muss sie einen harten Kampf kämpfen, bis sie wieder in einem neuen «Uroboros», in einem neuen Paradies ausruhen darf. Das Bewusstsein muss sich gegenüber dem Unbewussten bewähren und behaupten, denn das Unbewusste will sich für die schändliche Tat rächen und versucht, das Bewusstsein an seiner Weiterentwicklung zu hindern. So bildet das Unbewusste für das Bewusstsein eine ständig drohende Gefahr. Es ist wie ein Ungeheuer, das mit aufgesperrtem Rachen wartet, bis es das Bewusstsein von neuem verschlingen kann. Das Bewusstsein ist anfangs winzig klein. Es ist der drohenden Übermacht des Unbewussten ausgeliefert, wie ein Säugling seiner Mutter und der Umwelt ausgeliefert ist. Von dieser Situation berichten uns dann wiederum die Mythen und Sagen in ihrer symbolreichen Sprache. In den Mythen und Religionen der Völker wird der psychische Prozess, der die Vorstellung der Ganzheit und deren Verluste bzw. den Wiederbeginn bild- und symbolhaft ausdrückt, dargestellt. Dieser Prozess ist in seinen Strukturen in anthropologisch-psychologischer

Hinsicht immer wieder ähnlich: Der Beginn ist gekennzeichnet durch den glücklichen, harmonischen Zustand, durch das Paradies. Die Rückbindung des Menschen an den Kosmos, an ewige Gesetze, an die Transzendenz ist da noch vorhanden. Die Sinnfrage stellt sich nicht als Problem, der Mensch ist aufgehoben in den ewigen Gesetzen, im ewigen Sinn, im Kreislauf der Dinge. Er ist eingefangen vom Unendlichen, eingebettet in die kosmische Ordnung. Die «Chiffren der Transzendenz» (Jaspers) sind ihm noch verständlich.

Irgendwann einmal aber erwacht im Menschen das Bedürfnis, auszubrechen, aus dieser Harmonie auszusteigen, die Welt selber zu erfahren, die engen Grenzen zu sprengen, er beginnt, selbständig zu denken, zu zweifeln und sich Fragen zu stellen. Das ist der Sündenfall, der «Apfelbiss».

Damit ist das Schicksal des Menschen vorläufig bestimmt. Er hat die Harmonie aufgekündigt, also soll er nun die Widersprüche selber erfahren, soll suchen und sich mühsam eine neue Einheit erwerben, eine neue Harmonie erarbeiten. Aber ihm bleibt ein ständiges Heimweh nach diesem harmonischen Zustand, nach dem Paradies. So macht er sich Bilder, vertröstet sich auf ein Leben, das nach dieser Pilgerschaft anbricht, das ihm diese Harmonie wiederum gibt, dieses Aufgehobensein, bis er wiederum eintaucht ins Unendliche.

Die Sinnfrage angesichts der Bedingtheit menschlichen Seins

Das Gefühl, seinen Ursprung, einen Zustand des Glücks, der Einheit und Ganzheit aufgegeben zu haben, begleitet den Menschen, seit wir Zeugnisse über ihn besitzen. Dieses Empfinden drückt sich auch immer aus als ein Verlorensein im gewaltigen Kosmos, als ein Gefühl der Nichtigkeit und Sinnlosigkeit. Man könnte wohl die ganze Geschichte der Menschheit unter diesem Gesichtspunkt betrachten. Der Mensch würde sich uns dann zeigen als einer, der stets auf der Suche nach dem Sinn ist. In diesem Suchen nach Sinn erfahren die Menschheit und der Mensch auch ihre Begrenztheiten, ihre Vorläufigkeit, ihre Endlichkeit. Dieses Erfahren des Fragmentarischen, von Freud, Leid, Geburt und Tod, kurz des Bedingten im menschlichen Leben, lassen den Menschen sein Dasein grundsätzlich als fragwürdig erscheinen. Erfährt der Mensch sein symbolisches Eingespanntsein zwischen Unzulänglichkeiten und Weltoffenheit unbewusst, so erlebt er im Verlaufe seines Lebens, vor allem in den Grenzsituationen, diese Ambivalenz seiner Geistigkeit und Freiheit in schmerzlicher Weise. Das führt den Menschen immer wieder zum Verlassen des Hier und Jetzt, zur Ausschau «nach drüben» (Goethe). So wird auch hier sichtbar, wie der Mensch sich selbst übersteigt. Bei der Suche nach einer Antwort auf dieses Fragmentarische seiner Existenz stösst er in seinem Fragen an die Grenzen des Erkennbaren und Denkbaren, damit sogar an die Grenzen des Erfragbaren – und damit des Beantwortbaren. Es bleibt ihm dann das bescheiden-demütige Stillestehen, Stillesein, vielleicht das Staunen, das Akzeptieren des Geheimnisvollen, Unbeantwortbaren. Hier wird vielleicht am deutlichsten sichtbar, dass «das menschliche Wesen (...) nicht ‹begriffen›, sondern nur ‹verstanden› werden» [14] kann, dass der Mensch tatsächlich «die Frage, auf die es keine Antwort gibt», ist. Hier offenbart sich jene Dimension, die wir auch als religiöse Dimension des Mensch-Seins bezeichnen können, als Aspekt der Transzendenz im anthropologischen Sinne. [15] In dieser, in der ursprünglichen Bedeutung verstehenden religiösen Erfahrung wird die Sinnverwiesenheit des Menschen als einer Grundbefindlichkeit sichtbar. [16]

Unter anthropologisch-historischen Gesichtspunkten geht Gerhard Szczesny in seinem Aufsatz «Zur Naturgeschichte des religiösen Empfindens» [17] der Frage nach, ob es eine natürliche Religiosität gebe, wo sie sich verankere und wie sie sich bemerkbar mache. Szczesny geht – kurz zusammengefasst – davon aus, dass der Mensch ein Bedürfnis verspürt, sich von den übergewaltigen Mächten der Natur zu befreien, Erklärungen für die unverständlichen Naturereignisse und für das eigene Schicksal, letztlich für die eigene Ohnmacht zu finden. So ordnet er «alles», was ihm zustösst, «in ein magisches und ein mystisches Bezugssystem» ein, «indem er zu wissen glaubt, was ihm zustösst. Mythen und Kulturhandlungen heben eben die Naturzwänge nicht auf, machen aber den Menschen zum Mitwisser und Mitspieler.» [18] In einem weiteren Schritt erhebt der Mensch diesen Bereich in die Kultursphäre. Diese natürlichen religiösen Empfindungen nennt Szczesny «Naturfrömmigkeit und Schönheitsempfinden» und definiert Religiosität schliesslich «als unmittelbare Vergewisserung des Unbedingten in allem Bedingten über das Medium der Seele». [19] Im Laufe unserer abendländischen (Kultur-)Geschichte wurde diese Religiosität durch verschiedene Vorgänge (Einschränkung des Religiösen auf das Heilsgeschehnis, Wissenschaftsglaube, politisch-sozialer Ethizismus, Institutionalisierung) verdrängt. Religiosität ist also nach Szczesny ursprünglich in den natürlichen Lebensvollzug einbezogen, wurde aber im Laufe der Kulturentwicklung immer mehr in eine besondere Sphäre hinausgedrängt. Man könnte fast sagen, die Menschen hätten sich dieser natürlichen Religiosität entfremdet, hätten die Rückbindung (Re-ligio) an das Transzendente verloren. Dadurch ging – vermutlich – jenes Gefühl der Geborgenheit verlustig, aus dem heraus sie auch die Bedingtheit ihrer Existenz und ihre Endlichkeit als sinnvoll, als eingebettet in ein grösseres sinnvolles Ganzes erfahren und ertragen konnten.

Die Geschichte der Menschheit und der einzelnen Völker zeigt uns verschiedene Antworten, die die Menschen auf ihre Erfahrung des Bedingtseins und auf ihr Bedürfnis nach Glück, Erlösung und Heil zu geben versuchen. Im Vordergrund stehen die Antworten der Religionen. Gerade in ihnen finden wir jene Form ausgeprägt, in der von einem sinnstiftenden Ganzen heraus der Mensch, das menschliche Dasein und die Welt gedeutet, verstanden werden. Es gehört zum Wesen der Religion, dem Menschen «einen umfassenden Lebenssinn» zu vermitteln. [20] Auch wenn Religion ein Begriff ist, der «Unähnlich – Ähnliches» umschliesst, ist es möglich, in den – grossen – Religionen «bei aller Unähnlichkeit (...) doch auch Ähnlichkeiten» festzustellen. [21] «Immer geht es in der Religion um eine erlebnishafte ‹Begegnung mit dem Heiligen› (...) – mag diese ‹heilige Wirklichkeit› nun als Macht, als Mächte (Geister, Dämonen, Engel), als (personaler) Gott, (apersonales) Göttliches oder irgendwie letzte Wirklichkeit (Nirvana) verstanden werden.» Religion ist für den Menschen «eine gläubige Lebenssicht, Lebenseinstellung, Lebensart, ist deshalb ein Menschen und Welt umgreifendes individuell-soziales Grundmuster, durch das der Mensch (ihm nur teilweise bewusst) alles sieht und erlebt, denkt und fühlt, handelt und leidet». Religion sollte also eine einheitliche, ganzheitliche Sichtweise des Menschen und der Welt ermöglichen und von diesem Mittelpunkt, der heiligen Wirklichkeit aus Sinn vermitteln. Diese Vermittlung vollzieht sich im Glauben. Der Kern der erlebnishaften Begegnung mit dem Heiligen liegt im Glauben. Der Glaube hat sein Fundament oder mindestens seinen Bezugspunkt in der Offenbarung, die auf ein Jenseitiges verweist. Jenseitige Glückseligkeit wird – meist als Befreiung vom irdischen Dasein mit seinem fragmentarischen Charakter und mit seiner Vergänglichkeit – als letztes Ziel, als Sinn des Lebens angestrebt. Die Antworten auf die Frage nach dem Wege zu diesem sinngebenden Ziel, nach dem Heilswege, werden durch Gott bzw. durch Gottes Wort gegeben.

In der christlichen Religion eröffnet sich durch dieses Wort Gottes der letzte Sinnzusammenhang. Trotz der verschiedenen Bedeutungen, die dieses Wort Gottes in den christlichen Lehren einnimmt, kann man in unserem Zusammenhang im Anschluss an Paul Tillich sagen, dass es immer wieder die Bedeutung hat von: « ‹Gott ist offenbar› – offenbar in ihm selbst, in der Schöpfung, in der Offenbarungsgeschichte, in der letztgültigen Offenbarung, in der Bibel, in den Worten der Kirche und ihrer Glieder. ‹Gott offenbar› - das Geheimnis des göttlichen Abgrundes, das sich ausdrückt im göttlichen logos - das ist der Sinn des Symbols ‹Wort Gottes›.»[22]

In eben der Annahme, im Sich-geben-Lassen dieser Antwort hat sich in unserer abendländisch-jüdisch-christlichen Kulturentwicklung der nach sich selbst und über sich selbst hinaus fragende Mensch schwer getan. Wir begegnen hier wieder dem im ersten Kapitel symbolhaft formulierten doppelten Auftrag des delphischen Gottes: Dem «Erkenne Dich selbst» und wisse, dass du nicht bist wie die Gottheit. Gerade die Geschichte der christlichen Religion zeigt seit ihren Anfängen dieses Spannungsverhältnis zwischen Sich-die-Antwort-geben-Lassen und Sich-die-Antwort-selbst-Geben, zwischen Glaube und Wissen, zwischen Offenbarungsglauben und Vernunftglauben, zwischen Philosophie und Religion. Wie ein roter Faden durchzieht dieses Spannungsverhältnis die abendländische Geschichte: Von der anfänglichen Dominanz des Glaubens etwa bei Augustinus («Glaube, damit Du einsiehst» - crede, ut intelligas) über den Versuch der Synthese bei Thomas von Aquin bis zum Trennungsprozess in der Form eines Gegensatzes seit der Aufklärung und zum vorläufigen Höhepunkt in unserer Zeit.

Wilhelm Weischedel hat diesen Prozess in einem umfassenden Werk unter dem Titel «Der Gott der Philosophen» analysiert.[23] Ich habe in Anmerkung 24, ausgehend von Weischedel und Josef Pieper, einige Etappen dieses Weges skizziert.

Als ein Versuch, eine religiöse (und theologische) Antwort auf die Frage nach Sinn aus dem Leben selbst als dem sinnstiftenden Gesamtzusammenhang zu geben, kann eine Variante jener theologischen Richtungen gesehen werden, die man als säkulare Religionsentwürfe bezeichnen könnte.[25] Die umfassende Sinngebung wird hier aus einem totalen Engagement an das Leben vorgenommen. Das Gottesverständnis wird hier als Transzendenz in der Immanenz verstanden. In der politischen Theologie von Dorothee Sölle z. B. erhält diese säkularisierte Form der religiösen Sichtweise des Menschen ihren akzentuierten Ausdruck. Religion hat immer schon Antworten im Bewusstsein gegeben, «dass das Leben auf dem Spiel steht, sinnlos werden kann», sagt Dorothee Sölle.[26] Die Ängste der Menschen vor Selbst- und Sinnverlust wurden «in den religiösen Traditionen aufgefangen». In der neueren Zeit, «in einer auf Unterdrückung und Tod hin orientierten Gesellschaft», hat nach D. Sölle die totale Konsumierung des Lebens und der Welt den Menschen von sich, von der Natur, von seiner Arbeit und von seiner Religiosität weggeführt. Damit sind «Sinn und Vertrauen in das Ganze für zunehmend mehr Menschen unerreichbar geworden». Um die «Angst vor dem Verfehlen des Lebens, vor der Zerstörung der Ganzheit, vor dem Verlorengehen» aufzufangen, ist ein Glaube notwendig, der ein tiefes Vertrauen in das Leben hat, es ist «ein grosses Ja zum Leben». [27] Wenn ich mich zu diesem Ja zum Leben entschieden habe,

«dann erfahre ich, dass ich nicht der verfügende Herr über mein Ja bin. Wir sind nicht einfach die Herren unseres Glaubens. Das Ja ist wie jedes wirkliche Ja immer ein antwortendes, responsives Ja. Der responsive Charakter gehört zur Erfahrung des Glücks überhaupt. Glück ist nicht einfach sprechen können, es ist vielmehr jemandem oder einer Situation entsprechen können, es ist ein Sich-anrühren-Lassen und Partei-Ergreifen, obwohl der Zynismus unserer Situation gerade darin besteht, uns leidens- und mitleidensunfähig zu machen. (. . .) Wir haben Techniken aller Art entwickelt, das Leiden zu vermeiden, aber in Wirklichkeit vermeiden wir das Leben.» [28]

Aus diesem Leben heraus spricht das Wort Gottes in seinem verändernden, das Bestehende transzendierenden Charakter. «Das ist nicht das Wort, das in einem bestimmten Buch aufbewahrt, einer bestimmten Institution oder ihren Würdenträgern zugeordnet ist, sondern das Wort, das lebendig macht; das uns erlaubt, das Leben zu wählen», [29] ein Leben, das den Menschen und die Menschheit zu einem «realen Humanismus» führen soll. [30]

Die Gespaltenheit in der menschlichen Erkenntnisweise und die Chiffren der Ganzheit

Ein anderer Sinnhorizont eröffnet sich dem fragenden Menschen in der Philosophie und der Religionsphilosophie. In verschiedener Weise wurde vom philosophischen Standpunkt aus versucht, jenen grösseren Sinnzusammenhang, das grössere Ganze aufzuzeigen. Dabei zeigt sich in den philosophischen Antworten ebenfalls das Ringen um die Abgrenzung zwischen Wissen und Glauben, hier aber vom philosophischen Standpunkt aus. Es kommt hinzu, dass durch die zunehmende Beherrschung der Lebensweise und Sichtweise des Menschen durch Naturwissenschaft und Technik die während Jahrhunderten immerhin noch (mühsam und kunstvoll) zusammengehaltene Einheit von Wissen und Glauben durch eine vorwiegend auf Nützlichkeit, Anwendbarkeit und Zweckmässigkeit ausgerichtete Erkenntnis grundsätzlich bedroht wird. Schon Max Scheler hat u. a. in seiner Studie «Erkenntnis und Arbeit» im Jahre 1926 eine Antwort auf die Bedrohung einer ganzheitlichen Sichtweise des Menschen und des Lebens aus philosophischer Sicht formuliert. [31] Scheler versucht darin, die Möglichkeit einer «Einheit der Idee des Wissens» aufzuweisen. Scheler geht davon aus, dass Wissen ein Seinsverhältnis sei und von daher das Ziel des Wissens nicht selbst ein Wissen sein könne. Ziel des Wissens sei vielmehr «ein Werden - ein Anderswerden».[32] Scheler versucht, in diesem Anderswerden einen Bezugspunkt für die Einheit des Wissens aufzuzeigen. Wissen hat dann dem Werden zu dienen. «Dann erhebt sich die Frage: dem Werden wovon? dem Werden wessen? und dem Werden wozu?»[33] Scheler glaubt, gemäss diesen drei Fragen «drei oberste Werdensziele, denen Wissen dienen kann und dienen soll», feststellen zu können:

«Erstens dem Werden und der Entfaltung der *Person,* die weiss - das ist *‹Bildungswissen›*. Zweitens dem Werden der *Welt* und (vielleicht) dem zeitfreien Werden ihres *obersten Soseins- und Daseinsgrundes* selbst, die in unserem menschlichen Wissen und jedem möglichen Wissen um Welt und Weltgrund zu ihrer eigenen Werdens‹bestimmung› kommen oder doch zu etwas, ohne das sie ihre Werdensbestimmung nicht erreichen können - dieses Wissen um der Gottheit willen heisse *‹Erlösungswissen›*. Und es gibt drittens das Werdensziel der praktischen *Beherrschung* und Umbildung der Welt für unsere menschlichen Ziele und Zwecke - jenes Wissen, das der Pragmatismus sehr einseitig, ja ausschliesslich im Auge hat - das ist das Wissen der positiven ‹Wissenschaft›, das *‹Herrschafts-› oder ‹Leistungswissen›*.»

Für Scheler besteht zwischen diesen drei Werdenszielen, denen Wissen zu dienen hat, auch eine «objektive Rangordnung»:

«Vom ‹Beherrschungswissen›, das der praktischen Veränderung der *Welt* und den möglichen Leistungen dient, durch die wir sie verändern können, geht die Wegrichtung zum ‹Bildungswissen›, durch das wir das Sein und Sosein der *geistigen Person* in uns zu einem Mikrokosmos erweitern und entfalten, indem wir an der Totalität der Welt, wenigstens ihren strukturellen *Wesens*zügen nach, in der Weise unserer einmaligen Individualität Teilhabe zu gewinnen suchen. Und vom ‹Bildungswissen› geht die weitere Wegrichtung zum ‹Erlösungswissen›, d. h. zu dem Wissen, in dem unser Personkern an dem *obersten Sein und Grunde der Dinge* selbst Teilhabe zu gewinnen sucht, respektive ihm solche Teilhabe durch den obersten Grund selbst zuteil wird; oder auch: in dem der oberste Grund der Dinge, insofern er sich selbst und die Welt in uns und durch uns ‹weiss›, *selbst* zu seinem unzeithaften Werdensziel gelangt - zu irgendeiner Art der Einigung mit sich selbst, zur Erlösung von einer in ihm gelegenen ‹Spannung› und ‹Urgegensätzlichkeit›. Sogenanntes ‹Wissen um des Wissens willen› also gibt es nirgends, und darf es und ‹soll› es auch gar nicht geben - und es hat es ernstlich auch nie und nirgends auf der Welt gegeben.»

In anderem Zusammenhang sagt Scheler, dass diese drei Wissensformen zwar in verschiedener Hinsicht wesensverschieden, aber «als Aufgabe und Problem dem Menschengeiste ursprünglich eigen» seien.[34] Seine Kritik richtet sich denn auch nicht gegen die Existenz der einzelnen Wissens- und Lebensform, sondern seine Sorge gilt ihrem möglichen bzw. zunehmenden Auseinanderklaffen und der zunehmend formal-mechanistischen Weltansicht, in der die «praktischen Motive» mit dem an sich «ganz irrationalen Axiom[s], die Welt ‹müsse› restlos lenkbar sein»,[35] immer mehr die Oberhand gewinnen.[36]

Karl Jaspers (1883–1969) weist in seinem umfassenden Werk «Der philosophische Glaube angesichts der Offenbarung» aus dem Jahre 1948 ebenfalls darauf hin, dass unsere Zeit durch eine zunehmende Verwissenschaftlichung gekennzeichnet ist.[37] Die (natur)wissenschaftlich-technische Durchdringung des Lebens und der Welt «ist in ihren Folgen und in ihrem Selbstverständnis zweideutig».[38] «Sie ist zur Gefahr für den Menschen und für sein blosses Dasein geworden.» Denn «sie verbindet die Menschen nur in ihrem Verstand, nicht als sie selbst. Sie bringt mit der Einmütigkeit in ihrem Erkennen nicht auch schon den gemeinsamen Boden des Lebens selber.» Jaspers postuliert anstelle «des alten Gegensatzes von Vernunfterkenntnis und Glaubenserkenntnis die moderne Dreigliederung: Wissenschaft, Philosophie, Theologie».[39]

Diese drei Erkenntnisformen – als «Offenbarungsglaube, Verstandeserkenntnis, philosophischer Glaube»[40] – können und sollen im Dialog sich ergänzend nebeneinander existieren, insbesondere auch Offenbarungsglaube und philosophischer Glaube. Der Analyse dieser beiden ist Jaspers' Untersuchung hauptsächlich gewidmet. Da sie von ihrem Ursprung her «verschiedene Weisen der Lebenspraxis und des zu ihnen gehörenden Glaubens sind», schliessen sie sich in einem gewissen Sinne aus: «Sie können nicht im selben Menschen verwirklicht werden. Sie schliessen sich aber nicht aus, wenn sie durch verschiedene Menschen in der Welt sich begegnen.»[41] Da Glaube «nicht ein Wissen von etwas» ist, «das ich habe, sondern die Gewissheit, die mich führt»[42], da Glaube das «Umgreifende», das «Ganze» bedeuten kann, eröffnet sich auch dem philosophierenden Menschen eine Weise des Glaubens, der philosophische Glaube. Aber

> «der philosophische Glaube, folgend der ihm zugänglichen Wahrheit und der Ferne der allen Menschen aus der Verborgenheit zugewandten Transzendenz, muss auf die reale Offenbarung verzichten zugunsten der Chiffren in der Bewegung ihrer Vieldeutigkeit. Dieser philosophische Glaube, in vielen Gestalten auftretend, wird nicht Autorität, nicht Dogma, bleibt angewiesen auf Kommunikation unter Menschen, die notwendig miteinander reden, aber nicht notwendig miteinander beten müssen.»[43]

Die Chiffren, in denen die Transzendenz sichtbar wird, sind vielfältig, zeigen sich jedem anders und sind nur solange erfahrbar, als wir uns von ihr «kein Bildnis und Gleichnis machen».[44] Ein solches Bild wäre notwendig losgelöst aus dem Ganzen und würde absolut. Ein solches Absolutes im Sinne einer harmonischen Einheit lässt sich «nicht begreifen, es sei denn um den Preis der Blindheit vor anderen Faktizitäten und Möglichkeiten».[45] «Wenn aber die Einheit eines Ganzen nicht ist, so doch das Streben zu ihr hin (Vernunft) und die Zugkraft von dem Einen (der Transzendenz) her. Die Vernunft als das umgreifende Band in ständiger Bewegung und das Eine der Transzendenz in unfasslicher Ruhe begegnen sich, beide gegenstandslos, beide jenseits der Subjekt-Objekt-Spaltung.»

Ausgehend davon, dass wir in unserem Leben «täglich die Ausstrahlungskraft religiöser Sinnstrukturen»[46] erfahren, zeigt Wuchterl in seiner Analyse «zur Aktualität der Religionsphilosophie», dass eine zeitgemässe Deutung und Bewertung des religiösen Phänomens im Leben der Menschen notwendig ist.[47] Wuchterl untersucht die Frage, wie die Religionsphilosophie dem heutigen Menschen «eine ‹vernünftige› Weltorientierung und intellektuell verantwortbare Lebensgestaltung» aufzeigen könne.[48] Von diesem Ziel her ergeben sich für Wuchterl für eine gegenwärtige Religionsphilosophie zwei Aufgaben:

«Als Vermittlerin zwischen Philosophie und Religion stellen sich der Religionsphilosophie heute daher zwei Aufgaben. Sie muss einerseits trotz der grossen Herausforderungen unserer Zeit religiöse Phänomene als solche wieder ernstnehmen. Das geschieht hier, indem sie die Grundstrukturen von Lebensformen, durch welche allein Wirklichkeit ermöglicht wird, als kontingente Setzungen durchschaut. Sie plädiert damit für eine tolerante Beurteilung weltanschaulicher Erscheinungen und entlarvt prinzipielle Areligiosität als willkürliche Ideologie. Um aber der allgemeinen Relativierung einer schrankenlosen Toleranz zu entgehen, hat Religionsphilosophie zugleich eine zweite Aufgabe. Sie muss die Bewährung sich etablierender Lebensformen unter dem Aspekt einer allgemeinen Humanität begründen und als entscheidendes Kriterium für deren Beurteilung herausarbeiten. Nur so können ‹Wirklichkeitsbewältigungen› durch Pol Pot-Massaker oder Khomeini-Blutgerichte von Lebensformen unterschieden werden, welche aus der Evidenz der menschlichen Vernunft unsere Zustimmung verdienen.»[49]

Die Religionsphilosophie, die diese Aufgabe zu lösen versucht, kann dem Menschen umfassende Sinnstrukturen, hingeordnet auf Menschlichkeit, eröffnen.[50] Der Leitbegriff des Humanum zeigt sich als «ein ganzes ‹System› von Beziehungen, das sich in Grundhaltungen (Offenheit, Abschiedlichkeit und Verantwortlichkeit) und ableitbare spezifische Haltungen (z. B. Wahrhaftigkeit, Sachlichkeit, Tapferkeit, Freimut, Gerechtigkeit) auffächert». Ein solcher Leitbegriff des Humanum kann als sinnstiftendes Prinzip in unserem Zusammenhang bezeichnet werden, als «das entscheidende Kriterium für jede vernünftige und intellektuell verantwortbare Weltorientierung und Lebensgestaltung».[51] An dieser Norm, nämlich den Menschen menschlicher zu machen, müssen sich «Vernunft, die den Glauben ergänzt, und Glaube, der die Vernunft vertieft»[52], orientieren.

4.3 Anthropologisch-pädagogische Gesichtspunkte zur Sinnorientierung

Der Mensch als Person ist in seinem Entfaltungs- und Selbstverwirklichungsprozess immer in ein vielfältiges kulturelles und soziales Beziehungsgefüge eingebettet. Josef Derbolav hat in seiner « ‹Pädagogischen Anthropologie› als Theorie der individuellen Selbstverwirklichung» und in seinem «Entwurf zu einer pädagogischen Verfassungsgeschichte des Individuums» [53] das Werden der Person als Personagenese bezeichnet. Sie tritt neben die Bio-, Psycho- und Soziogenese. Das Darstellungsprinzip besteht darin, «die individuelle Menschwerdung als eine genetische Aufbauordnung einander überhöhender und überformender Gewissensstrukturen zu begreifen, in denen jeweils (...) die Not eines Infragegestelltseins auf dem Wege eines sinnaufschliessenden Erfragens behoben und als neuer Horizont menschlicher Einsicht und Haltung eingebracht wird». [54] Von diesem Grundgedanken aus entwickelt Derbolav sechs Verfassungshorizonte des Gewissens als Entwicklung des Selbst. Das Selbst entwickelt sich in Auseinandersetzung mit Erfahrungen, die von aussen kommen und für das werdende Selbst (in dem die Aufgaben bewältigt werden) Sinn entfalten.

Dieser Prozess beginnt mit dem «Schrei des Neugeborenen» - hier wird die Not der elementaren Bedürfnisse erfahren, die in mitmenschlicher Solidarität behoben wird, wobei das Kind die «solidarische Verflochtenheit aller Menschen untereinander» erfährt. Der Prozess geht dann weiter über die «Erfahrung des Ordnungscharakters der Welt», in der das Kind «neben der Liebe auch den Zwang» erfährt und auf dem Wege über die Sinnerschliessung durch die Mutter einer ihm noch nicht durchschaubaren Welt zum Gehorsam geführt wird. Über weitere Stufen - u. a. Freiheit und Verantwortungsbereitschaft, Dienst und Hingabe an Ziele und Aufgaben - gelangt der Mensch im Prozess der Selbstverwirklichung zur Erfahrung der doppelten «Not des Versagens», «des eigenen Versagens und der Sprödigkeit eines Schicksals, das dem einzelnen die Möglichkeit echter Bewährung versagt. Aus der Resignation und Verbitterung heraus, die von einer solchen Erfahrung zunächst provoziert werden, ringt sich der Mensch schliesslich zur reifen Weisheit des Entsagen-Könnens und zum Anspruch des opferbereiten Dienstes im andern hindurch. Der Kreis ist damit geschlossen.» Er beginnt beim Schrei des Neugeborenen und endet in der Resignation des Alters, die nur durch die Weisheit des Entsagen-Könnens zu überwinden ist. In diesem Prozess der Selbstwerdung steht das Individuum mit all seinen Fähigkeiten, Möglichkeiten und Neigungen dem «sozialkulturellen Pluralismus der Werte, Sozial- und Sachbereiche, Beziehungspartner, sozialen Erwartungen und Kontrollen beobachtend, lernend, auswählend, aneignend, ablehnend gegenüber. (...) Je stärker differenziert eine Kultur und Gesellschaft ist, um so mehr ist die auswählende und integrative Fähigkeit des Menschen angesprochen (...).»[55] Die Entwicklung und der Erwerb dieser Fähigkeiten der individuellen Stellungnahme, Auswahl und Integration zu den sozialen, kulturellen Gegebenheiten sowie zu den Gegebenheiten der eigenen Person können in Anlehnung an Wurzbacher als Personalisation bezeichnet werden. Personalisation wäre die Selbstgestaltung und Selbstformung im Prozess der Wirklichkeitsgestaltung. Personalisation meint den Menschen als handelndes Wesen, als ein Wesen, das sich innerhalb gewisser Grenzen selbst steuert und seine Beziehungen zu sich und zur Umwelt selbst gestaltet. Sie vollzieht sich in der «dialektischen Spannung von individueller ‹Einsamkeit› und mitmenschlich-sozial-politischer Verbundenheit».[56] In diesem Prozess ist der Mensch aufgrund seiner Sinnverwiesenheit, seiner «Selbst-Transzendenz»[57] auf ein ihm übergeordnetes sinnstiftendes Ganzes angewiesen, an dem er sich in seinem Streben orientieren kann. Diese Orientierungshilfe kann - wie wir im vorangegangenen Exkurs gesehen haben - aus dem religiösen Verständnis des Menschen und der Welt gewonnen werden. Für Heinrich Roth besteht die anthropologische Bedeutung der religiösen und theologischen Sicht des Menschen im Glauben, Hoffen und Lieben-Können und -Dürfen[58] Der Mensch muss die Hoffnung ergreifen und glauben können, «dass er ‹angenommen ist, obwohl man weiss, dass man nicht annehmbar ist› (Tillich).» So gesehen sei Glauben im anthropologischen Sinne «die Kraft, die noch Geborgenheit in der Verzweiflung geben kann, die es dem Menschen erlaubt, im eigenen Scheitern noch einen Sinn zu erfahren, das eigene Leiden noch anzunehmen, vor einer verdunkelten Zukunft, in dem Wissen, dass die Welt morgen untergeht, heute noch ‹einen Apfelbaum in seinem Garten› zu pflanzen».

Diese religiöse Betrachtungsweise führt Heinrich Roth zur Frage, ob «diese Kraft des Glaubens, die auch noch das Böse mit Liebe zu überwinden vermag, von selbst» wachse. «Erwächst sie aus der Tradition, der Erziehung, der Erweckung, oder ist sie nichts als Geschenk, Gnade, deren man teilhaftig wird oder nicht?» Roth antwortet auf diese Frage, dass das Kind den in der «Geschichte der Religionen und ihrer Stifter nachweisbaren Weg von den Dämonenreligionen der Angst zu den Religionen der Liebe» noch einmal gehen müsse. «Diesen Menschheitsweg ohne erzieherische Hilfe, ohne Lehre und Unterricht aus sich selbst zu finden, ist unmöglich», sagt Heinrich Roth. Georg Baudler hat in seinem Buch «Religiöse Erziehung heute» Perspektiven einer «Didaktik religiösen Lernens in der weltanschaulichen pluralen Gesellschaft» skizziert.[59] Er zeigt darin auf, dass verschiedene Religionspädagogen der religiösen Erziehung eine «Ganzheitsfunktion» zuweisen, «der es um die Zukunft des Menschen und den Sinn des Menschenlebens geht».

Nach den Ausführungen im Exkurs über «Mögliche Wege auf der Suche nach Sinn» kann der anthropologisch-pädagogische Gesichtspunkt in unserem Zusammenhang wie folgt herausgearbeitet werden: Der Mensch erlebt sich selbst, sein Dasein als Bedingtes angesichts eines Nicht-Verfügbaren, eines Unbedingten. Dieses Unbedingte erfährt der Mensch in unterschiedlicher Form, in unterschiedlichen Chiffren, je nach Zeit und Ort. Oft wirkt es als sinngebendes Ganzes, in dem das Leben der Menschen und das einzelne Dasein eingebettet sind. Verbundenheit mit ihm, vorhandene oder anzustrebende, kann dann jenes Gefühl und jene Gewissheit vermitteln, die als Sinnerfülltheit, Geborgenheit bezeichnet werden. Vielleicht könnte man es auch als eine Gewissheit der Teilhabe am Ganzen nennen. Aber solche Gewissheit von Sinnerfüllung, eine Art absoluter Erfülltheit und absoluter Geborgenheit eröffnet sich wohl nur dem Glaubenden im religiös-kirchlichen Sinne. Sie ist an eine geheimnisvoll-verheissende Transzendenz gebunden. In der (mystischen) Teilhabe an dieser entgrenzt sich der Mensch über die jeweilige Wirklichkeit hinaus. Aber der Mensch übersteigt sich selbst nicht nur in metaphysisch-religiöser Sicht und im Bewusstsein jenseitigen Weiterlebens im religiös-kirchlichen Sinne. Einzelne und Menschengruppen können auch in der Hingabe an Ideen und Aufgaben, an Dinge und Menschen eine Selbsttranszendenz vollziehen. Das Bedürfnis nach gänzlicher und distanz- und kritikloser Hingabe an Ideale, nach totaler Sinnerfüllung und Geborgenheit enthalten in sich immer auch die Gefahr der Entartung und des Missbrauchs. Sie können zu Ideologisierungen und Mystifizierungen führen. Dies kann auch heissen, blind und verschlossen sein für weitere Möglichkeiten, kann zu Starrheit, Unterwürfigkeit und Fanatismus führen. Im Sinne unserer evolutionären Betrachtungsweise menschlicher Selbst- und Wirklichkeitsgestaltung sind aber Sinnerfülltheit, Geborgenheit absolut und damit als Zustand nicht erreichbar, sondern nur – im offenen Prozess – in Annäherung. Sie können keine Zustände und können nicht Besitz sein. Sie sind bedingt und relativ und stets neu zu erwerben. Eine solche Sinndimension, ein Sinnprinzip, ergibt sich aus dem Humanum selbst: das Beitragen zur Verwirklichung von mehr Menschlichkeit für alle. Im

Bewusstsein unserer menschlichen Bedingtheit und vielleicht im Bewusstsein, absolute Sinnerfüllung und Geborgenheit nie zu erreichen, erfahren wir dann auch unsere Endlichkeit angesichts einer unendlichen Aufgabe: mehr Humanität für alle zu verwirklichen. Um fortwährend und stets von neuem auf dieses Ziel hinzuarbeiten und sich nach diesem Ziel zu orientieren, bedarf es für die Menschheit und den Menschen mehr denn je einer Grundhaltung im Sinne einer Ethik des Dennoch oder einer Ethik des Trotzdem. Soll die Spannung zwischen der Einsicht in die Unmöglichkeit absoluter Sinnerfülltheit und Geborgenheit und der Möglichkeit und Notwendigkeit relativer Sinnerfüllung und Geborgenheit im Sinne von stets neu zu verwirklichender Humanität fruchtbar werden, müssen wir zur Bedingtheit unseres Daseins und unseres Denkens und Tuns stehen. In diesem Sinne haben wir im ersten Kapitel die biblische Warnung an den Menschen und den Auftrag des delphischen Gottes und die Wahrheitssuche des Nichtwissenden Wissers Sokrates zu verstehen versucht. [60]

Die Idee der Humanität ist in der abendländischen Tradition fest verwurzelt, und unsere Geschichte kennt verschiedene Wege, auf denen man unter dem Begriff «Humanismus» ausdrücklich Ideale der Humanität zu verwirklichen trachtete. Humanität ist aufgrund ihrer Vielschichtigkeit und nicht zuletzt aufgrund ihrer geschichtlichen Verflochtenheit inhaltlich ein schwierig zu bestimmender Begriff. [61] Helmut Thielicke hat Begriff und Idee der Humanität in Auseinandersetzung mit neuhumanistischen Denkern wie Schleiermacher, Humboldt und Herder entfaltet. [62] Humanität bezeichnet nach Thielicke «eine sittliche Haltung, die sich an Werten orientiert, die Anspruch darauf erheben können, von allen die Würde des Humanum respektierenden Menschen anerkannt zu werden». [63] So kann Humanität als Inbegriff des Menschlichen gelten, als sozusagen «die Summe der geistigen Normen und praktischen Verhaltensweisen, die den Menschen zum Menschen machen». [64] Inhaltlich können diese geistigen Normen als Menschenliebe, Menschenrecht, Menschenwürde, Toleranz, Freiheit, Gerechtigkeit für alle umschrieben werden. Dabei ist von Bedeutung, dass diese Ideale für alle Menschen gelten und allen Menschen zugute kommen sollten, dass sie als Recht und Pflicht für jeden gelten. Das heisst auch, dass jeder Mensch in dem ihm zukommenden Sinne verantwortlich ist für die Respektierung dieser Werte. Hierin eröffnet sich auch die pädagogische Bedeutung dieses Ziels der Humanität. Gerade der Bildungsbegriff und Bildungsvorstellungen aus der Zeit des Humanismus und insbesondere des Neuhumanismus haben durch ihre Einseitigkeit im individualistischen und standesorientierten Sinne den Begriff der Humanität belastet. Erziehung und Bildung und damit

Erziehung und Bildung zur Humanität für alle Menschen muss immer auch die kulturelle und sozial-mitmenschliche Verbundenheit und Verantwortung mit einbeziehen.[65] Ein solches der Humanität verpflichtetes Bildungsdenken wird heute immer notwendiger.[66] Für Albert Schweitzer bewahrt den heutigen Menschen

«nur das Besinnen auf alles, was zum wahren Menschentum gehört (...)», davor, «dass wir uns in den Zuständen fortgeschrittenster äusserer Kultur von der Kultur selbst verirren. (...) Als Ideal des materiellen und geistigen Seins des Menschen stellt die Ehrfurcht vor dem Leben also auf, dass er in möglichster Ausbildung aller seiner Fähigkeiten und in möglichst weitgehender materieller und geistiger Freiheit darum ringe, gegen sich selbst wahrhaftig zu sein und allem Leben um ihn herum miterlebende und helfende Teilnahme entgegenzubringen.»[67]

In Erziehung und Bildung – sowohl in der schulischen wie in der Erwachsenenbildung – geht es darum, dem Menschen Sinnhorizonte zu eröffnen, in denen der einzelne Mensch und Menschengruppen sich selbst transzendieren können, hin auf mehr Mitmenschlichkeit und Menschlichkeit, auf mehr Humanität für alle. Wir täuschen uns und die Mitmenschen in nicht verantwortbarer Weise, wenn wir dem Einzelnen absolute Sinnerfülltheit und Geborgenheit als Ziel und Selbstzweck seines Lebens vorgaukeln oder mit irgendwelchen Techniken als erreichbar versprechen.[68] In Erziehung und Bildung können wir das Spannungsmoment zwischen der Bedingtheit unseres Daseins und unserem Verlangen nach Unbedingtheit in seinen fruchtbaren und sinnerfüllenden Momenten in Richtung auf mehr Humanität für alle aufzeigen und vorleben. Gerade in der schulischen Erziehung und Bildung sollten Freiheit, Gerechtigkeit und Schutz der Schwachen[69] vorbildhaft gelebt werden, «Menschlichkeit und Bildung ein Paar bilden»,[70] wohl wissend, dass wir «nicht weise genug (sind), um uns ein Bildnis oder Gleichnis zu machen, wie Entfaltung geschehen soll». Wir sollten aber «weise genug sein, um mit Bildungseinrichtungen, Bildungsgrundsätzen und zurückhaltendem Verständnis den Raum und die Voraussetzung zu schaffen, damit Erziehung stattfinden kann und Entfaltung nicht verhindert wird. Das Menschenbild, wonach wir auf der Suche sind, lebt im jugendlichen Gemüt zumeist unversehrter als in Programmen.»

Offene, kritische Humanität im skizzierten Verständnis kann im Bewusstsein personaler, sozialer und kultureller Verantwortung als ein übergeordnetes sinnstiftendes Prinzip postuliert werden. In diesen übergreifenden Sinnbezug ist auch die aus personalistischer Sicht zu fordernde und anzustrebende Fähigkeit zur Selbstverwirklichung und Selbstbestimmung als Erziehungs- und Bildungsziel einzubetten. Sittliche oder moralische Mündigkeit des Menschen besagt dann Fähigkeit und Bereitschaft zur Selbstverwirklichung und Selbstbestimmung und gleichzeitig Fähigkeit und Bereitschaft zu mitmenschlich-kultureller Verantwortung. Das Werden und Lernen des Menschen als Selbst- und Wirklichkeitsgestaltung muss sich dann am Massstab des Beitragens zu mehr Humanität prüfen.

Anmerkungen

4. Die Sinnverwiesenheit des Menschen im Prozess der Selbst- und Wirklichkeitsgestaltung

4.1 Die Frage nach dem Menschen als Frage nach dem Sinn

1 Pongratz L. J.: Problemgeschichte der Psychologie, München 1984[2], S. 20–44.

2 Speck J.: Person. In: Speck J., Wehle G. (Hrsg.): Handbuch pädagogischer Grundbegriffe, München 1980; Speck J.: Das Personverständnis in der Pädagogik und ihren Nachbarwissenschaften, 2 Bde., München 1966/67; Pongratz L. J.: Problemgeschichte der Psychologie, Bern 1984[2], vor allem S. 44–52; zur theologischen Sicht: Pannenberg W.: Anthropologie in theologischer Perspektive, Göttingen 1983, vor allem S. 217–235.

3 Vgl. Pongratz, op. cit., S. 34 ff. und 156 ff.; die personale Struktur des Menschseins hat August Vetter in seinem Buch «Personale Anthropologie – Aufriss der humanen Struktur» (Freiburg 1966) herausgearbeitet; vgl. dazu auch: Prohaska L. (Hrsg.): Pädagogik der Reife, Freiburg 1966.

4 Kant I.: Schriften zur Anthropologie, Geschichtsphilosophie, Politik und Pädagogik, Bd. 2, Zürich 1977, S. 407.

5 Binder H.: Die menschliche Person, Bern 1974[2], S. 10 f.; vgl. als Überblick: Brandstätter H. u. a.: Psychologie der Person, Stuttgart 1974; Roth E.: Persönlichkeitspsychologie, eine Einführung, Stuttgart 1969.

6 In manchen Modellen und Theorien der Persönlichkeit wird dieser tragende Grund auch mit dem Begriff des «Selbst» bezeichnet (vgl. z. B. Roth E., op. cit., S. 89–97). Wenn Selbst in dieser Bedeutung verwendet wird, bezeichnet es oft auch ein integrierendes Moment in dem Sinne, als damit der «Kern» der Persönlichkeit, das alle Einzelmerkmale gestaltende und vereinigende Prinzip, die Identitätsmitte angesprochen wird, wie dies z. B. besonders deutlich wird in der Persönlichkeitstheorie von Philipp Lersch (vgl. z. B. Lersch Ph.: Aufbau der Person, München 1970[11]).

Eine zentrale Bedeutung spielt das Selbst auch in der Jungschen Psychologie. Dies kann am besten im Zusammenhang mit dem Individuationsprozess verdeutlicht werden. Individuation bedeutet nach Jung «zum Einzelwesen werden, und, insofern wir unter Individualität unsere innerste, letzte und unvergleichbare Einzigartigkeit verstehen, zum eigenen *Selbst* werden. Man könnte Individuation darum auch als ‹Verselbstung› oder als ‹Selbstverwirklichung› übersetzen». Individuation als Selbstwerdung aber darf nicht verwechselt werden mit egoistischem Individualismus, denn Individualismus ist nach Jung «ein absichtliches Hervorheben und Betonen der vermeintlichen Eigenart im Gegensatz zu kollektiven Rücksichten und Verpflichtungen» (Jung C. G.: Die Beziehungen zwischen dem Ich und dem Unbewussten, Zürich 1972, S. 65); zum Selbst und seiner Symbolik in der Jungschen Psychologie vgl. auch: Neumann E.: Ursprungsgeschichte des Bewusstseins, Zürich 1949; zur Auseinandersetzung mit dem Selbst-Begriff in der Persönlichkeitspsychologie vgl. auch: Allport G. W.: Werden der Persönlichkeit, München 1974, S. 40–44 und 54–55; vgl. auch: Rogers C. R.: Entwicklung der Persönlichkeit, Stuttgart 1979[3]. Nach Rogers ist der Mensch ein Sich-stets-in-Entwicklung-Befindender in Richtung auf sein Selbst hin, auf seine Selbstaktualisierung (z. B. S. 114 ff.).

Heinz Kohut hat das Selbst zum zentralen Begriff seiner psychoanalytischen Theorie der «Psychologie des Selbst» gemacht. Das Selbst, sei es «im engeren Sinne als spezifische Struktur des psychischen Apparates» oder «im weiteren Sinne als Mittelpunkt des psychologischen Universums des Individuums», ist, «wie alle Realität, (...) in seiner Essenz nicht erkennbar». Es stehen uns «nur seine introspektiv oder empathisch wahrgenommenen psychologischen Manifestationen» offen (Kohut H.: Die Heilung des Selbst, Frankfurt 1981, S. 299). Vgl. auch die in Anm. 55 in Kapitel 3 angeführten Hinweise zum Begriff der Identität.

7 Philippe M. D.: Person und Interpersonalität – Sein und Geist. In: Luyten N. A. (Hrsg.): Das Menschenverständnis nach Thomas von Aquin, Fribourg 1976, S. 83 ff.

8 Guardini R.: Die Begegnung. In: Guardini R., Bollnow O. F.: Begegnung und Bildung, Würzburg 1956, S. 9–24, hier S. 23.

9 Müller M., Halder A.: Kleines philosophisches Wörterbuch, Freiburg 1977[6].

10 Furger F.: Begründung des Sittlichen – ethische Strömungen der Gegenwart, Fribourg 1975, S. 71; dazu auch: Funk-Kolleg Praktische Philosophie/Ethik, Frankfurt 1980 (Bd. 1) und 1981 (Bd. 2).

11 Furger, op. cit., S. 141, ebenfalls das folgende Zitat.
- In seinem Buch «Der Mensch. Eine philosophische Anthropologie» (Zürich 1969) sagt Paul Häberlin, der Prozess des Werdens laufe «nicht auf ein Ende zu, – nicht auf ein ungewolltes, weil nichts, was geschieht, anders als aus dem Willen des Seienden geschieht, – und nicht auf ein gewolltes, weil dieser Wille ewiger Lebenswille ist». So sei «der Sinn des Geschehens (...) nicht ein ‹Zweck›, sondern das Leben selbst». Das Geschehen trägt «seine Bedeutung oder seinen ‹Sinn› in sich selbst, und dieser ist ewig (‹jederzeit›) erfüllt, in jeder Gegenwart, in jedem Akt. Man kann sagen: Sinn des Lebens sei das Leben, – oder: Sinn des Lebens sei es selbst als seiendes. (...) Das Seiende ist immer und ewig ‹vollendet› (vollkommen), – aber es ist so, gerade indem es sich ständig neu vollendet. Sinn des Geschehens ist die ewige Erneuerung der Vollendetheit. Daher gibt es im Werden wohl eine ‹Finalität› im Sinne dieser ewigen Erneuerung, aber nicht eine teleologische Finalität im Sinne der Abzweckung auf ein Ende» (alle Zitate op. cit., S. 21).
- Anstatt von Sinn, sinnvollem Leben, erfülltem Leben usw. wird oft auch von Glück und glücklichem Leben gesprochen. Glück dient oft auch als Leitziel, als Ideal für das menschliche Streben. Auch ein grosser Teil des philosophischen Denkens aller Zeiten ist der Frage nach dem Ziel menschlichen Lebens – meist in-

nerhalb der Ethik - gewidmet. Auch hier findet sich immer wieder eine Antwort: Es ist das Glück oder wie es der französische Philosoph Blaise Pascal (1623–1662) formulierte: «Alle Menschen ohne Ausnahme streben danach, glücklich zu sein, wie verschieden die Wege auch sind, die sie einschlagen; alle haben dieses Ziel. Der gleiche Wunsch ist es, mag er sich auch verschieden ansehen, der in diesen und in jenen lebt, und der bewirkt, dass die einen in den Krieg und die anderen nicht in den Krieg ziehen. Zu keiner Handlung ist der Wille zu bewegen, jede zielt auf das Glück. Es ist der Beweggrund aller Handlungen aller Menschen (...)» (Pascal B.: Gedanken, Stuttgart 1980, S. 97 f.). Wie verschieden die konkrete Ausgestaltung dieser Glücksvorstellungen ist, zeigen uns wiederum unsere Alltagserfahrungen mit uns und den Mitmenschen, aber auch eine kurze philosophisch orientierte Analyse. Kälin hat in seinem «Lehrbuch der Philosophie» eine Systematik von Glückseligkeitsauffassungen vorgenommen und kommt zu folgender schematischen Darstellung wichtiger Glückseligkeitsauffassungen als Ziel menschlichen Strebens (Kälin B.: Lehrbuch der Philosophie, Bd. 2, Sarnen 1954, S. 7–32):

- Zielvorstellungen
  - Diesseitige nicht religiös orientierte Auffassung
    - lebensverneinend (negativ, pessimistisch) Nicht-Sein ist besser als Sein
    - lebensbejahend (positiv)
      - Nutzen, diesseitiges Wohlergehen, Glück (Eudaimonie) ist Endziel (Diesseits-Eudaimonismus, Utilitarismus)
        - Diesseits-Glück des Einzelmenschen (Individual-Eudaimonismus. Individual-Utilitarismus) egoistisch
        - Diesseits-Glück der Gemeinschaft (Sozial-Eudaimonismus) altruistisch
      - Das Leben nach der Vernunft (ratio), ist Endziel (rationalistisch)
  - Ziel in Gott: Jenseitige, theistische Auffassung

Grafik 7: Schematische Darstellung von Glücksauffassungen nach Kälin

- Diese kurzen Ausführungen zeigen, dass mit dieser Frage des Glücks eine fundamentale Frage der Philosophie und insbesondere der Ethik angesprochen ist. Die verschiedenen Auffassungen erklären auch die Schwierigkeit, innerhalb von Philosophie und Ethik eine einigermassen allgemein anerkannte Definition von

Glück zu formulieren. So ist «die Einheit des Begriffs Glück (...) nur eine formale: Glück ist kein dominantes, sondern ein inklusives Ziel, nicht die Spitze einer Hierarchie von Zielen, sondern der Inbegriff der Erfüllung der dem jeweiligen Menschen wesentlichen Bedürfnisse und Wünsche» (Höffe O. (Hrsg.): Lexikon der Ethik, München 1980², S. 89).

- Diese Beschreibung von Glück liegt nahe am psychologischen Verständnis von Glück. Psychologisch gesehen empfinden wir uns dann als glücklich, wenn eine Situation nach unseren Wünschen gestaltet ist, d. h. wenn unsere Wünsche durch eine Situation befriedigt werden und wir über die so gestaltete und vorgefundene Situation hinaus keine weiteren Wünsche mehr verspüren. Glücklichsein ist also ein seelisches Empfinden, das eine seelische Bewegung, ein Streben begleitet bzw. einem (erreichten) Zustand innewohnt. Ein solches Gefühl des Glücks kann nun selbstverständlich auch wiederum die verschiedensten Ausgestaltungen erfahren. Der Psychologe A. H. Maslow, einer der Begründer der humanistischen Psychologie, hat in seinem Buch «Psychologie des Seins» unter anderem die Bedürfnisse des Menschen differenziert. Als oberstes und allen Menschen vorschwebendes Bedürfnis oder Ziel sieht Maslow die «Selbsterfüllung» als das Bedürfnis nach Selbstverwirklichung, Selbstentfaltung. Wir könnten diese Selbsterfüllung in unserem Zusammenhang sozusagen als zu erstrebendes Glück bezeichnen. Maslow zeigt aber nicht nur, dass es verschiedene Stufen und Formen von menschlichem Bedürfnis, von Grundbedürfnissen gibt. Er weist auch darauf hin, dass die Befriedigung dieser anderen Bedürfnisformen gewährleistet sein muss, damit der Mensch die Selbsterfüllung erreichen kann. So kann man im Anschluss an Maslow eine Art Hierarchie menschlicher Bedürfnisse erstellen, die sich folgendermassen zusammenfassen lassen:

  Physiologische Bedürfnisse (Hunger, Durst, Atmen, Schutz, Sexualität), Sicherheits-Bedürfnisse (materielle Sicherheit, Gesundheit, Altersvorsorge), Soziale Bedürfnisse (Bedürfnis nach Kontakt, Familie, Liebe), Wertschätzungsbedürfnisse (Bedürfnis nach Anerkennung, Selbstachtung, Prestige, Erfolg), Selbsterfüllung (Bedürfnis nach Selbstverwirklichung, schöpferischer Selbstentfaltung).

- Diese Darstellung könnte zur Annahme verleiten, Selbsterfüllung, Selbstgestaltung, sei ein End-ziel, als solches also irgendwann gegen Ende des Lebens zu erreichen. Das wäre aber ein Irrtum. Bezogen auf die Idee des Glücks, kann man wohl sagen, dass ein Glücksempfinden auf jeder Stufe eintreten kann, je nach Situation. Und selbst die Selbsterfüllung kann sich in einem beschränkten Sinne in irgendeiner der anderen Dimensionen ereignen. Doch muss man sich gleichzeitig bewusst sein, dass wir nicht von einem Menschen erwarten können, dass er glücklich ist, sich selbst erfüllt, wenn nicht einmal seine physiologischen Bedürfnisse z. B. nach Nahrung befriedigt oder sein Bedürfnis nach Wertschätzung gestillt ist. Schliesslich gilt es auch festzuhalten, dass Selbsterfüllung als Bedürfnis und als Ziel zu jedem Zeitpunkt des menschlichen Lebens da ist und dass jeder Zeitpunkt des menschlichen Lebens Möglichkeiten für diese Selbsterfüllung bereithält. In diesem Sinne darf auch bei dieser Frage nicht von einem statischen Denken ausgegangen werden. Vielmehr müssen wir auch hier von einem dynamischen Gesichtspunkt ausgehen. Wir könnten auch hier sagen, dass glücklich sein – auf welcher Stufe auch immer – dem Menschen nicht etwas Gegebenes, sondern ihm Auf-gegebenes ist. Glücklich sein und Selbsterfüllung würde sich nach unserem Verständnis in einer (geglückten) Persönlichkeitsentwicklung zeigen. Diese wiederum, so werden wir sehen, ist gleichbedeutend mit einer (geglückten) Erfüllung der jeweiligen Lebensaufgabe.

4.2 Exkurs: Mögliche Wege auf der Suche nach Sinn

12 Neumann E.: Ursprungsgeschichte des Bewusstseins, Zürich 1949, S. 297.

13 Neumann, op. cit., S. 117 f.

14 Thielicke H. in: Höffe O. u. a. (Hrsg.): Praktische Philosophie/Ethik, Bd. 2, Frankfurt 1981, S. 331; das folgende Zitat: Rahner K.: Der Mensch - die unbeantwortbare Frage. In: Stammler E. (Hrsg.): Wer ist das eigentlich - der Mensch?, München 1973, S. 116–126.

15 Transzendenz ist eigentlich ein philosophischer und theologischer Begriff (vgl. Holzhey H.: Transzendenz. In: Die Psychologie des 20. Jahrhunderts, Bd. XV (hrsg. von G. Condrau), Zürich 1979, S. 7–24 sowie die Beiträge S. 69–129; dazu auch: Pannenberg W., op. cit.).

16 Vgl.: Landmann M.: Philosophische Anthropologie, 1. Teil: Mensch und Gott (religiöse Anthropologie), Berlin 1982[5], S. 53–85.

17 Szczesny G.: Zur Naturgeschichte des religiösen Empfindens. In: Die Psychologie im 20. Jahrhundert, Bd. XV, München 1979, S. 85–92.

18 Szczesny, op. cit., S. 86.

19 ebenda, S. 90.

20 Küng H. u. a.: Christentum und Weltreligionen, München 1984, S. 19.

21 ebenda, S. 18 f.; ebenfalls die folgenden Zitate.

22 Tillich P.: Systematische Theologie, Bd. 1, Frankfurt 1983[7], S. 189.

23 Weischedel W.: Der Gott der Philosophen. Grundlegung einer philosophischen Theologie im Zeitalter des Nihilismus, München 1979; Pieper J.: Scholastik, München 1978; zur gegenwärtigen Diskussion: Wuchterl K.: Philosophie und Religion, Bern 1982; vgl. auch: Pannenberg W.: Anthropologie, Anthropologie in theologischer Perspektive, Göttingen 1983.

24 Wenn wir die kurze Geschichte unseres Abendlandes betrachten, können wir sagen, dass die Frage des Verhältnisses des Menschen zur Transzendenz das Selbst- und Weltbild wesentlich geprägt hat. Die Frage nach dem Verhältnis des Menschen zum Übersinnlichen, zum Jenseitigen, zu Gott, zum Unbedingten und Nichtverfügbaren zieht sich wie ein roter Faden durch die Geistesgeschichte unseres Abendlandes. Dabei mündet ein Problembereich immer wieder in das Thema des Verhältnisses von *Glaube und Wissen, Vernunft und Offenbarung* (vgl. dazu die Textsammlung von N. Hoerster (Hrsg.): Glaube und Vernunft, München 1979).

- Dieses Spannungsverhältnis wird im Abendland schon sehr früh sichtbar (vgl. das erste Kapitel, den Abschnitt über Sokrates). Einen bedeutenden Abschnitt stellt das Christentum dar. Seine Lehre vom einen Gott und die ganze Rationalität des Christentums ist eine wichtige Phase im Jahrtausende dauernden Bewusstseinsprozess, in dem immer mehr Abhängigkeiten zurückgedrängt und aufgeklärt werden, Bewusstsein immer mehr unbewusstes Dasein zurückdrängt, Bewusstsein und Vernunft einen immer grösseren Platz im Leben des Menschen einnehmen. Die Kehrseite haben wir bereits erwähnt: Die Harmonie zwischen Bewusstem und Unbewusstem, das harmonische Aufgehoben-Sein in übergeordneten Systemen wird aufgegeben. Unruhe, Fragen, Unsicherheiten treten anstelle von naivem Staunen und Vertrauen, von fraglosem Unterordnen unter höhere Mächte: Es ist dies auch mit anderen Worten ein auch heute noch andauernder Säkularisierungsprozess. Die Re-ligio, Rückbindung an übernatürliche Mächte und Kräfte und damit die Beziehung des Menschen zum Unbewussten, zum Irrational-Emotionalen wird zum Problem. Vernunft und Gefühl, Wissen und Glaube verlieren das Gleichgewicht, beginnen als zwei sich widerstreitende Kräfte um die Vorherrschaft zu kämpfen. Ich erläutere das im Folgenden mit einigen Stichworten zum Verhältnis von Vernunft und Glaube in einzelnen Epochen, ausgehend von den in Anm. 23 zitierten Arbeiten von Weischedel und Pieper (vgl. auch die Ausführungen in den folgenden Anmerkungen 36 und 45).

- Im frühen Christentum und im Mittelalter spielte sich die Auseinandersetzung zwischen Vernunft und Glaube hauptsächlich als «Kampf» zwischen Philosophie und Theologie ab.

Augustinus (354–430)

Augustinus, bekannt durch seine «Bekenntnisse», setzte sich auf philosophischer Ebene mit der Frage des Verhältnisses von Denken und Glauben auseinander. Für Augustinus hat der Glaube und die Autorität der heiligen Schrift eindeutige Priorität vor der vernünftigen Erkenntnis, vor der Vernunft. Dazu ein paar Stellen: «Wir mühen uns, dass in der katholischen Kirche nichts heilsameres geschehe, als dass die Autorität der Vernunft vorangehe.» Oder: «Der Glaube geht voran, die Einsicht folgt nach.» Oder: «Wenn Du nicht einsehen kannst, so glaube, damit Du einsiehst» (Crede, ut intelligas).

Boëthius (480–524)

Ein bedeutender Philosoph des Mittelalters und zugleich «der letzte Römer» beschäftigte sich ebenfalls mit diesem Kernanliegen: Manlius Severinus Boëthius. Ähnlich bekannt wie die Confessiones sind seine «Tröstungen der Philosophie»: De consolatione philosophiae. In einem Brief finden wir folgenden Satz: Verknüpfe, so viel Du kannst, den Glauben mit der Vernunft (Fidem, si poteris, rationemque conjunge).

Anselm von Canterbury (1033–1109)

Anselm von Canterbury greift das rund 500 Jahre vorher formulierte Prinzip der Verknüpfung von Vernunft und Glaube auf und formuliert: «Fides quaerens intellectum» und: «Credo ut intelligam». Anselm spricht von sich selbst (Weischedel S. 122ff.) als einem «der einzusehen sucht, was er glaubt». Priorität des Glaubens bei Anselm von Canterbury ist eindeutig. Credo ut intelligam; ich glaube, damit ich einsehe. Trotzdem wird bei Anselm von Canterbury schon eine gewisse Unabhängigkeit der Vernunft deutlich. Im Gegensatz dazu steht etwa Bernhard von Clervaux; ähnlich wie Anselm ist hingegen Bonaventura; bei Abaelard ist die Vernunft am selbständigsten, oft aber im Widerspruch zum Glauben.

Thomas von Aquin (1224–1274)

Eine letzte grosse Synthese zwischen Glaube und Vernunft geschah im hohen Mittelalter durch einen Menschen, der die Geschichte der heutigen Zeit wesentlich mitgeprägt hat: Thomas von Aquin. Bekanntlich hat er die Lehre der katholischen Kirche und die abendländische Philosophie nachhaltig geprägt. Sein grosses Verdienst: Er hat Aristoteles übersetzt und in die christliche Philosophie integriert.

Thomas geht davon aus, dass das, «was der Vernunft natürlicherweise eingepflanzt ist», der «Wahrheit des christlichen Glaubens (...) nicht entgegengesetzt» sein kann (Weischedel, S. 134). Weiter: Wenn also «etwas in den Aussagen der Philosophie gefunden wird, das dem Glauben entgegengesetzt ist, dann ist das nicht Philosophie, sondern eher Missbrauch der Philosophie aus Mangel an Vernunft». Thomas billigt der Vernunft einen sehr hohen Stellenwert zu und erreicht so eine möglichst hohe Synthese.
Natürlich gab es auch im Mittelalter gegensätzliche Auffassungen. Aber die thomistische Theologie und Philosophie hatte eine so grosse Ausstrahlung, dass sie das Weltbild weitgehend prägen konnte.

Descartes (1595–1650)
Machen wir einen grossen Sprung in die Neuzeit, zu Descartes und Leibniz (1646–1716). Durch den systematischen Zweifel, den Descartes als Voraussetzung des Denkens anführt, legt er den Grund der neueren Philosophie, die zwischen Glaube und Vernunft scheidet, jedem ein eigenes Gebiet zuschreibt. Vernunft, Denken haben ihren Bereich, Glaube hat einen, seinen eigenen Bereich. Leibniz führt diese Trennung dann noch weiter. Kant (1724–1804) begründete die erkenntnistheoretische Trennung. Feuerbach (1804–1872) und Marx (1818–1883) legten den Grundstein zum religiösen Nihilismus.

Nietzsche (1844–1900)
Nietzsche sagt klar: «Es gibt keinen Gott», denn «welcher Denkende hat die Hypothese eines Gottes nötig?» «Denn Gott ist ganz überflüssig.» Für ihn ist es «eine Sache der Ehrlichkeit (...), vom Glauben an Gott sich reinzuhalten».

– Für die neuere Entwicklung vgl. die Fortsetzung im Textteil.

25 Vgl. Wuchterl K.: Philosophie und Religion, Bern 1982, dazu vor allem S. 160.

26 Sölle D.: Wählt das Leben, Stuttgart 1982[3], S. 16.

27 ebenda, S. 25.

28 ebenda, S. 26 f.

29 ebenda, S. 24 f.

30 Vgl. Sölle D.: Atheistisch an Gott glauben, Stuttgart 1983, vor allem S. 77–96; zur kritischen Auseinandersetzung mit Sölle z. B. Wuchterl, op. cit., vor allem S. 159 ff.

31 Scheler M.: Die Wissensformen und die Gesellschaft, Bern 1960, S. 191–382.

32 ebenda, S. 204.

33 ebenda, S. 205 f.; ebenfalls die folgenden Zitate.

34 Scheler M.: Schriften zur Soziologie und Weltanschauungslehre, Bern 1963, S. 35.

35 Scheler, Die Wissensformen, S. 378; vgl. zu diesen 3 Wissensformen die Arbeit von J. Habermas: Technik und Wissenschaft als ‹Ideologie›, Frankfurt 1970[4].

36 – So kann die Sinnverwiesenheit des Menschen bzw. sein Angewiesensein auf Sinngebung und Sinnfindung auch noch unter einem weiteren Gesichtspunkt aufgezeigt werden. Ich möchte ihn «den Primat des Machbaren bzw. die Faszination der Allmacht» nennen. Darin kommt (ausgesprochen oder unausgesprochen) ein *gespaltenes Wirklichkeitsverständnis* zum Ausdruck. Mit anderen Worten: Von der Meinung, nur das sei wirklich, was wir sehen, hören, berühren, kurz: messen oder quantifizieren können. Auch dieser Gesichtspunkt ist letztlich eine Spielart zur eingangs umschriebenen Situation. Aber es ist eine typisch abendländische und gegenwärtig in ihren negativen Auswirkungen deutlich spürbare Spielart

(zum Wirklichkeitsbegriff und -verständnis vgl.: Prauss G.: Einführung in die Erkenntnistheorie, Darmstadt 1980, vor allem S. 172–217).

- Schon früh hat der in der Schweiz lehrende Philosoph und Psychologe *Jean Gebser (1905–1973) festgestellt, dass sich unsere Wirklichkeit grundlegend geändert habe und die Frage zu beantworten versucht, worin «die Verwandlung unserer Wirklichkeit» bestehe (Gebser J.: In der Bewährung. Zehn Hinweise auf das neue Bewusstsein, Bern 1969*[2] und: Abendländische Wandlung, Zürich 1943). Nach Gebser hielt sich bis zur Renaissance «im Abendlande intuitives und verstandesmässiges Denken ungefähr die Waage». Seit dem letzten Jahrhundert sei immer deutlicher geworden, dass Galileis Motto «Alles messen, was messbar ist, und alles messbar machen, was es noch nicht ist», zu einem Weltbild geführt habe, das «sich selber ad absurdum geführt» habe, ja zusammen mit dem «materialistischen Marxismus» und dem «westlichen Pragmatismus ist diese Geisteshaltung zur Weltgefahr geworden». Nach Gebser müssen wir wiederum ein neues Bewusstsein gewinnen, das «die bewusste Teilhabe am Ganzen» mit einschliesst. Das neue Wirklichkeitsverständnis, das neue Bewusstsein muss «zur Überwindung des rational gesetzten Dualismus, der Gegensätzlichung der Welt, als auch zur Überwindung der zweckgerichteten Ablaufzeit führen. (...) Diese Einsicht stellt uns in einen neuartigen Bereich, in eine neue Wirklichkeit: in ihr werden erstmals das Prärationale, das Irrationale und das Mental-Rationale *bewusst* als Ganzes verfügbar» (In der Bewährung, S. 14 f. und S. 147). Und Gebser glaubt, dass wir uns gegenwärtig in einer solchen Zeit des Übergangs zu einer neuen Ganzheitlichkeit befinden: «So wie das Matriarchat vom Patriarchat abgelöst worden ist, so bahnt sich heute der Übergang aus dem Patriarchat in das Integrat an» (Gebser J.: Wege zum integralen Bewusstsein. In: Festgabe für Jean Gebser, Bremen 1965, S. 54).
- Von einem philosophisch-anthropologischen Standpunkt aus hinterfragt *Bernhard Kilga* in seinem Buch «Der Mensch im Bewusstseinswandel» (Wien 1981; die Zitate stammen aus den Seiten 162 ff.) Entwicklung und Zeitsituation. Er analysiert die Entwicklung des abendländischen Geistes unter drei Gesichtspunkten: Individualisierung, Rationalisierung und Säkularisierung. Für Kilga ist «die Auflösung der transzendenten Einheit» ein wesentliches Element im Prozess des Verlustes der Ganzheit. Das Absolute wurde verselbständigt und «isoliert, als ausserhalb, jenseits des bisherigen Zusammenhanges, ja als gegensätzliche Dimension erfahren». «In einem vielleicht schicksalhaften Geschehen, das über den Bereich der verschiedenen Prozesse hinausgeht, schwächte sich jedoch zugleich die ursprüngliche Erfahrungsweise der Gesamtwirklichkeit, der Transzendenz, ab, die ‹Welt› wird als eigenständige Dimension immer mächtiger und die Spannung zur Transzendenz entsprechend stärker».

Nach Kilga hat dieser Prozess – als Säkularisierungsprozess – einen, «wenn nicht sogar den Höhepunkt erreicht. Die Wirklichkeitserfahrung wird von der materiellen, vom Menschen vollständig beherrschbar geglaubten Welt dominiert. Der Mensch fühlt sich an Gottes Stelle, er ist fasziniert von der Vorstellung der absoluten, hybriden Autonomie, der totalen Selbstverwirklichung, er ist sich ‹selbst genug›. Hybris und Utopie sind auch beteiligt, wenn etwa Ziele proklamiert werden wie die Besiegung von Alter, Tod und Krankheit, die Eroberung des Weltraumes, die Schaffung eines neuen humanistischen Menschen, die Weiterführung der Evolution und in einem grenzenlosen Expansionismus die Weiterentwicklung der Materie».

Dieses von Kilga beschriebene Allmacht-Gefühl ist ebenfalls von Horst-Eberhard Richter in seinem Buch «Der Gotteskomplex» unter psychologischen Gesichtspunkten ausführlich behandelt worden. Aber schon Alfred Adler hat vor rund 50 Jahren in seiner Individualpsychologie immer wieder auf dieses Ziel der All-macht, der Gottähnlichkeit im Streben des (gesunden und kranken) Menschen hingewiesen.

Kilga nun glaubt, dass wir seit einigen Jahren an einem Wendepunkt angelangt seien: «Seit dem Ende der sechziger Jahre geht nun jedoch eine tiefgreifende Änderung der geschilderten Einstellung vor sich. Zweifel, Skepsis und Enttäuschung machen sich breit, da alle bisherigen Anstrengungen nicht zu mehr Frieden und Verständnis in der Welt geführt haben. Dagegen nehmen Angst, Not, Hunger, Kriegsgefahr usw. ständig zu, zu denen noch die Grenzen der materiellen Möglichkeiten kommen. Die allgemeine Erfahrung der Grenzen scheint überhaupt eines der Schlüsselphänomene der jüngsten Gegenwart zu sein, sie bildet eines von mehreren Anzeichen für ein neues Wirklichkeitsverständnis. Auch gelang es nicht, neue Sinngehalte (diverse Humanismen, Solidarität usw.) zu begründen, Tod und Leid bleiben unbewältigt, und es besteht ein sich besonders bei der Jugend verstärkendes Sinndefizit.»

Auch für Kilga besteht ein wesentliches Element in der Änderung des Bewusstseins in einem neuen, ganzheitlichen Wirklichkeitsverständnis. In einem solchen Wirklichkeitsverständnis würde die Transzendenzerfahrung ein tragendes Element darstellen und die Menschen müssten wieder offen werden für diese Dimension:

«Die Wirklichkeit erweist sich nun als unermessliches Ordnungsgefüge, als ein unübersehbarer, lebensvoller kosmischer Gesamtzusammenhang, in den der Mensch eingefügt ist und der viele Dimensionen umfasst, hierarchisch aufgebaut ist und hinter dem sich unfassbare Ordnungsmächte, letztlich die Transzendenz, das Absolute, ahnen lassen. Die Transzendenz wird heute jedoch nicht mehr als unmittelbare Ursache, als der gewissermassen in einem Nahverhältnis zur Welt stehende Gott, weder in der Geschichte (der unmittelbar in die Geschichte eingreifende Gott) noch in den Naturwissenschaften begriffen. Die Welt der Transzendenz erscheint vielmehr, ebenso wie die Situation des Menschen, weit komplizierter, sie entsprechen beide der ungeheuren Differenzierung und Entfaltung der Vorstellungen von der Gesamtwirklichkeit, die in der abendländischen Geschichte vor sich ging, und die der Einzelne nun, gewissermassen erwachsen geworden, bewusst in einer gewaltigen Synthese, in einem neuen Weiterleben der Zusammenschau und der Ordnungserfahrungen bewältigen und wieder zusammenfassen muss.»

37 Jaspers K.: Der philosophische Glaube angesichts der Offenbarung, Zürich 1984.
38 ebenda, S. 8; ebenfalls das folgende Zitat.
39 ebenda, S. 95.
40 ebenda, S. 111.
41 ebenda, S. 536.
42 ebenda, S. 49 f.; ebenfalls das folgende Zitat.
43 ebenda, S. 110.
44 ebenda, S. 213.
45 ebenda, S. 464; ebenfalls das folgende Zitat.
– Die ergänzende Bedeutung und Funktion von Theologie und Wissenschaft betont auch *Luyten* immer wieder, so z. B. in: Luyten N. A.: Wissen und Glauben.

In: Luyten N. A.: Ordo rerum, Fribourg 1969, S. 649–659. In diesem Aufsatz hat Luyten in anthropologisch-theologischer Hinsicht dargelegt, dass zwar das Verhältnis von Wissen-Glauben «nicht notwendig als Problem zu erscheinen» braucht und sich «sehr gut auch eine durchaus positive Beziehung zwischen diesen beiden denken» liesse. Im Laufe der Entwicklung sei zwar auf beiden Seiten die je unterschiedliche Denkweise immer stärker betont worden: «Einerseits Einsicht, Evidenz; anderseits Annahme, Undurchsichtigkeit. Die Wissenschaft will die Geheimnisse der Wirklichkeit überwinden; der Glaube nimmt die Geheimnisse ehrfurchtsvoll an, ohne sie durchdringen zu wollen.»

Da wird deutlich, dass es sich in der Tat um unterschiedliche Denk- und Wahrnehmungsweisen handelt. Aber eben, es sind verschiedene Weisen und nicht gegensätzliche. «Es ist nicht zu leugnen, dass zwischen der annehmenden Haltung des Glaubens und dem forschenden Suchen des Wissens ein entscheidender Unterschied besteht. Daraus aber einen schroffen Gegensatz zu konstruieren, ist ganz und gar unberechtigt.» Luytens Grundthese ist die, dass, trotz der Verschiedenheit beider Denkweisen, sie «auch eine tiefe innere Verwandtschaft haben». Das zeigt sich schon darin, dass beide sich auf die Wahrheit verpflichtet wissen und wahrheitsgetreu Erkenntnis sein wollen. Dass man auf beiden Seiten verschiedene Wege beschreitet, um zu dieser Wahrheit zu gelangen, ist doch wohl kein Grund, den Glauben als Widersacher des Wissens zu betrachten. Nach Luyten sollen die unterschiedlichen Weisen im Denken und Wahrnehmen der einen Wirklichkeit durchaus klar hervortreten, denn «erst bei klarer Betonung der eigenen Art der beiden Geisteshaltungen wird ihr Zusammenspiel am besten sichtbar».

46 Wuchterl K.: Philosophie und Religion, Bern 1982, S. 10.
47 ebenda, S. 49.
48 ebenda, S. 15.
49 ebenda, S. 10 f.
50 ebenda, S. 159 f., ebenfalls das folgende Zitat.
51 ebenda, S. 170.
52 ebenda, S. 173.

4.3 Anthropologisch-pädagogische Gesichtspunkte zur Sinnorientierung

53 Derbolav J.: Systematische Perspektiven der Pädagogik, Heidelberg 1971, S. 51–65; ders.: «Pädagogische Anthropologie» als Theorie der individuellen Selbstverwirklichung. In: König E., Ramsenthaler H. (Hrsg.): Diskussion pädagogische Anthropologie, München 1980, S. 53–69.
54 Derbolav J.: «Pädagogische Anthropologie» als Theorie der individuellen Selbstverwirklichung, S. 62 ff., ebenfalls die folgenden Zitate.
55 Wurzbacher G.: Sozialisation – Enkulturation – Personalisation. In: Wurzbacher G. (Hrsg.): Sozialisation und Personalisation, Stuttgart 1974[3], S. 23.
56 Klafki W.: Studien zur Bildungstheorie und Didaktik, Weinheim 1967[8/9], S. 94 f.
57 Frankl V. E.: Die Selbst-Transzendenz menschlicher Existenz. Versuch einer dimensionalen Anthropologie. In: Stammler E. (Hrsg.): Wer ist das eigentlich – der Mensch? München 1973, S. 26–40; ders.: Der Mensch vor der Frage nach dem Sinn, München 1982[3].

58 Roth H.: Pädagogische Anthropologie, Bd. 1, Hannover 1976[4], S. 142 f.; ebenfalls die folgenden Zitate. Diese Grundhaltung findet u. a. auch in der «Theologie der Hoffnung» von Jürgen Moltmann (München 1969) ihren prinzipiellen Ausdruck; vgl. dazu: Zahrnt H.: Die Sache mit Gott. Die protestantische Theologie im 20. Jahrhundert, Zürich 1966, vor allem S. 252–260 sowie Schaeffler R.: Was dürfen wir hoffen? Die katholische Theologie der Hoffnung zwischen Blochs utopischem Denken und der reformatorischen Rechtfertigungslehre, Darmstadt 1969; Fischer K. P.: Der Mensch als Geheimnis. Die Anthropologie Karl Rahners, Freiburg 1974[2].

59 Baudler G.: Religiöse Erziehung heute, Paderborn 1979.

60 Dieser Sinn spricht für mich persönlich aus jener Stelle des Neuen Testamentes, wo Christus zu den Zebedäer-Söhnen Jakobus und Johannes sagt, sie könnten wohl den Kelch mit ihm trinken, den Platz zu seiner Rechten und zu seiner Linken in seinem Reiche habe nicht er zu vergeben und seine Jünger sollten sich gemäss seinem Vorbild nicht bedienen lassen, sondern hätten selbst zu dienen. (Matthäus 20, 20 ff. und Markus 10, 35 ff.; hier Mt. 20, 20 ff. in der Übersetzung von Otto Karrer, München 1959):

> Damals kam die Mutter der Zebedäer mit ihren Söhnen zu ihm und fiel vor ihm nieder, um ihm ein Anliegen vorzutragen. Er sprach zu ihr: «Was begehrst du?»
>
> Sie erwiderte ihm: «Sprich, dass von diesen meinen beiden Söhnen der eine in deinem Reiche zu deiner Rechten, der andere zu deiner Linken sitzen darf!»
>
> Jesus antwortete: «Ihr wisst nicht, um was ihr bittet! Könnt ihr den Kelch trinken, den ich trinken werde?»
>
> Sie sagten zu ihm: «Wir können es!»
>
> Da sprach er zu ihnen: «Meinen Kelch sollt ihr wohl trinken, aber den Platz zu meiner Rechten und zu meiner Linken habe nicht ich zu vergeben, sondern er ist für die, denen es von meinem Vater bereitet ist.»
>
> Als die zehn anderen davon hörten, wurden sie unwillig über die beiden Brüder. Da rief Jesus sie herbei und sprach:
>
> «Ihr wisst, dass die Herrscher der Völker sie knechten und dass die Grossen sie ihre Macht fühlen lassen. Nicht so soll es unter euch sein. Vielmehr, wer unter euch gross sein will, sei euer Diener, und wer unter euch der Erste sein will, sei euer Knecht – so wie des Menschen Sohn nicht gekommen ist, sich bedienen zu lassen, sondern zu dienen und sein Leben als Lösepreis für viele zu geben.»

61 Vgl. Pape I.: Humanismus, Humanität und Rieks R.: Humanitas, beide in: Ritter J. (Hrsg.): Historisches Wörterbuch der Philosophie, Bd. 3, Basel 1974, Spalte 1217–1232.

62 Thielicke H.: Glauben und Denken in der Neuzeit, Tübingen 1983, vor allem S. 280–298.

63 ebenda, S. 282.

64 Rieks R., op. cit., S. 1231.

65 Vgl. Klafki W., op. cit., vor allem S. 91–99.

66 Theodor Bucher hat in seinem Buch «Werte im Leben des Menschen» (Bern 1984) die erzieherischen Dimensionen aus der Grundhaltung eines «personalistischen Humanismus» aufgezeigt. Vgl. ders.: Dialogische Erziehung, Bern 1983.

67 Schweitzer A.: Kultur und Ethik, München 1960, S. 358.

68 In analoger Weise gilt das für das Problem der sogenannten Ganzheit. Auch Ganzheit und Ganzheitlichkeit in bezug auf das menschliche Dasein und die Selbst-und

Wirklichkeitsgestaltung müssen als relativ im Rahmen menschlicher Bedingtheiten gesehen werden. Auch die Wirklichkeit als Objekt menschlicher Erkenntnis bedeutet relative Ganzheit (vgl. den Abschnitt über die evolutionäre Erkenntnistheorie), Ganzheit kann es nur als potentielle Ganzheit geben. Meist nehmen geschlossene (welcher Art auch immer), totalitäre Systeme für sich in Anspruch, ganzheitlich zu sein, Ganzheitserfahrung zu vermitteln. Im Hintergrund solcher Ansprüche und Versprechungen steht meist ein Denken in der Kategorie des Entweder-Oder. Der Mensch muss aber lernen, im Spannungsfeld des Sowohl-Als auch leben zu können. Diese Haltung ist für die Erziehung allgemein wie für die Psychotherapie im besondern bedeutungsvoll (vgl. Louis V.: Individualpsychologische Psychotherapie, München 1985, vor allem das Kapitel Haben und Sein).

69 Schmid A.: Bildung und Menschenbild – ein Kanton und seine Schulen. In: Höhere Pädagogische Lehranstalt des Kantons Aargau, Jahresbericht 1985/86, Zofingen 1986.

70 ebenda dieses und die folgenden Zitate.

5. Erziehung und Bildung im Werden der Persönlichkeit

Es ist wohl angenehm, sich mit sich selbst beschäftigen, wenn es nur so nützlich wäre. Inwendig lernt kein Mensch sein Innerstes erkennen; denn er misst nach eignem Mass sich bald zu klein und leider oft zu gross. Der Mensch erkennt sich nur im Menschen, nur das Leben lehret jedem, was er sei.

Johann Wolfgang v. Goethe

Die Persönlichkeit als eine völlige Verwirklichung der Ganzheit unseres Wesens ist ein unerreichbares Ideal. Die Unerreichbarkeit ist aber nie ein Gegengrund gegen ein Ideal, denn Ideale sind nichts als Wegweiser und niemals Ziele.

Carl Gustav Jung

Erziehung ist Hilfe zum Selbstwerden in Freiheit.

Karl Jaspers

Im bisherigen Gedankengang wurden die vielfältigen und verwobenen Bezüge, in denen menschliches Werden und Lernen sich abspielt, von verschiedenen Gesichtspunkten aus angeleuchtet. Die Öffnung des Blickfeldes in die weiten Räume menschheitsgeschichtlicher Zusammenhänge könnte zum Eindruck führen, die skizzierte Sinndimension der Humanität liege fernab vom menschlichen Alltagsleben. Das Gegenteil ist der Fall. Sie verwirklicht sich gerade nur im täglichen Leben des Einzelnen oder von Gemeinschaften, in der durch einzelne Lebensgeschichten sich vollziehenden Selbst- und Wirklichkeitsgestaltung, in der Bewältigung und sinnorientierten Gestaltung der Lebensaufgaben. Von diesem Ziel erhalten Erziehung und Bildung auch ihre Aufgabe und Berechtigung. Sie haben ihren spezifischen Beitrag zu leisten, damit jeder Mensch fähig wird, sein Dasein sinnvoll zu gestalten und die entsprechenden Aufgaben zu bewältigen. In diesem Kapitel will ich versuchen, diesen Prozess im konkreten Lebensvollzug aufzuzeigen und der Frage nach dem möglichen Beitrag von Erziehung, Bildung und Unterricht in diesem Geschehen nachzugehen.

5.1 Entwicklung der Persönlichkeit als lebenslanger Prozess

Wenn wir das Werden des Individuums aus dem Blickwinkel unseres Ansatzes einer evolutionären pädagogischen Anthropologie - Mensch und Menschheit als lebenslang Werdende und Lernende in einem sozialen und kulturellen Sinnzusammenhang - betrachten, gelangen wir zu einer eigenen Art der entwicklungspsychologischen Betrachtung der Person.

5.11 Entwicklung der Persönlichkeit

Im psychologischen Begriff der Entwicklung finden wir sozusagen das pädagogisch-psychologische Korrelat zu den anthropologischen Begriffen des Werdens und Lernens. In Fortsetzung des bisherigen Gedankenganges benötigen wir einen Begriff bzw. ein Konzept der Entwicklung der Person, bei dem wir unsere anthropologischen Grundelemente der Selbstaktivität, Dynamik und Offenheit, des sozial-kulturellen Eingebundenseins und der Sinnorientierung in Anwendung auf die einzelne Person wiederfinden können. Diesen Voraussetzungen entsprechen jene Konzepte von Entwicklung der Persönlichkeit, die prozessual und dynamisch orientiert sind und sich durch eine Integrationsfähigkeit von Erkenntnissen aus verschiedenen Disziplinen und Bereichen kennzeichnen.[1] Eine solche Sichtweise von Persönlichkeit und Persönlichkeitsentwicklung findet sich im entwicklungspsychologischen Konzept von Hans Thomae. Nach Thomae kann Persönlichkeit als der «Inbegriff aller Ereignisse, die sich zu einer individuellen Biografie zusammenschliessen»,[2] verstanden werden. Entwicklung im Sinne der Persönlichkeitsentwicklung definiert Thomae «als Reihe von miteinander zusammenhängenden Veränderungen, die bestimmten Orten des zeitlichen Kontinuums eines individuellen Lebenslaufes zuzuordnen sind».[3] In einem solchen biografisch orientierten Konzept von Persönlichkeit und Persönlichkeitsentwicklung kann sowohl den personalen wie den sozialen und kulturellen Konstituenten des Menschseins Rechnung getragen werden. Das personale Element ist im individuellen Lebenslauf als in sich zusammenhängendes Geschehen bezeichnet. Darin wird auch das aktive Gestaltungsmoment angesichts der zu bewältigenden Wirklichkeit angesprochen.[4] Wie bei der philosophischen Frage nach dem Sein und Werden stellt sich bei einer solchen Definition von Entwicklung sofort die Frage nach dem Verhältnis von Konstanz und Veränderung der Persönlichkeit. Ursula Lehr hat darauf hingewiesen, dass – vor allem in früheren entwicklungspsychologischen Darstellungen – die Kindheit und Jugend oft «als Zeit der Veränderung (...), das mittlere Erwachsenenalter als Zeit relativer Konstanz und Stabilität, das höhere Alter wiederum als Zeit der Veränderung, jetzt allerdings im Sinne einer Restriktion, eines Abbaus»,[5] gesehen wurden. Untersuchungsergebnisse, vor allem auch eigene Lebenslaufstudien lassen sie zum Schluss kommen, dass solche Annahmen und Aussagen falsch seien. Vielmehr finde «während des ganzen Lebens Entwicklung statt». Es kann «während des ganzen Lebens (...) in den verschiedensten Verhaltensbereichen sowohl Veränderung wie auch Konstanz beobachtet werden; (...) Es gibt keine Epoche des menschlichen Lebens, in der es keine Veränderung gibt, und es gibt keine Epoche des Lebens, in der nicht auch konstante Verhaltensweisen über einen mehr oder minder langen Zeitraum festgestellt werden können».[6] So hat Thomae selbst unter diesen Gesichtspunkten auf dem Kongress der Deutschen Gesellschaft für Psychologie im Jahre 1976 seinen eigenen Definitionsvorschlag einer Revision unterzogen. Thomae sagte: «Wenn relative Konstanz in das Entwicklungsgeschehen genauso verwoben ist wie Veränderung, dann kann Entwicklung nicht nur als Veränderung definiert werden, sondern als ‹Konstanz und Veränderung›, gesehen auf dem Hintergrund des Kontinuums eines Lebenslaufs.»[7]

In ein Konzept der lebenslangen Persönlichkeitsentwicklung im Sinne des skizzierten biografischen Ansatzes können auch die Erkenntnisse zur Ich- bzw. Identitätsproblematik, die im Rahmen tiefenpsychologisch orientierter Persönlichkeitstheorien von grundlegender Bedeutung sind, aufgenommen werden. [8] Schliesslich wird in einer solchen Sichtweise von Persönlichkeitsentwicklung auch deutlich, dass in verschiedenen Phasen im menschlichen Lebenslauf zwar unterschiedliche und spezifische Situationen zu gestalten und Aufgaben zu bewältigen sind. Jede Entwicklungsstufe ist aber in Hinsicht auf die einheitliche und ganzheitliche Lebensgestaltung gleich wertig und gleich wichtig. Dies schliesst aus, dass etwa die Zeit der Kindheit nur als Vorbereitungszeit auf das Erwachsenenleben oder das Alter als Zeit des Zerfalls bzw. das Kind bloss als noch unvollständiger Erwachsener und der alte Mensch als nicht mehr leistungsfähiger betrachtet werden. [9] Jede Phase des Lebens ist für sich gesehen und in Hinsicht auf den gesamten Lebenslauf sinnvoll und erfordert Sinnerfüllung. C. G. Jung hat in einem Vortrag, «die Lebenswende», auf die Problematik hingewiesen, die entstehen kann, wenn diesem Faktum nicht Rechnung getragen wird:

«Das Schlimmste an allen diesen Dingen ist, dass kluge und gebildete Menschen dahinleben, ohne von der Möglichkeit solcher Veränderungen zu wissen. Gänzlich unvorbereitet treten sie die zweite Lebenshälfte an. Oder gibt es irgendwo Schulen, nicht bloss Hoch-, sondern Höhere Schulen für Vierzigjährige, die sie ebenso auf ihr kommendes Leben und seine Anforderungen vorbereiten, wie die Volks- und Hochschulen unsere jungen Leute in die Kenntnis von Welt und Leben einführen? Nein, aufs tiefste unvorbereitet treten wir in den Lebensnachmittag, schlimmer noch, wir tun es unter der falschen Voraussetzung unserer bisherigen Wahrheiten und Ideale. Wir können den Nachmittag des Lebens nicht nach demselben Programm leben wie den Morgen, denn was am Morgen viel ist, wird am Abend wenig sein, und was am Morgen wahr ist, wird am Abend unwahr sein.» [10]

5.12 Selbst- und Wirklichkeitsgestaltung in Auseinandersetzung mit den Lebensaufgaben

Die in Kapitel vier erarbeiteten übergeordneten Sinnzusammenhänge bleiben abstrakt und unwirksam, wenn sie nicht auf das tägliche Leben bezogen werden. Das Erleben von Sinn und die Sinnerfüllung können sich – in allen Phasen des Lebens – nur in der täglichen Auseinandersetzung mit der Gestaltung des eigenen Lebens und der Wirklichkeit vollziehen. Wert- und Sinnideale verkümmern zu deklamatorischen Leerformeln, wenn sie nicht zur Richtschnur und zum Massstab des täglichen Denkens, Handelns und Empfindens werden. Dieser Einbezug ins Leben geschieht, indem sich der Mensch oder eine Gemeinschaft den jeweiligen Situationen und Aufgaben antwortend stellt. Die Bezüge, in denen der Mensch als antwortendes und handelndes Wesen steht, sind durch das jeweilige Menschenbild, die anthropologischen Dimensionen, gegeben. So z.B. entwickelt Helmut Thielicke aus einem theologischen Erkenntnisinteresse in seiner Ethik drei «Seins-Räume» des Menschseins und des «Verhältnisses von Ich und Welt». [11] Für Thielicke lässt sich dieses Verhältnis in drei Zonen zeigen: Die erste Zone betrifft «die Personhaftigkeit als Beziehung des Menschen zu sich selbst». Hier geht es um das Individuum, die menschliche Person als Träger allen ethischen Geschehens. Der einzelne Mensch als Person tritt «aus dem Gesamtgewebe der ihn umgebenden Wirklichkeit» heraus, er wird genötigt, «sich der Determination durch das ihn umgebende und durch ihn hindurchgehende Geschehen zu entreissen und sich selber sowie diesem Geschehen gegenüberzutreten, sich also in seiner Andersheit zu erkennen». Es geht hier um den Menschen, der «auf eine Entscheidung hin ansprechbar sein muss», die er zu fällen und zu verantworten hat. Die zweite Zone besteht in der «Ich-Du-Beziehung», denn «das Person-sein des Menschen erfasst und aktualisiert sich nur im Gegenüber zu andern Personen». Schliesslich bedarf das Ich eines «Ausser-Ich», «der ‹Welt›, in der und der gegenüber» es sich vorfindet. Diese «Ich-Welt-Beziehung» ist die dritte Zone menschlichen Seins. Diese drei Zonen dienen Thielicke als Kriterien, um ethische Bezüge menschlichen Seins und Handelns aufzuzeigen.

Innerhalb der Psychologie wurden aus verschiedenen theoretischen Positionen heraus und mit unterschiedlichen Erkenntnisinteressen Modelle entwickelt, um die Bezüge aufzuzeigen, in denen der Mensch als sich entwickelndes und sittlich handelndes Wesen steht. Alfred Adler entwickelte von einem eher sozialpsychologischen Standpunkt aus und mit tiefenpsychologisch-therapeutischem Interesse ein anthropologisches Bezugssystem, in dem die Lebensaufgaben des Menschen eingeordnet werden können. Im Mittelpunkt dieses Bezugssystems steht der Begriff und die Idee der Gemeinschaft. Dabei fasst Adler diese Idee der Gemeinschaft in einem weitgespannten anthropologischen Sinne. Für Adler heisst «Leben(,) sich entwickeln», [12] und menschliches Leben strebt und entwickelt sich nach ihm durch Überwindung von Unzulänglichkeiten. Der Mensch und die Menschheit können in diesem Streben auf eher krankhafte, schädliche und unnütze Weise ein Ziel in Richtung Überlegenheit, persönlicher Geltung und Macht verfolgen, oder sie können ein dem Menschen und der Menschheit nützliches, sinnvolles, ein zu ihrer Vervollkommnung dienendes Ziel anstreben. Im Aufsatz «Über den Ursprung des Strebens nach Überlegenheit und des Gemeinschaftsgefühls» behandelt Adler diese beiden, aus dem Gefühl und der (zum Teil vermeintlichen) Erfahrung der Unzulänglichkeit und Minderwertigkeit entstammenden, [13] antinomischen Richtungen des Strebens auch unter anthropologischen Gesichtspunkten. Er geht von der Feststellung aus, dass wir nicht wissen, «welches der einzig richtige Weg zur Vollkommenheit ist», und dass die Menschheit schon in vielfacher Weise versucht hat, «sich dieses Endziel der menschlichen Entwicklung vorzustellen». [14] Die beste Vorstellung, in der sich das «dunkle Sehnen» nach Vollkommenheit konkretisiert habe, sei wohl der Gottesbegriff, doch würde «jeder sich seinen Gott anders» vorstellen. [15] Von seinem Menschenverständnis her und aus seinem psychologisch-therapeutischen Interesse kommt Adler dazu, das Gemeinschaftsgefühl als konkretisierende Norm für «die Richtung zur idealen Vollkommenheit» [16] zu postulieren. Dieses Gemeinschaftsgefühl hat nichts mit privatistischen Gruppierungen und Schwärmertum zu tun. «Gemeinschaftsgefühl besagt viel mehr, vor allem besagt es Fühlen mit der Gemeinschaft sub specie aeternitatis, ein Streben nach einer Gemeinschaftsform, die für ewig gedacht werden muss, wie sie etwa gedacht werden könnte, wenn die Menschheit das Ziel der Vollkommenheit erreicht hat.» Für Adler müsste dies «ein Ziel sein, das die ideale Gemeinschaft der ganzen Menschheit bedeutet, die letzte Erfüllung der Evolution». Träger dieses Vollkommenheitsideals kann nur die gesamte Menschheit als kooperierende Gemeinschaft sein. So soll auch der Einzelmensch in seinem Streben auf dieses Ziel ausgerichtet sein und seinen Beitrag mit seinen Möglichkeiten und in seinem Lebenskreis «zur Vervollkommnung der gesamten Menschheit» leisten. Dieses Ideal und Ziel der Entwicklung des Menschen und der Menschheit liegt nahe bei der in Kapitel vier aufgezeigten Idee und dem Prinzip der Humanität. Und wie diese eröffnet Adlers Idee der Gemeinschaft Sinnhorizonte für die Selbst- und Wirklichkeitsgestaltung des Menschen. Wie die Idee der Humanität sich im täglichen Leben konkretisieren muss, so greift auch die Idee der Gemeinschaft fordernd und gestaltend in das tägliche Handeln des Menschen und der Menschheit ein und vermittelt so Sinn. Der Mensch muss sich den Fragen der fordernden Gemeinschaft antwortend und handelnd stellen, er muss Lebensfragen im Sinne der Gemeinschaft zu lösen und zu gestalten versuchen. [17] Für Adler sind es drei Hauptfragen und -probleme, die der Mensch in seinem Leben zu beantworten und zu gestalten hat: Der Beruf, die Liebe und das Gemeinschaftsleben bzw. die Mitmenschlichkeit. [18] «Auf die Lösung dieser drei Hauptfragen zielen alle anderen Fragen hin.» [19] In unserem Zusammenhang heisst das, in der Art und Weise, wie ein Mensch an diese drei Aufgabenkreise herangeht und die sich in ihnen stellenden Fragen und Probleme löst bzw. wie er mit ihnen umgeht, vollzieht sich seine Persönlichkeitsentwicklung. Für unseren weiteren Gedankengang ist die (tiefenpsychologische) Erkenntnis von Bedeutung, dass die Art und Weise, wie ein Mensch mit den Aufgaben des Lebens umgeht, in frühester und früher Kindheit vorbereitet wird, «dass man zur Lösung der Lebensaufgaben schlecht oder gut vorbereitet sein kann». [20] Adler weist damit auf die grundlegende Bedeutung hin, die der frühen Kindheit für die spätere Entwicklung zukommt. Seit den Anfängen der tiefenpsychologischen Erkenntnisse von Freud, Adler und Jung hat sich die Kenntnis über diese Bedeutung noch stark erweitert. Adler hat noch ein weiteres Moment in diesem Entwicklungsprozess betont, die Ganzheitlichkeit allen psychisch-somatischen Geschehens. In unserem Zusammenhang heisst das, dass das Individuum so an diese Lebensaufgaben herangeht, damit es das ihm (bewusste oder – meist – unbewusste) vorschwebende Ziel seines Lebens erreichen kann: «Alle Erscheinungen des Seelenlebens sind als Vorbereitungen für ein vorschwebendes Ziel aufzufassen.» [21] Das heisst mit anderen Worten: Jeder Mensch entwickelt seit seiner frühesten Kindheit Vorstellungen über das Ziel oder die Ziele seines Lebens, eine «individuelle Meinung vom Sinn des Lebens», dem er unaufhaltbar folgt. Und diese Meinung vom Sinn seines Lebens bestimmt die Entscheidungen und Stellungnahmen gegenüber «den Fragen des Lebens, die Mitarbeit erfordern (Gemeinschaft, Beruf, Liebe)». [22] Schon die Mitarbeiter Adlers haben diese drei Lebensaufgaben – Beruf, Liebe, Gemeinschaft – erweitert um den Bereich Natur [23] und um die «Beziehung des Menschen zu sich selbst und die Beziehung zum Weltall, zur Bedeutung menschlicher Existenz im transzendentalen und spirituellen Bereich». [24]

Für Adler und die Individualpsychologie ist die These grundlegend, dass diese subjektive Einschätzung vom Sinn des Lebens und der Wirklichkeit wesentlich bestimmt wird von der Meinung eines Individuums «über seinen eigenen Wert und über seine Fähigkeiten und von seiner Meinung über die Aufgaben des Lebens». [25] Wie oben angesprochen, bildet sich der einzelne Mensch diese Meinung in ihren wesentlichen Elementen in frühester und früher Kindheit aufgrund seiner Stellungnahmen zu den jeweiligen Gegebenheiten und Erfahrungen (z. B. seine eigene Konstitution und Körperlichkeit, soziale Bezüge, Familienatmosphäre und -konstellation, soziale und ökonomische Situation, Erziehung, Geschlecht). Die so gebildete Meinung ist dem Individuum meist nicht bewusst und kann unwirklichen, fiktiven Charakter annehmen, einer rein «privaten

Logik» folgen. Durch den Einbezug dieses tiefenpsychologischen Gesichtspunktes erhält die in früheren Kapiteln erarbeitete sinnorientierte Zielgerichtetheit menschlichen Werdens eine Erweiterung und Vertiefung.

Im Rahmen vorwiegend empirisch orientierter Entwicklungs- und Persönlichkeitstheorien wird versucht, die Entwicklung der Persönlichkeit anhand des konkreten und beobachtbaren Verhaltens in bestimmten, meist genau definierten Situationen zu erforschen. So geht beispielsweise Robert Havighurst in seinem Konzept einer biografisch orientierten Psychologie der Persönlichkeit davon aus, «dass jedes Individuum im Laufe seiner Entwicklung eine Reihe von Fertigkeiten erwirbt, denen (...) eine Reihe von Kompetenzen entspricht. Die Entwicklung solcher Fertigkeiten und Kompetenzen erfolgt aufgrund der Auseinandersetzung der Person mit Entwicklungsaufgaben.»[26] Havighurst nennt diese Entwicklungsaufgaben «developmental tasks». Es gibt für das jeweilige Lebensalter typische solche Entwicklungsaufgaben. Havighurst nennt drei Situationen, Forderungen, die die Erfüllung von Entwicklungsaufgaben notwendig machen: Biologische Notwendigkeiten (Entwicklungsstand im Laufe des Lebens), soziale und kulturelle Forderungen und Erwartungen sowie die individuellen, persönlichen Erwartungen und Wertvorstellungen. Indem sich der einzelne Mensch mit diesen jeweiligen Aufgaben und Situationen auseinandersetzen muss, ändert sich sein Denken, Empfinden und Handeln, und in dieser Neu- und Umorientierung entwickelt er sich. Olbrich führt in seiner Darstellung in Anlehnung an Havighurst u. a. eine Tabelle mit typischen Entwicklungsaufgaben im Laufe einer menschlichen Biografie auf. Ich gebe sie auf folgender Seite zur Illustration des Gesagten wieder.[27]

Diesem Konzept der für die verschiedenen Lebensphasen zu lösenden Entwicklungsaufgaben liegt zwar die Idee der lebenslangen Entwicklung zugrunde, und es entspricht in hohem Masse einem dynamischen Persönlichkeitsmodell. Und zweifelsohne gibt es Aufgaben, die für bestimmte Entwicklungsperioden typisch und in diesen zu lösen sind. Aber gemäss den vorangehenden Ausführungen gilt es doch auch zu bedenken, dass wir aufgrund der tiefenpsychologischen Erkenntnisse wissen, dass die Lösungen bestimmter Aufgaben im menschlichen Leben (z. B. in Beruf, Ehe usw.) oft stark beeinflusst sind, ja oft gesteuert werden durch frühere Lösungsversuche, Erfahrungen und Erlebnisse in ähnlichen oder gleichen Aufgaben. Die Lösung bestimmter Aufgaben kann also – psychologisch gesehen – nicht nur punktuell-situativ verstanden werden. Sie ist vielmehr in einem ganzheitlichen Sinne unter Einbezug der gesamten Biografie zu verstehen.[28]

Entwicklungsperiode	Entwicklungsaufgaben
Frühe Kindheit (0–2 Jahre)	1. Anhänglichkeit (social attachment) 2. Objektpermanenz 3. Sensumotorische Intelligenz und schlichte Kausalität 4. Motorische Funktionen
Kindheit (2–4 Jahre)	1. Selbstkontrolle (vor allem motorisch) 2. Sprachentwicklung 3. Phantasie und Spiel 4. Verfeinerung motorischer Funktionen
Schulübergang und frühes Schulalter (5–7 Jahre)	1. Geschlechtsrollenidentifikation 2. Einfache moralische Unterscheidungen treffen 3. Konkrete Operationen 4. Spiel in Gruppen
Mittleres Schulalter (6–12 Jahre)	1. Soziale Kooperation 2. Selbstbewusstsein (fleissig, tüchtig) 3. Erwerb der Kulturtechniken (Lesen, Schreiben usw.) 4. Spielen und Arbeiten im Team
Adoleszenz (13–17 Jahre)	1. Körperliche Reifung 2. Formale Operationen 3. Gemeinschaft mit Gleichaltrigen 4. Heterosexuelle Beziehungen
Jugend (18–22 Jahre)	1. Autonomie von den Eltern 2. Identität in der Geschlechtsrolle 3. Internalisiertes moralisches Bewusstsein 4. Berufswahl
Frühes Erwachsenenalter (23–30 Jahre)	1. Heirat 2. Geburt von Kindern 3. Arbeit / Beruf 4. Lebensstil finden
Mittleres Erwachsenenalter (31–50 Jahre)	1. Heim / Haushalt führen 2. Kinder aufziehen 3. berufliche Karriere
Spätes Erwachsenenalter (51 und älter)	1. Energien auf neue Rollen lenken 2. Akzeptieren des eigenen Lebens 3. Eine Haltung zum Sterben entwickeln

Grafik 8: Tabelle mit den Entwicklungsaufgaben innerhalb bestimmter Lebensphasen von R. Havighurst

Ausgehend von dem in den bisherigen Ausführungen entwickelten evolutionären Konzept einer pädagogischen Anthropologie und unter Einbezug der vorangegangenen Gesichtspunkte zur Persönlichkeitsentwicklung können wir festhalten, dass sich die Entwicklung der Persönlichkeit im

Sinne eines lebenslangen Werde- und Lernprozesses in Auseinandersetzung mit den Lebensaufgaben vollzieht. In Fortsetzung unseres bisherigen Gedankenganges zu den anthropologischen Gegebenheiten und in Anlehnung an die Ausführungen in diesem Abschnitt können wir Lebensaufgaben folgenden fünf Bereichen zuordnen:

- Beziehung zu sich selbst: Selbstwert, Identität, Selbstbildung
- Gemeinschaft im engeren Sinne: Familie, Liebe, Partnerschaft
- Arbeit: Schule, Ausbildung, Beruf
- Gemeinschaft im weiteren Sinne: Freundschaft, Kameradschaft, Kollegialität, Mitmenschlichkeit, Gemeinwesen (Staat, Gesellschaft)
- Umwelt (im weitesten, ursprünglichen (Um-welt) Sinne): Natur, Kultur, Kosmos, Transzendenz.

Wie deutlich wurde, beschränkt sich der Umgang mit diesen Lebensaufgaben nicht auf je einzelne Phasen des Lebens. Vielmehr durchziehen sie alle Bereiche, alle Phasen von frühester Kindheit bis zum Tod, allerdings in unterschiedlicher Ausprägung und Intensität. Wir können dies so darstellen, indem wir diese Lebensaufgaben in Beziehung zu den wichtigsten Lebensabschnitten setzen:

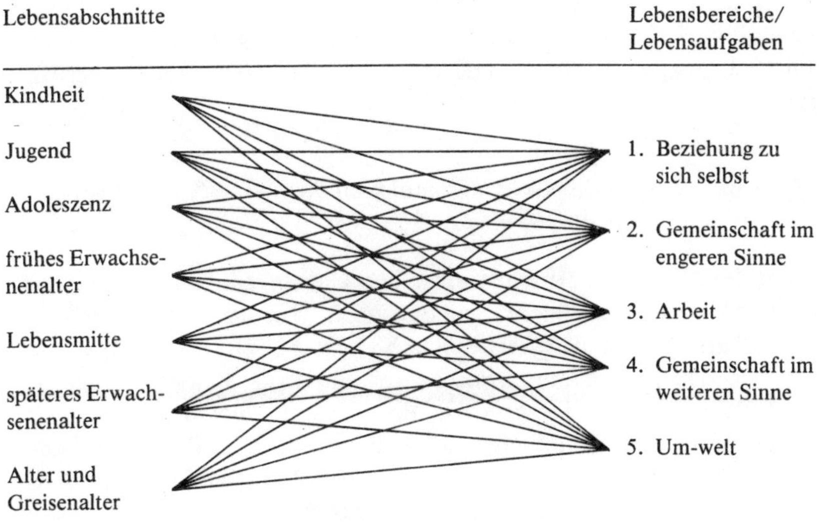

Grafik 9: Die 5 Lebensbereiche mit Lebensaufgaben in verschiedenen Entwicklungsstufen

Diese Darstellung zeigt nochmals deutlich, was ich meine, wenn ich sage, dass die Entwicklung des Menschen und sein Lernen in seinen Handlungen bzw. in den Leistungen und der Art und Weise des Umgangs mit den Lebensaufgaben offenbar werden, sich zeigen. Ebenfalls geht daraus die lebenslange Verschränkung der Lebensaufgaben hervor. Es wird nun auch deutlich, dass sich in jedem Lebensabschnitt innerhalb der jeweiligen Lebensbereiche Einzelaufgaben (z. B. Entwicklungsaufgaben im Sinne von Havighurst, siehe oben) identifizieren lassen. In diesem Sinne wäre dieser Ansatz auch im Rahmen empirischer Untersuchungen verwendbar.

Selbst- und Wirklichkeitsgestaltung vollzieht sich so im konkreten täglichen Handeln, in täglicher Auseinandersetzung mit sich, den Mitmenschen und der sozial-kulturellen Umwelt. In der Auseinandersetzung mit den Situationen und Aufgaben des Lebens setzt sich der Mensch mit sich selbst auseinander. Die sinnorientierenden Ideale der Selbstwerdung und Humanität konkretisieren sich so im einzelnen Leben in den nüchternen Herausforderungen des Lebens an den Einzelnen und die Gemeinschaft.

5.2 Erziehung und Bildung im Prozess des Werdens und Lernens

Innerhalb des bisher entwickelten Gesamtrahmens ist nun nach dem Ort von Erziehung und Bildung und deren Möglichkeiten und Grenzen zu fragen.

5.21 Selbst- und Wirklichkeitsgestaltung im Spannungsfeld von Erbe, Umwelt und Selbststeuerung

Jeder, der über den Menschen unter den Gesichtspunkten seiner Erziehung und Bildung nachdenkt, stösst auf die grundsätzliche Frage nach der Bedeutung der erzieherischen und bildenden Einflüsse und Massnahmen für den Entwicklungsprozess des einzelnen Menschen und der Menschheit. Die hier angesprochene Problematik bildet unter den Begriffen der Freiheit, Verantwortung, Willensfreiheit, Selbstbestimmung, Schuld, Mündigkeit usw. Untersuchungsgegenstand verschiedener Disziplinen.[29] In anthropologisch-pädagogischer Sicht begegnet uns dieses Problem als Frage nach dem Freiraum des Menschen und nach der Bedeutung der Begabung in seiner Selbst- und Wirklichkeitsgestaltung.

In zusammenfassendem Sinn kann man sagen, dass es auf diese Frage drei Möglichkeiten von tendenziellen Antworten gibt: In der einen Tendenz wird der Mensch als ein Wesen betrachtet, das im Prozess der Selbst- und Wirklichkeitsgestaltung (sofern man hier noch davon sprechen kann) durch seine Erbanlagen oder seine Vorherbestimmung bestimmt ist. Die zweite Tendenz kann mit dem gegenteiligen Standpunkt charakterisiert werden: Der Mensch wird sozusagen als unbeschriebenes Blatt (tabula rasa) geboren und ist für sämtliche Einflüsse, Anreize und Formungen aus der Umwelt empfänglich. Sie sind es ausschliesslich, die seinen Entwicklungsprozess bestimmen. Die dritte Richtung von Antwortmöglichkeiten geht vom Standpunkt der Wechselwirkungen zwischen Erbe und Umwelt aus. Sie betrachtet die ererbten Anlagen als ererbte Dispositionen von –meist kaum ausschöpfbaren – Werdemöglichkeiten, die aber einer aktiven Beteiligung und Mitarbeit von Umwelt und Individuum bedürfen. Diese drei tendenziellen Richtungen in der Beantwortung der Frage nach dem Freiraum des Individuums bei seiner Selbst- und Wirklichkeitsgestaltung können je auf eine lange Geschichte zurückblicken.[30] Die Analyse der verschiedenen Standpunkte zeigt, dass den ersten beiden Richtungen meist ein eher geschlossenes Bild vom Menschen zugrunde liegt, während die Position der Wechselwirkung eher als ein offenes Modell bezeichnet werden kann. Vom begabungstheoretischen Standpunkt aus kann die Richtung, die das Werden und Lernen des Menschen als vorwiegend oder ausschliesslich vom Erbe determiniert betrachtet, als statische, jene Richtung, nach der vorwiegend oder ausschliesslich die Umwelt eines Menschen bestimmend wirkt als milieutheoretische und jene, die von einer Wechselwirkung zwischen Erbanlagen und Forderung und Förderung der Anlagen durch die Umwelt ausgeht, als dynamische Begabungstheorie bezeichnet werden.[31] Der von Heinrich Roth im Jahre 1968 im Auftrag des Deutschen Bildungsrates unter dem Titel «Begabung und Lernen»[32] herausgegebene Band mit Gutachten aus verschiedenen Forschungsdisziplinen zur Begabungs- und Lernforschung zeigt in eindrücklicher Weise, wie

«Schul- und Lebensleistungen (...) von Lernprozessen abhängig sind und diese (...) durch Unterrichts- und Erziehungsprozesse anregbar und steuerbar sind (...). Begabung als Anlage wird in dieser Sicht zu einem Bedingungsfaktor in einem Feld von Variablen, die alle durch Lehren und Lernen, Unterricht und Erziehung beeinflussbar sind. (...) Man darf also, wenn man von Begabung spricht, nicht an eine isolierte und statische Grösse denken, die es als solche nicht gibt, sondern an eine dynamische Veränderliche in einem Netz von Bezugsgrössen, die alle mitentscheiden, ob Potentialitäten entwickelt werden oder nicht entwickelt werden.»[33]

Das Zusammenwirken von Erbanlagen und Umweltfaktoren ist äusserst komplex und schwierig und wohl kaum je bis ins Detail zu erforschen, weil die Gene nicht nur mit der Umwelt in Wechselwirkung stehen, sondern auch untereinander. [34] Heinrich Roth vertritt auch in seinem umfassenden Werk zur Pädagogischen Anthropologie einen dynamischen Begabungsbegriff im Sinne der vielfältigen Wechselwirkungen zwischen Erbanlagen und Umweltfaktoren. [35] Und in diesem vielfältigen Geschehen nehmen Erziehung und Bildung eine bedeutsame Stelle ein:

«Die Erziehung hat ihre Probleme in jenem Mittelbereich, der dem Menschen die Verantwortlichkeit (...) zugesteht. (...) Es geht in der Erziehung um jene empirische Freiheit, die dem Menschen zugesteht, dass er sich als ein auf Lernen durch Erfahrung abgestimmtes Wesen genug Wissen und Können aneignen kann, um im Rahmen seiner Gesellschaft und Kultur sein Dasein zu meistern, dass er als ein auf Verantwortung und Entscheidung gestelltes Wesen genug an Werteinsicht und Selbstmächtigkeit als Voraussetzung für die Selbstentscheidung in sich aufzubauen vermag, um den Normen seiner Gesellschaft und Kultur genügen zu können. Wo selbst eine solche Freiheit Ablehnung findet, werden einer pädagogischen Anthropologie ihre Voraussetzungen entzogen, d. h. die Bedingungen der Möglichkeit für Erziehung. Dieses Verleugnen der Bildsamkeit des Menschen zur Selbstentscheidung widerspricht auch allen pädagogischen Grunderfahrungen von Jahrtausenden, ungeachtet aller Rückfälle einzelner und ganzer Völker in Barbarei und Unkultur.» [36]

In kritischer Würdigung der Arbeiten von Roth und deren Vergleich mit neuesten Forschungsergebnissen zum Anlage-Umwelt-Problem kommt Franz Weinert zum Schluss, dass es gegenwärtig keine wissenschaftlich fundierte Gründe gibt, «um von einem dynamisch zu einem statisch konzipierten pädagogischen Begabungsbegriff zurückzupendeln. Beide Begriffe tragen die Gefahr von Missverständnissen in sich. Dynamisch meint: Langfristiger Erwerb individueller Kompetenzen durch thematisch strukturiertes Lernen». [37]

Die Geschichte pädagogischer und bildungspolitischer Auseinandersetzungen und gerade auch gegenwärtige Diskussionen zeigen immer wieder, dass in diesem Kräftefeld anstelle des Ineinander und Miteinander der eine oder andere Faktor zu einseitig und tendenziös gewichtet oder gar verabsolutiert wurde und wird. In der Pädagogik spricht man dann, wenn die Vererbung oder Vorbestimmtheit als Bestimmungsfaktor verabsolutiert und der Umwelt und der Erziehung kein oder kaum Einfluss auf die Entwicklung der Persönlichkeit zugemessen wird, auch von pädagogischem Pessimismus. Demgegenüber wird die Verabsolutierung der Wirkungen der Umwelt und vor allem der Erziehung mit pädagogischem Optimismus oder Utopismus bezeichnet. Als pädagogischen Realismus kann dann jene Sichtweise bezeichnet werden, die in den Anlagen des Menschen die grundsätzlichen Werde-Möglichkeiten sieht, die, um zu ihrer Entfaltung zu gelangen, der bestmöglichen Anregung, Hilfe und Förderung durch die Umwelt bzw. der Erziehung bedürfen.[38] Angesichts der noch vielen offenen Fragen und der schwierigen Forschungssituation auf der einen und der pädagogischen und (bildungs)politischen Bedeutung und Brisanz dieses Sachverhaltes auf der anderen Seite würde man wohl besser von einem hypothetischen Realismus sprechen. Von dieser Position aus liesse sich dann glaubwürdig die pädagogisch unbedingt notwendige Forderung nach einer Haltung im Sinne einer dynamischen Begabungstheorie vertreten. Leslie C. Dunn und Theodosius Dobzhansky haben in ihrem Buch «Vererbung, Rasse und Gesellschaft» dieses Thema behandelt und in einen grösseren gesellschafts- und bildungspolitischen Rahmen gestellt. Auch wenn manche - vor allem biologisch-genetische - Erkenntnisse und Untersuchungsbefunde seit dem Erscheinen des Buches durch neuere Forschungen modifiziert und differenziert worden sind, so kann wohl die Grundhaltung der beiden Forscher nach wie vor als für die Pädagogik richtungweisend bezeichnet werden:

«Viel Zeit ist auf die Auseinandersetzung über die relative Bedeutung von Veranlagung und Erziehung verwendet worden. Wahrscheinlich haben Wissenschaftler bei der Vorbereitung von Debatten über das Thema ‹Vererbung ist wichtiger als Umwelt› zehntausende von Stunden verbracht. Vielleicht wäre es zu hart, wollte man sagen, diese Stunden seien vergeudet worden; aber schon ein kurzes Nachdenken würde zeigen, dass die Feststellung in dieser Form wenig Sinn hat. Keinem Menschen können wir seine Veranlagung oder seine Umwelt wegnehmen. Wir kommen auf die Welt als Bündel von Möglichkeiten, das uns von unseren Eltern und anderen Vorfahren vererbt worden ist.

Unsere Erziehung erreicht uns aus unserer Umgebung. Was mit der Erziehung geschieht, die von aussen an uns herangebracht wird, hängt nun freilich von der Veranlagung ab, die sie in uns antrifft. Nahrung ist für uns nutzlos, wenn wir keine Verdauungsorgane haben, welche sie in die Lebenssubstanz, die wir selbst sind, umwandeln; und Worte der Weisheit sind vergeblich, wenn kein Gehirn sie beachten und speichern kann. Andererseits würden aus ererbten Möglichkeiten ohne die Hilfsmittel, die sie zum Wachsen und Gedeihen bringen, niemals manifeste Fähigkeiten werden können. Veranlagung *und* Erziehung sind so offensichtlich notwendig und untrennbar, dass die entscheidende Frage nicht sein kann, was wichtiger sei, sondern vielmehr wie sie *zusammen* unsere Eigenschaften bestimmen.»[39]

5.22 Die Bedeutung der Familie für die Entwicklung der Persönlichkeit

Seit den Anfängen der Pädagogik und Psychologie als Wissenschaften ist die Bedeutung der Mutter-Kind-Beziehung und der Familie für das Werden des einzelnen Menschen und von Menschengruppen (z. B. Generationen) betont und erforscht worden. Gerade auch gegenwärtig wird angesichts von Wertverlust, Orientierungslosigkeit, Suchtproblemen und dem sich ausbreitenden Gefühl von Sinnlosigkeit auf die Bedeutung der Familie und ihre erzieherischen Möglichkeiten von verschiedensten Seiten und mit unterschiedlichen Interessen hingewiesen. Dabei gibt man sich selten Rechenschaft, wie stark sich die Familie als Gemeinschaft gewandelt hat und wie vielfältig die Bedingungen und Voraussetzungen für die erzieherische Wirkung heute sind.

Die Familie kann aber nicht unabhängig von der zeitgeschichtlichen, von der gesellschaftlichen Situation gesehen werden. Helmwart Hierdeis weist in seinem Buch «Erziehungsinstitutionen» anhand dreier Epochen den «Gestaltwandel der Familie» auf.[40] Die *Grossfamilie,* als bedeutende Institution der vorindustriellen, agrarischen Gesellschaft bestand aus mehreren Einzelfamilien, meist drei Generationen umfassend. Diese Grossfamilie war eine Produktions-, Konsum- und Schutzeinheit in einem. Die Erziehungssituation kann charakterisiert werden als «eine wenig reflektierte, emotional kaum betonte Einstellung zu den Kindern. Die kindlichen Bedürfnisse sind den Bedürfnissen der Familie untergeordnet, wie überhaupt Erwachsenenwelt und Kinderwelt nicht prinzipiell unterschieden werden». Die Vorstellungen über Erziehung sind, wie das Normensystem, einheitlich; meist beruhen sie auf einer langen Tradition. Die Kindheit wurde in dieser Zeit mehr oder weniger als Durchgangsphase zum Erwachsenenalter betrachtet. Die Kindheit hat noch keinen «Eigenwert» als Lebensalter.[41] Die Kindheit musste erst entdeckt werden, wie z. B. Aries anhand künstlerischer Darstellungen aufzeigt.[42]

Im industriellen Zeitalter und in der Gegenwart hat sich die Grossfamilie zur *Klein- oder Kernfamilie* gewandelt. Dieser Wandel ist durch verschiedene Struktur- und Funktionsveränderungen für die Familie gekennzeichnet. Das gesellschaftliche Gesamtbewusstsein löste sich in die «Mannigfaltigkeit einzelner Kultursektoren (Technik, Wirtschaft, Recht, Staat, Religion, Wissenschaft, Philosophie, Kunst und schliesslich auch Familie)» auf.[43] König bezeichnet diesen Vorgang des Wandels der Familie innerhalb des gesamtkulturellen Differenzierungsprozesses als Desintegration und versteht darunter eine «Aussonderung» und «Isolierung» der Familie bezüglich der Aussenkontakte und als Desorganisation (z. B. Ausfall von Familienmitgliedern, Milieuwechsel) hinsichtlich des Binnenaspektes. Die Veränderungen, die dieser Prozess innerhalb der Familie mit sich brachte, werden vor allem sichtbar durch «die Herauslösung der beruflichen Arbeit aus der Familie».[44] Die Berufe des Angestellten entstehen. Der Vater arbeitet immer mehr ausserhalb der Familie. Oft arbeiten beide Elternteile tagsüber ausser Hause. Die Kinder besuchen Schulen. Die familiären Kontakte beschränken sich auf Freizeit. Auch die Wohnverhältnisse ändern sich. Zur Kleinfamilie bzw. zum Zwei-Generationen-Haushalt kommt die örtliche und berufliche Mobilität hinzu. Die Möglichkeiten nehmen also in jeder Hinsicht zu (Ortswechsel, freie Berufswahl und Berufswechsel usw.).

Die Familie gab auch immer mehr wesentliche Funktionen an das Gemeinwesen und an Institutionen ab (Fürsorge, Versicherungen usw.).[45] So wird die Familie immer mehr eine Institution mit spezifischen Aufgaben neben anderen Institutionen. Das erschwert aber der Familie zunehmend die Wahrnehmung ihres Erziehungsauftrages, wie etwa auch Alexander Mitscherlich in seinem Buch «Auf dem Weg zur vaterlosen Gesellschaft»[46] darlegt. Es kommt hinzu, dass die Orientierungsschwierigkeiten hinsichtlich einer sinnvollen Lebensgestaltung durch den Verlust eines Konsenses über die Grundwerte und durch die vielfältige und hektische Flut von Informationen sich als starke Verunsicherung im Erziehungsprozess zeigen. Und auch die gegenwärtigen staatlichen Gemeinschaften und ihre Institutionen können diese Orientierungshilfe kaum bieten, weil ihnen selbst eine Verwurzelung fehlt. So hat Jürgen Habermas in einer Rede 1974 die Frage gestellt, ob die heutigen säkularisierten und komplexen Gesellschaften «eine vernünftige Identität ausbilden» können.[47] In einer so vielfältigen und vernetzten und kaum mehr durchschaubaren Welt, in einer sich so rasch differenzierenden und verändernden Wirklichkeit ist es für den Einzelnen – und die Gemeinschaft – um so unerlässlicher, dass er die Möglichkeit hat, in der Familie, im «sozialen Mutterschoss», die Grundlagen für sein weiteres Werden zu erwerben.

Gordon W. Allport hat in dieser Hinsicht in seiner Persönlichkeitspsychologie «Werden der Persönlichkeit» auf die besondere Bedeutung der Anhänglichkeit, wie sie in der Beziehung des Kindes zur Mutter zum Ausdruck kommt, hingewiesen:

«Mit einer gewissen Regelmässigkeit stellt sich heraus, dass der Charakter und die geistige Gesundheit eines Kindes erheblich von den Beziehungen abhängen, die es in den ersten Jahren zu seiner Mutter hatte. Ungünstige Beziehungen scheinen oft unüberwindbare Hindernisse für eine wirksame therapeutische Behandlung in späteren Lebensabschnitten zu schaffen.
(...)
Alles in allem scheint ein beträchtliches Minimum an Sicherheit in den ersten Jahren nötig zu sein für einen Start in Richtung eines produktiven Lebensstils. Oder das Individuum entwickelt einen pathologischen Hunger nach Sicherheit und kann weniger als andere Menschen Zurücksetzungen ertragen, wenn es erwachsen ist.
(...)

Wenn ein Mensch als Kind ernst genommen und liebevoll behandelt wurde, lernt er leichter, sich selbst so zu nehmen, wie er ist, den Lauf der Welt zu ertragen und die Konflikte des späteren Lebens zu bewältigen.
(...)
Wenn diese Deutung richtig ist, lässt sich sagen, dass die frühkindlichen Bedürfnisse nach Anhänglichkeit (Abhängigkeit, Beistand, Bindung) die Grundlagen des Werdens sind, selbst bevor von sozialer Anpassung die Rede sein kann. Sie wirken auf einen grundlegenden Kontakt mit der Welt hin, bevor das eigentliche Wachstum beginnen kann.»[48]

Als konkrete Grundaufgaben der Familie für die Entwicklung des Kindes bezeichnet Helmwart Hierdeis im Anschluss an Wolfgang Metzger die Herstellung der Erziehbarkeit des Kindes, die Gewissensbildung und die Ablösung von den Eltern.[49] Hierdeis nennt einige Teilaufgaben, die die «Erziehbarkeit» ermöglichen, so u. a.: aktive Zuneigung der Mutter zum Säugling, vor allem beim Stillen, kontaktfreudige Körperpflege beim Säugling und Kleinkind (Hautkontakt), eine Erziehung zur Reinlichkeit und Sauberkeit, «die mit Geduld und Verstärkungen (Lob, freundliches Zureden, Belohnung) arbeitet und dem Kind keinen Ekel vor seinen Ausscheidungen einflössen soll», das Sprechen mit dem Kind von allem Anfang an, Gebrauch der eigenen Organe, vor allem auch der Hände, Erlernen des Zusammenlebens in Spiel und einfacher Zusammenarbeit. «Ein entspanntes, angstfreies, emotional getragenes, anregendes Familienklima bietet die besten Voraussetzungen für die Erziehbarkeit des Kindes. Das gilt auch für die späteren Lebensjahre. Eine Familie, in der diese Attribute fehlen, kann auch die weiteren Erziehungsaufgaben nur unzulänglich erfüllen.»[50]

Die weiteren Aufgabenkreise der Familie im Entwicklungsprozess des Kindes und Jugendlichen versteht er als Gewissensbildung im Sinne der Bildung des sittlichen Bewusstseins sowie die Ablösung von den Eltern im Sinne jenes Prozesses, «in dessen Verlauf der Heranwachsende in räumlicher, emotionaler und geistiger Hinsicht von seinen Eltern unabhängig wird».[51]

5.23 Die Schule im Spannungsfeld pädagogischer und gesellschaftlicher Forderungen und Erwartungen

Die Institutionalisierung der Schule

Die Schule wird immer wieder in idealisierender Weise als Stätte der Begegnung von Menschen (Kinder mit Kindern, Kinder und Lehrer) und als Stätte herrschaftsfreier geistiger Auseinandersetzung beschrieben. Bei genauer Analyse und im täglichen Umgang mit der Institution Schule zeigt sich, dass Schule auch ein Ort ist, an dem handfeste Interessen verschiedener gesellschaftlicher Gruppen ausgetragen werden. Wie die Familie, so muss auch die Schule immer im geschichtlichen, gesamtgesellschaftlichen Zusammenhang gesehen werden. [52] Zur «Entstehung» der Institution Schule schreibt Hierdeis:

«Verfolgt man die Geschichte der Schule als Institution zurück, so entdeckt man, dass sie immer dort entsteht, wo eine Gruppe (Familie, Sippe, Stamm usw.) sich aus sozialen Gründen (z. B. Mobilität) oder wegen zunehmender Anforderungen der Umwelt an das Leistungsvermögen des einzelnen nicht mehr in der Lage sieht, bestimmte Kenntnisse und Fertigkeiten gleichsam funktional an die nachfolgende Generation weiterzugeben. ‹Es war also eine soziale Erfindung, dem Nachwuchs besondere Veranstaltungen zur Ausbildung und Vorbereitung zu widmen›. Da im Laufe der Zeit die Familie als ehemals wichtigste Ausbildungsinstanz immer weniger zur Qualifikation der Kinder beitragen konnte, übernahm die Schule immer mehr die Funktionen und baute sie aus. Mit der notwendig gewordenen Institutionalisierung der Schule bekam auch die Rolle des Lehrenden ein neues Gesicht; der Lehrer konnte, im Unterschied zum Vater oder Lehrmeister, das Erziehen und Lehren nicht mehr nebenberuflich ausüben, sondern musste gesondert auf seine pädagogische Tätigkeit vorbereitet werden.» [53]

Jan P. Kob weist darauf hin, dass seit der zweiten Hälfte des 18. Jahrhunderts eine umfassende Pädagogisierung stattgefunden hat, die parallel zur fortschreitenden Technisierung und rationalen Bürokratisierung der Gesellschaft verläuft. [54] Eine Folge dieser Pädagogisierung des Lebens ist die Institutionalisierung der Schule. Für die Schweiz ist «der geschichtliche Ort für deren Entstehung (...) jene Umbruchstelle, an der der alte Bund in den neuen Staat überging (1830 bis 1848)». [55]

Die Institutionalisierung der Schule, einst Zeichen des menschheitsgeschichtlichen und gesellschaftlichen Fortschritts, ist heute zu einer der meist diskutierten und umstrittensten Institution unserer Gesellschaft geworden. «Die Schule als Weg des Kindes» (Langeveld) ist nach Ansicht vieler Pädagogen und Eltern kein kindgerechter Weg mehr. Jan P. Kob hat aufgezeigt, dass im Zuge der Institutionalisierung das Schulwesen immer stärker durch Rationalisierungsprinzipien, analog zum übrigen, vor allem wirtschaftlichen Leben, geprägt und ein eigener Lebensraum Schule, oft im Gegensatz zum ausserschulischen Erlebnisfeld, geschaffen worden ist. [56]

Die Aufgaben der Schule

Die Fragen, welche Aufgaben die Schule in der heutigen Situation zu übernehmen habe, welches ihr Beitrag zur Entwicklung des Kindes sei und wie ihr Verhältnis zu den übrigen Bereichen gesellschaftlicher Wirklichkeit (Freizeit, Wirtschaft, Politik, Medien, Beruf usw.) und des Lebens überhaupt sei, werden u. a. innerhalb der «Theorie der Schule» oder der «Schulpädagogik» zu klären versucht.[57] Neben Fragen wie äussere und innere Strukturen der Schule, Rechtsgrundlagen der Schule, beteiligte Personen und Institutionen steht die Frage der Aufgaben der Schule im Mittelpunkt der Schultheorie. Wenn wir die Schule innerhalb des hier entworfenen anthropologischen Rahmens betrachten, lassen sich die Aufgaben der Schule vom pädagogischen Standpunkt aus stichwortartig folgendermassen zusammenfassen: Die Schule soll ihren spezifischen Beitrag leisten zur Bildung und Ausbildung (als Hilfe zur Personalisation), zur Kulturfähigkeit (als Hilfe zur Enkulturation), zur Gemeinschaftsfähigkeit (als Hilfe zur Sozialisation) sowie zum Wertverstehen und -erleben und zur Sinnbefähigung. An die Schule werden aber auch gesellschaftliche Erwartungen (verschiedenster Interessengruppen) gestellt: So soll sie für die einen zur gesellschaftlichen Stabilisierung und zum Aufrechterhalten der Tradition, für die andern zum gesellschaftlichen Wandel beitragen, wobei sich diese Funktionen nicht grundsätzlich widersprechen müssen. Des weitern hat die Schule immer mehr auch eine eigentliche Auslesefunktion (Selektion) übernommen. Waren es in früheren gesellschaftlichen Strukturen z. B. der Besitz, die Herkunft der Familie, die Zugehörigkeit zu bestimmten Gruppen usw., die sozusagen ausschliesslich für den Zugang zu Ämtern, Positionen und für die berufliche Laufbahn massgebend waren, so hat die Bildung im Laufe der Zeit eine immer stärkere Auslesefunktion übernommen. Schliesslich ist die Schule auch als Teil einer Verwaltungshierarchie sowie unter wirtschaftlichen Gesichtspunkten zu betrachten. Diese Funktionen und Erwartungen sind nicht nur vielfältig und unterschiedlich, sondern können auch widersprüchlich sein.

Trotz intensiven Suchens nach ihrem «Selbstverständnis» ist die Schule heute in einer sich rasch wandelnden Gesellschaft in einer schwierigen Situation. Die Schule hat in einer sich rund um sie mit raschem Tempo wandelnden Wirklichkeit ihre «Identität» verloren.[58] Es sind existentielle Fragen, die die Schule beschäftigen, Fragen wie z. B.: Sind es nicht die Medien, insbesondere die Massenmedien, die das Kind und den Jugendlichen neben der Familie vor allem prägen? Haben nicht die Schule und der Lehrer ganz wesentlich an Bedeutung für den Einzelnen verloren? Hat sich die Aufgabe der Schule nicht auf das blosse Vermitteln einiger Kenntnisse und Grundfertigkeiten reduziert? Und überhaupt – könnte diese Vermittlung nicht viel zweckmässiger von Lehrautomaten übernommen werden? Dies weist darauf hin, dass Bedeutung und Stellenwert der Schule in unserer Bildungsgesellschaft unklar geworden sind. Man fragt überall, wie die Schäden, die die Schule an Kindern und Jugendlichen anrichtet, wieder gutzumachen seien. Immer mehr Schulkritiker folgen Ivan Illich und Everett Reimer und prangern nicht nur die Widersprüche der Schule an, sondern ihren Widersinn und fordern die Abschaffung der Schulen. [59] Die Schule steckt tatsächlich in einer Identitätskrise, und die «Widersprüchlichkeit der Schule» [60] ist nicht zu verdecken. Sicher trägt der zum Teil institutionelle Charakter der Schule seinen Teil zu dieser Situation bei. [61] Mehr noch als die Schule selbst aber ist es wohl die Unfähigkeit der Gesellschaft, mit dieser Institution umzugehen. Die der Bildung an sich innewohnende Dialektik von stabilisierender und erneuernder Wirkung wird in der Institution Schule als gesellschaftlicher Institution im besonderen deutlich sichtbar. Da die Gesellschaft bzw. gesellschaftliche Gruppen bald die stabilisierende, bewahrende, bald die erneuernde, meist aber gleichzeitig beide Funktionen von der Schule erwarten – sie ist ja auch selbst auf beide Pole angewiesen–, hat die Schule es schwierig, ihre eigene, *pädagogische* Identität zu finden, und sie muss sich stets wehren, dass sie nicht ein «Kampfplatz der Mächte» (Weniger) oder gar ein Spielball der Mächte wird.

Ein weiteres Problem der Schule liegt in ihrer Mittel- und Mittlerstellung, die ebenfalls zusehends schwieriger wird. [62] Betrachtet man z. B. die gegenwärtige Medien- bzw. Massenmedienindustrie, so sehen wir, mit welch ungeheuerlichem Aufwand von verschiedenen Interessengruppen mit Eigeninteressen und unter diffusen pädagogischen und nur schwer durchschaubaren Zielvorstellungen um vermehrte Einflussnahme auf den Gang der Dinge und auch auf die Entwicklung von Kindern und Jugendlichen gekämpft wird. [63] Gerade in dieser Situation sind Schule und Lehrer mehr denn je als Anwälte der Kinder und Jugendlichen notwendig und gefordert. Sie haben mehr und mehr eine abwägend-kritisch-vermittelnde Stellung zwischen der Kinder- und Erwachsenenwelt einzunehmen.

Aber auch unter einem anderen Gesichtspunkt zeigt sich das problembeladene Verhältnis zwischen Schule und Gesellschaft. Die Schule und damit die Lehrer werden zwar zusehends von der Öffentlichkeit, d. h. von Eltern, Politikern und den verschiedenen Interessengruppen kritischer beurteilt. Das Tun und Lassen der Schule und ihrer Lehrer wird mit äusserst skeptischem Blick verfolgt. Gleichzeitig aber meine ich festzustellen, dass die Ansprüche und Erwartungen an Schule und Lehrer stetig wachsen. Dabei sind diese Erwartungen zunehmend vielfältiger, intensiver und oft widersprüchlicher und überzogen. Die Schule sollte so vieles gut oder wieder gutmachen, für so vieles vorbereiten und vorbeugen. Eigenes Ungenügen und eigene Unterlassungen, eigene Ohnmacht, Schwäche und Unerfülltes werden auf die Schule und ihre Lehrer übertragen, von ihr Hilfe, Erfüllung und Heilung erwartet, ja gefordert. Und wenn die Schule all dem nicht gerecht wird, wird sie zum Sündenbock.

Dieses pädagogische Spannungsverhältnis wird beispielsweise auch in den Worten des an sich in der Tradition verwurzelten Hartmut von Hentig deutlich, wenn er anlässlich der Didacta 1984 in seinem Vortrag unter dem Titel «Die Mediatisierung des Geistes, eine Warnung an die Zauberlehrlinge», sagte:

«(...)
All dies provoziert die Frage: Wer schützt das Publikum vor den Folgen solcher wohlmeinenden Massnahmen, vor der abgründigen Banalisierung und Provinzialisierung – oder dem Snobismus? Ich höre die Antwort: Das muss jeder selbst tun – indem er seine Wahl trifft.

Es gibt noch eine andere Antwort: Da muss die Pädagogik her – den Menschen befähigen, mit den Medien fertigzuwerden, ihn aufgeklärt, kritisch, unabhängig machen, ihm andere Erfahrungen erschliessen. (...)

Nehmen wir an, wir Pädagogen hätten uns von beidem überzeugt: von Nutzen und von der Gefahr der neuen Medien, wir hätten uns nicht in den unversöhnlichen Gegensatz treiben lassen: die neuen Medien seien notwendig und unvermeidlich oder überflüssig, dem Menschen unbekömmlich und darum unter allen Umständen abzuwehren. Was können und was müssen wir tun? Anders als vor dreieinhalb Jahrzehnten (...) kann sie (die Pädagogik, U.P.L.) hier nicht hoffen, mit den Schülern und mit der Gesellschaft zu arbeiten, sie muss darauf gefasst sein, dass sie beide gegen sich hat. Ja, sie ist in ein kaum lösbares Dilemma geraten: Leistet sie der sich vollziehenden, um das Aufwachsen der Kinder unbekümmerten Mediatisierung Widerstand, isoliert sie sich, kündigt sie ihren bisherigen gesellschaftlichen Auftrag, auf das Leben vorzubereiten. Lässt sie sich auf die Mediatisierung ein, betreibt sie ihren eigenen Abbau, die Entschulung der Gesellschaft jedenfalls, denn längst haben die Medien der Schule wichtige Aufgaben und Wirkungen genommen. Sie haben sie der Bewahranstalt noch einmal beträchtlich näher gebracht (...).»[64]

Diese Aussagen Hartmut von Hentigs weisen anhand eines Beispiels auf die heute zunehmende Tendenz, Bildung nur noch nach ihrem Gebrauchswert zu beurteilen, etwa nach dem Motto: «Was bekomme ich dafür, wenn ich so oder so viel lerne?». Es besteht leider die Gefahr, dass auch Erziehung und Bildung zunehmend vermarktet werden und dass ihr Wertmassstab bald nur noch durch Nützlichkeit und Konsumfähigkeit gebildet wird.

Wir befinden uns in der merkwürdigen Situation, dass man von Erziehung und Bildung immer stärker die Besinnung auf innere Werte und die Vermittlung von Sinn erwartet, dass man aber gleichzeitig an eben diese Bildung immer unerbittlicher die Kriterien der Zweckmässigkeit und der bestmöglichen Verwertbarkeit für den immer mehr sich an materiellen Werten orientierten Alltag fordert. Je mehr Erziehung und Bildung aber dem Diktat der materiellen Verwertbarkeit unterstellt werden, desto stärker werden sie von ihrer ursprünglichen Aufgabe, Menschen zu sich selbst, zu den Mitmenschen und den kulturellen Schöpfungen zu führen, entfremdet.

Auf diesem Hintergrund werden grundsätzliche Betrachtungen über den schulischen Unterricht und die schulische Erziehung immer notwendiger, wenn Erziehung und Bildung weiterhin beitragen sollen, dem Menschen zu einer sinnvollen Lebens- und Wirklichkeitsgestaltung zu verhelfen. Mit einigen Gedanken zur Idee eines erziehenden Unterrichts und zur Bedeutung des Gesprächs im Unterricht möchte ich beispielhaft skizzieren, wie die Schule in der heutigen Zeit in pädagogisch-anthropologischer Sicht ihren Erziehungs- und Bildungsauftrag wahrnehmen und gestalten könnte.

Der erziehende Unterricht

Die Schule hat seit ihrem öffentlichen Bestehen eine sogenannte Doppelfunktion übernommen: Erziehung und Unterricht. Erziehung kann verstanden werden als Aufbau von Selbst- und Weltverständnis, von sozialen Einstellungen und Verhaltensweisen, von bejahendem Lebenssinn, von geistiger Offenheit und Unterricht als Vermittlung und Erarbeitung von Kenntnissen, Fähigkeiten, Fertigkeiten und Einsichten.[65] Von dieser Doppelfunktion ist auch der Lehrer, und damit die Lehrerbildung, betroffen.[66] Immer wieder wurde im Laufe der Geschichte versucht, die Dimensionen Erziehung und Unterricht in eine fruchtbare Beziehung zu bringen. So haben z. B. Johann Friedrich Herbart (1776–1841) und die Herbartianer (Ziller, Rein, Stoy) ein Konzept des «erziehenden Unterrichts» entwickelt. Ihm lag die Auffassung zugrunde, dass Erziehung und Unterricht über den Aufbau von «Gedankenkreisen» der «Gesinnungsbildung» und der «Charakterbildung» zu dienen haben.[67] Karl Volkmar Stoy (1815–1885) nannte in seinem Aufsatz «Die Idee des erziehenden Unterrichts» im Jahre 1875 vier Thesen zum erziehenden Unterricht:[68]

> «These 1: Schulunterricht ist absichtliche Einwirkung auf den Gedankenkreis der Jugend. Nach einem unumstösslichen Satze der Psychologie aber liegen die Anfänge alles Wollens im Gedankenkreise. Eben darum ist die Bedeutung des Unterrichtes für die Gestaltung nicht bloss des Wissens, sondern auch der Persönlichkeit des Schülers möglicherweise eine unermessliche.
> (...)

These 2: Der Unterricht kann nur dann zu einem Faktor der Erziehung und somit zu einem erziehenden Unterrichte werden, wenn und wie weit derselbe einen den Erziehungszwecken entsprechenden Gedankenkreis in dem Schüler entstehen lässt und für die Bedingungen seiner Fortentwicklung zum Wollen zu sorgen versteht.
(...)
These 3: Nicht alle Elemente des Gedankenkreises, sondern nur diejenigen, aus deren Natur Interessen hervorgehen, sind von Einfluss auf das Wollen. Demgemäss ist Interesse der Grundbegriff eines jeden auf das Wollen eines anderen gerichteten Unterrichts.
(...)
These 4: Die Idee der Erziehung fordert von dem Unterrichte zunächst die Pflanzung und Pflege des sittlichen, nächstdem aber aller derjenigen Interessen, in deren Gemeinschaft und unter deren Schutze das sittliche Interesse und die sittliche Gesinnung gedeiht.»

Nachdem gegen Ende des Jahrhunderts die Ideen Herbarts und seiner Schüler zum Formalismus ausarteten und – unter dem Druck der zunehmenden Industrialisierung – die Schule aus der Sicht der nachfolgenden Pädagogen (Reformpädagogen) zur «reinen Buchschule», zur «Pauker-Schule», zur reinen Wissens- und Fertigkeitsvermittlerinstitution wurde, bemühten sich in der Zeit der Reformpädagogik (etwa 1900–1930) [69] Pädagogen und Schulpraktiker um die «Wiederentdeckung» des Kindes in der Schule, um eine neue erzieherische Gestaltung der Schule und des Schullebens: Schule der «freien geistigen Tätigkeit» im Sinne von Hugo Gaudig, Arbeitsschulbewegung im Sinne von Georg Kerschensteiner u. a., Jugend- und Landschulbewegung, Kunsterziehungsbewegung, Entfaltung der freien Persönlichkeit im Sinne der Schule von Maria Montessori, Waldorf-Schulen nach der Idee der Anthroposophie von Rudolf Steiner.

Dieser Hinweis auf die Idee des erziehenden Unterrichts und die Reformpädagogik zeigt, dass der Versuch, die beiden Dimensionen des schulischen Geschehens – Erziehung und Unterricht – miteinander zu verbinden, immer wieder zu fruchtbaren Auseinandersetzungen geführt hat. Auch heute wird von verschiedenen Seiten gefordert, die erzieherische Dimension, den erzieherischen Auftrag der Schule wieder mehr zu bedenken und zu leben. So hat Fend unter dem Stichwort «Schulklima» die sozialen Prozesse innerhalb der Schule, zwischen Lehrer und Schüler analysiert. [70] Für Fend wird das Schulklima durch drei Faktoren bestimmt: durch die Inhalte, durch die Interaktionen (Umgang zwischen Schülern und Schülern sowie Schülern und Lehrer, gegenseitige Beeinflussung) sowie durch die emotionalen Beziehungen.

In schulpraktischer Hinsicht wird die erzieherische Aufgabe der Schule seit einigen Jahren unter dem – erneut aufgegriffenen – Stichwort «Schulleben» in eine breite Diskussion gebracht.[71] Es handelt sich bei diesen Beiträgen um eine Besinnung über und um Vorschläge zur praktischen Gestaltung von Themen wie schulische Atmosphäre, Beziehung Lehrer-Schüler, musische und sportliche Erziehung, Pausengestaltung, Spielen in der Schule, Schulwandern und Lagergestaltung usw.

Die Forderung nach Verwirklichung des erzieherischen Auftrages der Schule ist berechtigt und notwendig. Doch muss in der Diskussion eine gewisse kritische Distanz gewahrt werden. Allzuleicht können unter Stichworten wie «Mut zur Erziehung» gegenaufklärerische Stimmen die Oberhand gewinnen, wie dies z. B. K. Rintelen in seinem Aufsatz «Zur erzieherischen Aufgabe der Schule - eine Entgegnung» darlegt.[72] Man macht es sich wohl allzu leicht, wenn man der Schule (oder den Eltern) «Werterziehung» verordnen will. Eine Gemeinschaft - die Schule ist ein Teil von ihr - kann von familiärer und schulischer Erziehung nur dann Wert- und Sinnorientierung fordern, wenn sie sich selbst auch um diese bemüht und danach lebt. Pädagogisches Handeln (und damit Erziehung und Unterricht) kann nur sinnvoll sein in einer Welt, in einer Gemeinschaft, die an Sinn (und damit an Werte) glaubt, die Sinn will und sucht.[73] Solche Lebens- und Sinnbejahung sind Voraussetzung für pädagogisches Handeln, wobei mit Lebens- und Sinnbejahung nicht ein zum vornherein unterwürfiges Ja gemeint ist. Vielmehr ist ein Ja gemeint im Spannungsbogen zwischen einem Ja zu dem, was und wie es ist, und zu dem, was und wie es sein sollte und sein könnte, sich orientierend am Massstab offener und kritischer Humanität.[74]

Theo Dietrich weist darauf hin, dass es der Auftrag der Schule sei, Bildung, Unterricht und Erziehung miteinander zu verbinden.[75] Er beschreibt diese Aufgabe anhand von drei Thesen. In ergänzender Form fasse ich diese folgendermassen zusammen:

- *Erziehender Unterricht* will Erziehung im Unterricht und durch Unterricht ermöglichen. Erziehung und Unterricht, Unterricht und Erziehung bilden eine Einheit. Erziehender Unterricht baut auf dem Zusammenleben und Zusammenarbeiten von Schüler und Lehrer auf. Er soll letztlich einen Beitrag zur Fähigkeit zur Selbsterziehung leisten.

- *Bildender Unterricht* will Bildung durch Unterricht bewirken und Unterricht und Bildung miteinander verbinden. Er will - als dialektischer Prozess - die Schüler für Bildungsgüter und ihre Werte erschliessen, damit sie Werte verwirklichen können. Der Mensch soll dadurch fähig werden, «sowohl sich selbst als auch seine Beziehung zur Welt ‹in Ordnung zu bringen›».[76] Hierher gehört auch das Konzept der «Kategorialen Bildung» von J. Derbolav und W. Klafki im Sinne der «doppelseitigen Erschliessung (...) als Sichtbarwerden von allgemeinen, kategorial erhellenden Inhalten auf der objektiven Seite und als Aufgabe allgemeiner Einsichten, Erlebnisse, Erfahrungen auf der Seite des Subjekts».[77] Bildender Unterricht soll den Menschen zur Selbstbildung befähigen[78] und zu sinnbezogenem, verantwortungsbewusstem, selbständigem Denken und Handeln beitragen.

- *Schulleben* soll – wirkliches – Leben in die Schule bringen und Schule und Leben miteinander verbinden. Schulleben bedeutet, dass im Unterricht selbst Lebenssituationen als Lernfelder bearbeitet werden und dass im und neben dem Unterricht Gemeinschaftsleben gelebt wird. Schulleben beinhaltet die Förderung des Miteinanderlebens in der Schule und des Gestaltens des Unterrichts als Gemeinschaftsaufgabe. So heisst die Aufgabe der Schule nicht «Unterricht oder Erziehung» und auch nicht «Wissensvermittlung oder Persönlichkeitsbildung», sondern «Unterricht und Erziehung». Bildung, Erziehung und Unterricht greifen ineinander über, sind drei Dimensionen des schulischen Geschehens und des (einheitlichen) erzieherisch-unterrichtlichen Handelns des Lehrers.[79] Gerade durch diese erzieherische Dimension schulischen Unterrichts wird die oben skizzierte spannungsreiche Situation deutlich. Diese – oft nicht ausgesprochenen – Forderungen und Erwartungen bedeuten für manche Lehrer eine schwere Belastung.[80]

Das Gespräch im erziehenden Unterricht

Grundlage eines erziehenden Unterrichts, der dem Kind Sinnhorizonte eröffnen soll, ist die Haltung des Lehrers gegenüber der Wert- und Sinnfrage, letztlich sein Menschen- und Weltverständnis. Diese Haltung des Lehrers wird im Unterricht auf verschiedene Weise vermittelt. Eine wesentliche – vielleicht die hauptsächlichste – Ausdrucks- und Vermittlungsform ist die Sprache. So steht die Sprache, die wir als so deutliches Merkmal der menschlichen Eigenart kennengelernt haben, auch im Mittelpunkt eines schulischen Unterrichts, in dem Erziehung und Bildung im Dienste der Selbsterziehung und Selbstbildung stehen. Der Sprache kommt diese grosse Bedeutung nicht nur zu, weil sie ja selbst Gegenstand des Unterrichts ist und sich ein grösserer Teil des unterrichtlichen Geschehens durch das Medium der Sprache vollzieht. Es ist hier noch eine tiefere Dimension angesprochen. Der Mensch als das nach sich selbst fragende

Wesen, als soziales, kulturelles und sinnverwiesenes Wesen erfährt sich und die Welt hauptsächlich durch die Sprache. Otto Friedrich Bollnow nennt das in seiner Untersuchung «Sprache und Erziehung» die «Selbstwerdung des Menschen in der Sprache»: «In der Sprache vollzieht sich aber nicht nur die Erschliessung der Welt, auch der Mensch selber entwikkelt sich zu seinem eigenen Wesen erst durch die Sprache.» [81]

In einem Unterricht, in dem der prägenden Kraft für die Selbst- und Wirklichkeitsgestaltung des Menschen verantwortungsvoll Rechnung getragen wird, nimmt auch die Erziehung zum Gespräch einen hohen Stellenwert ein. Und gerade in einem erziehenden und sinn-erschliessenden Unterricht bildet das Gespräch und die Gesprächserziehung das tragende Element, denn «der Mensch bedarf des Gesprächs mit andern als Bedingung seiner Entfaltung». [82]

Bollnow weist in seiner Untersuchung auch auf Fehlformen des Sprechens und des Gesprächs hin. Er nennt dabei vor allem die mangelhafte Beherrschung der Sprache, den bewussten Missbrauch der Sprache zum Zwecke der Irreführung sowie die Entartungen des Sprechens etwa in Form der Geschwätzigkeit, des leeren Geredes, der Übertreibung, der Erstarrung in konventionellen Formen, der Gespreiztheit und Manieriertheit. [83]

Im Mittelpunkt einer Erziehung zum Gespräch steht das dialogische Sprechen. Theodor Bucher hat in seinem Buch «Dialogische Erziehung» die Merkmale eines solchen Gesprächs herausgearbeitet. [84] Neben der Sprachbeherrschung gehören dazu gegenseitige Achtung, Offenheit, Zuhören, geistige Beweglichkeit und Schweigen. [85] Das sind Gesichtspunkte, an denen sich die Erziehung zum echten Gespräch orientieren kann.

In einem erziehenden und sinnorientierten Unterricht ist eine weitere Form des Gesprächs bedeutungsvoll: das argumentierende Gespräch. In ihm wird die Sinn- und Wertwelt mit ihren Normen in eine argumentative Beziehung zur Subjektwelt, zum Individuum gebracht. Ein solches argumentierendes Gespräch kann Sinnhorizonte eröffnen, ohne weder in einen rigiden Wertabsolutismus noch in einen subjektivistischen Wertrelativismus zu verfallen. [86] Ritz-Fröhlich nennt in ihrem Buch «Das Gespräch im Unterricht» [87] vier Stufen, die zum «Miteinander-Sprechen» führen können und die man in unserem Zusammenhang wie folgt zusammenfassen (und ergänzen) könnte:

In der ersten Stufe lernen die Schüler, aufeinander zu hören, sich einander zuzuwenden sowie einfache Regeln für das Gespräch (z. B. einander ausreden lassen, zum Sprechen ermutigen, zuhören) aufzustellen.

In der zweiten Stufe wird das gegenseitige Fragen und Antworten gelernt (Anteilnahme, Rückfragen, Bestätigungen, Bezug auf das Gesagte, Verbindungen herstellen).

Die dritte Stufe führt die Schüler zum selbständigen Gebrauch verschiedener (sach- und partnerbezogener) Gesprächsformen (beim Thema bleiben, auf Argumente mit eigenen Argumenten reagieren, Argumente vergleichen und bewerten).

In der vierten Stufe schliesslich sollen die Schüler lernen, in verschiedenen Gruppierungen mit selbständig erarbeiteten Gesprächsformen und -regeln Gespräche zu Sach-, Wert- und Personfragen führen zu können (Aufstellen von Regeln, Anwendung von Argumentationsregeln und -formen wie Rückfragen, Vermutungen, Bestätigungen, Fragen, Erklärungen, Ermutigungen, Entwickeln von Lösungsvorschlägen).

So wird das Gespräch zum entscheidenden Element einer Erziehung, die den Menschen als Verantwortung tragendes Glied einer Gemeinschaft zu einer sinnorientierten Selbst- und Wirklichkeitsgestaltung führen kann. Während im Gesprächsvorgang «die Aufmerksamkeit der Welt zugewandt ist, die im sprachlichen Ausdruck erfasst werden soll, die sich in ihm gliedert und gestaltet, geschieht indirekt in der Entwicklung der sprachlichen Mittel zugleich die Entwicklung der seelischen Kräfte. Erst in der sprachlichen Erfassung der Welt gliedert und gestaltet sich das eigene Leben.» [88]

5.3 Der Beitrag von Erziehung und Unterricht: Befähigung zum Umgang mit den Lebensaufgaben

Erziehung und Bildung als im menschlichen Werden und Lernen vielfältig wirkende und verwobene Prozesse haben ihren Beitrag zu leisten, damit der einzelne Mensch und die Menschheit ihre Selbst- und Wirklichkeitsgestaltung in einem für alle förderlichen Sinne wahrnehmen können. Als allgemeines Ziel könnte dies etwa heissen: Den Menschen befähigen, in der jeweiligen Situation (angesichts der jeweiligen Lebensaufgaben) als ganzheitliche Person in sozialer Verantwortung und aus einem Sinnzusammenhang heraus selbständig urteilen und handeln zu können. [89]

Um zu einer Konkretisierung dieses allgemeinen Zieles zu gelangen, können wir uns an den in diesem Konzept erarbeiteten Merkmalen des

Menschseins orientieren: Der Mensch als soziales, kulturelles Wesen, als Personwesen und als sinnverwiesenes Wesen. Diese Merkmale finden sich auch in den Lebensbereichen: Beziehung zu sich selbst, Beziehung zur Gemeinschaft im engeren und weiteren Sinn, Beziehung zum Beruf und zur Arbeit sowie zur Umwelt und Sinnverwiesenheit. Offensichtlich liegen im Menschen in diesen Dimensionen Fähigkeiten, die es zu entwikkeln gilt. Von den Lebensaufgaben her betrachtet heisst dies: Offensichtlich benötigt der Mensch bestimmte Fähigkeiten, um diese Aufgaben zu bewältigen. Ob wir die Sache von der einen oder anderen Seite her angehen, beide Male finden wir Fähigkeiten, die sich beziehen auf

- das werdende Individuum selbst
- die Mitmenschen und die Gemeinschaft
- auf die sachliche Umwelt, die geistigen, kulturellen Schöpfungen
- auf das Sehen- und Bejahen-Können von Sinn.

Von daher lässt sich das oben formulierte Ziel in 4 Teilziele gliedern, die wir im Anschluss an Heinrich Roth mit den Begriffen

- Selbstkompetenz
- Gemeinschaftskompetenz
- Sachkompetenz
- Sinnkompetenz

bezeichnen können.[90]

Dabei wird hier der Begriff «Kompetenz» nicht in einem sprachwissenschaftlichen oder philosophischen Sinn gebraucht. Mit Kompetenz wird hier vielmehr eine geistige und psychische Fähigkeit und Bereitschaft zu einem bestimmten Verhalten gemeint.

Mit *Selbstkompetenz* können wir die Fähigkeit bezeichnen, sich selbst zu verstehen und zu akzeptieren, Ich-Stärke und Selbstbewusstsein aufzubauen und – im Bewusstsein seiner Fähigkeiten und Grenzen – seine Selbstidentität zu entwickeln, um selbstverantwortlich urteilen und handeln zu können. Erziehung und Unterricht haben die Aufgabe, dem Kind, dem Jugendlichen und Erwachsenen zu einem immer tieferen und besseren Verständnis seiner selbst, d. h. seinen eigenen Fähigkeiten, Möglichkeiten, Grenzen und Bedürfnissen und zum sinnvollen Umgang mit ihnen zu verhelfen. Dieses bessere Verständnis muss sich den Abschnitten des Lebens anpassen, d.h. auch, dass jeder Abschnitt seinen eigenen Wert und Sinn beinhaltet und nicht nur von einem Endziel aus gesehen werden darf (z.B. Kindheit als nun einmal notwendiger «Durchgang» zum «reifen» Erwachsenen).

Gemeinschaftskompetenz bedeutet die Bereitschaft und Fähigkeit, andere Menschen verstehen zu können und an ihrem Leben Anteil zu nehmen und in diesem Bewusstsein urteilen und handeln zu können. Diese Gemeinschaftskompetenz ergibt sich aus der Hingeordnetheit des Menschen zum DU, aus seiner sozialen Dimension. Erziehung und Unterricht müssen dem Menschen helfen, den Mitmenschen ebenfalls als eigenständige Persönlichkeit verstehen zu lernen und ihn in dieser Eigenheit achten zu lernen. Gemeinschaftskompetenz bezieht sich auf den Menschen schlechthin, auf das Gemeinwesen (Gruppen, politische Gemeinde, Staat) sowie auf soziale Einrichtungen und Institutionen. Der Mensch muss fähig werden zur Anteilnahme am Leben anderer und der Gemeinschaft. Er muss zu entsprechendem, auf das Wohl der Gemeinschaft bezogenem Handeln bereit und fähig sein.

Sachkompetenz bedeutet die Fähigkeit, die sachlichen Probleme und Fragen, wie sie das praktische Leben, die Kultur und Wissenschaften stellen, in erfolgversprechender Art und Weise anzugehen bzw. zu lösen. Sie ist die Fähigkeit, den praktischen Lebensvollzug zu bewerkstelligen wie auch am kulturellen (im weitesten Sinne) Prozess verstehend und gestaltend teilnehmen zu können. Erziehung und Unterricht haben dann die notwendigen Kenntnisse und Fertigkeiten zu vermitteln und die Verstehenshorizonte zu eröffnen.

Sinnkompetenz ist die Fähigkeit zur Sinnbejahung, zu Sinnverständnis und zur Sinngabe. Sie beinhaltet die Fähigkeit, Werte zu erleben und zu beurteilen, Glück und Leid erfahren, kosten und ertragen zu können. Sinnkompetenz bedeutet die Fähigkeit, für Sinn, Werte und Normen offen, zur kritischen Auseinandersetzung mit ihnen und entsprechenden Entscheidungen bereit und fähig zu sein. Das beinhaltet, sich selbst und die rational erfahr- und erfassbare Welt übersteigen zu können, somit für das Transzendente und das Ästhetische offen zu sein. Dies kann zur Bereitschaft führen, rational nur bis zu einem gewissen Grad hinterfragbare und verstehbare Dimensionen, wie Glaube, Hoffnung, Liebe, Krankheit, Leiden, Tod, Verantwortung, das Schöne und die Freude annehmen zu können. Befähigen zu Sinnkompetenz heisst, aufschliessen zu einer sittlichen Haltung, die sich an der Würde des Menschen und an menschlicher Würde für alle orientiert. Erziehung und Unterricht haben die Aufgabe, dem Kind, dem jugendlichen und erwachsenen Menschen diese Sinnhorizonte zu erschliessen und sie in ihrem Suchen nach Sinn zu begleiten, ihnen in den verschiedenen Lebensstufen zu Sinnbejahung und Sinnerleben zu verhelfen.

Betrachtet man den Beitrag von Erziehung, Unterricht und Bildung unter dem hier wegleitenden Gesichtspunkt eines lebenslangen Werdens und Lernens des Menschen, dann zeigt sich, dass diese Kompetenzbereiche als offene Strukturen, während des ganzen Lebens zu formende und auszugestaltende Fähigkeiten, zu verstehen sind. So kann Erziehung und Bildung immer nur ein Beitrag zur Selbstbildung sein, zur Selbst- und Wirklichkeitsgestaltung der Person.

Offen, wie der Mensch gegenüber sich, den Mitmenschen, der Welt und dem Sinnhaften ist, so vollzieht sich auch seine Selbst- und Wirklichkeitsgestaltung als offener, unabgeschlossener Prozess, als Annäherung auf ein Ziel hin.

Anmerkungen

5. Erziehung und Bildung im Werden der Persönlichkeit

5.1 Entwicklung der Persönlichkeit als lebenslanger Prozess in Auseinandersetzung mit den Lebensaufgaben

1 Vgl. dazu die Definitionen von Entwicklung, wie sie im Rahmen der Entwicklungspsychologie üblich sind, so z. B. die Definition von L. Schenk-Danzinger, die Entwicklung definiert «als einen komplexen, fortschreitenden Prozess von Wechselwirkungen zwischen der strukturellen Reifung (Altersreife), den individuell-genetischen Anlagen (körperliche Gestalt, Intelligenz, Musikalität usw.), den Umwelteinflüssen und schliesslich der Art und Intensität der individuellen Selbststeuerung» (In: Entwicklungspsychologie, Wien 1973[7], S. 17). Vgl. dazu auch die Übersicht in: Thomae H.: Entwicklungsbegriff und Entwicklungstheorie. In: Thomae H. (Hrsg.): Entwicklungspsychologie, Göttingen 1972[2] und Revers W. J.: Philosophisch orientierte Theorien der Person und Persönlichkeit. In: Lersch Ph., Thomae H. (Hrsg.): Persönlichkeitspsychologie. Handbuch der Psychologie, Bd. 4, Göttingen 1960[2], S. 391–436.

2 Thomae H.: Persönlichkeit, Bonn 1955, S. 189; vgl. als - der Idee nach - vergleichbare Ansätze: Allport G. W.: Werden der Persönlichkeit, München 1974 und Rogers C. R.: Entwicklung der Persönlichkeit, Stuttgart 1979[3].
3 Thomae H.: Entwicklungsbegriff und Entwicklungstheorie. In: Thomae H. (Hrsg.) Entwicklungspsychologie, S. 10.
4 Vgl. hierzu das Konzept der «Entwicklung als aktive Gestaltung», von Elfriede Höhn im Anschluss an A. Petzelt entwickelt (Höhn E.: Entwicklung als aktive Gestaltung. In: Thomae H. (Hrsg.): Persönlichkeitspsychologie, S. 312-323; Petzelt A.: Kindheit, Jugend, Reifezeit. Grundriss der Phasen psychischer Entwicklung, Freiburg 1951).
5 Lehr U.: Das Werden der Person - ein lebenslanger Prozess? In: Luyten N. A.: Aspekte der Personalisation. Freiburg 1979, S. 170-206, hier S. 197; vgl. Oerter R. (Hrsg.): Entwicklung als lebenslanger Prozess, Hamburg 1978.
6 Lehr, op. cit., S. 198.
7 ebenda, S. 199. Neben dem Problem des Verhältnisses von Konstanz und Veränderung ist hier auch noch auf jenes der Prägung in der Entwicklung hinzuweisen (vgl. z. B.: Thomae H.: Entwicklung und Prägung. In: Thomae H. (Hrsg.): Entwicklungspsychologie, S. 240-311).
8 Vgl. z. B. Pongratz L. J.: Hauptströmungen der Tiefenpsychologie, Stuttgart 1983.
9 Die bis in unsere Tage fast ausschliessliche Beschäftigung in der Entwicklungspsychologie mit Kindheit und Jugendzeit hat sicher das Ihre dazu beigetragen, dass die seelische Entwicklung des Erwachsenen und alten Menschen als wenig bedeutsam betrachtet wurde.
10 Jung C. G.: Die Lebenswende. In: Jung C. G.: Seelenprobleme der Gegenwart. Bd. 3 der Studienausgabe, Zürich 1972, S. 177-194.
11 Thielicke H.: Theologische Ethik, Bd. 2, Teil I, Tübingen 1973[4], S. 15-55; die Zitate sind den Seiten 15-25 entnommen.
12 Adler A.: Psychotherapie und Erziehung, Bd. III, Frankfurt 1983, S. 23.
13 Vgl. z. B. Adler A.: Der Sinn des Lebens, Frankfurt 1981, S. 55 f.; hier spricht Adler auch davon, dass der Mensch durch diese antinomischen Streberichtungen in seinem seelischen Gleichgewicht fortdauernd bedroht sei, d. h. mit anderen Worten, dass das psychische Leben des Menschen sich stets in einem dynamischen Gleichgewichtszustand befindet (vgl. dazu in Kapitel 2 den Abschnitt über die Evolution des Lebendigen, vor allem jenen über die Merkmale des Lebendigen mit Anm. 133).
14 Adler A., Psychotherapie und Erziehung (III), S. 24; der Text dieses Aufsatzes ist teilweise identisch mit dem Kapitel «Der Sinn des Lebens» im gleichnamigen Buch (s. oben).
15 Vgl. dazu: Adler A., Jahn E.: Religion und Individualpsychologie, Frankfurt 1975.
16 Adler A., Psychotherapie und Erziehung (III), S. 25-31, ebenda die folgenden Zitate.
17 Vgl. z. B.: Adler A.: Der Sinn des Lebens; diese Zitate entstammen den Seiten 81 und 107.
18 Diese werden ausführlich beschrieben z. B. in «Der Sinn des Lebens», S. 38-52.
19 ebenda, S. 39.
20 ebenda, S. 107.
21 Adler A.: Menschenkenntnis (1927), Frankfurt 1981, S. 89 (vgl. dazu die Ausführungen in Kapitel 2.32, Anm. 136 über die finale Ausrichtung menschlichen Strebens und Denkens).

22 Adler A., Psychotherapie und Erziehung (III), S. 64.
23 So: Wexberg E.: Individualpsychologie (1931), Darmstadt 1974, S. 84 und 87 f.
24 So: Dreikurs R.: Grundbegriffe der Individualpsychologie, Stuttgart 1981[4], S. 154; vgl. dazu auch: Kummer I. E.: Einführung in die Individualpsychologie, unv. Manuskript 1983 (Alfred Adler Institut, Zürich).
25 Adler A., op. cit., S. 63; es handelt sich um das subjektivistische Moment in Adlers Lehre; siehe vor allem: Adler A.: Der Sinn des Lebens (1933), Frankfurt 1973, S. 25–32; die Bedeutung dieser subjektiven Meinungsbildung hat Epiktet (1. Jh. n. Chr.) sehr schön erfasst und beschrieben: «Nicht die Dinge beunruhigen die Menschen, sondern ihre Meinung über die Dinge. So ist zum Beispiel der Tod an sich nichts Furchtbares –, sonst hätte er auch dem Sokrates furchtbar erscheinen müssen – sondern nur die Meinung, er sei schrecklich, ist das Schreckhafte. Wenn wir also auf Schwierigkeiten stossen, in Unruhe und Kümmernis geraten, dann wollen wir die Schuld niemals auf einen andern schieben, sondern nur auf uns selbst, das heisst auf unsere Meinung von den Dingen»; Epiktet in: Die Kunst, vernünftig zu leben (Handbüchlein der Moral), hrsg. von W. Capelle (Meisterwerke der Antike), Zürich 1970, S. 27.
26 Havighurst R.: Developmental task and education, New York 1972[3], hier zit. nach: Olbrich E.: Die Entwicklung der Persönlichkeit im menschlichen Lebenslauf. In: Oerter R., Montada L. (Hrsg.): Entwicklungspsychologie, München 1982, S. 111 ff.; vgl. Lehr, op. cit., S. 35 ff.
27 Aus: Olbrich in Oerter/Montada, op. cit., S. 112; die Darstellung stammt aus Newmann B. M., Newmann R. R.: Development through life. Homewood III, Dorsey Press 1975.
28 Hier sei noch das handlungspsychologische Konzept erwähnt, wie es Marie v. Cranach und Mitarbeiter in ihrem Buch «Zielgerichtetes Handeln» (Bern 1980) vorstellen. Sie verstehen unter Handeln «das zielgerichtete, bewusste, geplante und beabsichtigte Verhalten eines Handelnden» (S. 77). Als Handlung bezeichnen sie «eine Einheit des Handelns, die sich durch ihre Ausrichtung auf ein bestimmtes Ziel kennzeichnen lässt». Daraus ergibt sich, dass sich «eine ‹konkrete Handlung› (...) auf ein naheliegendes Ziel» richtet und «durch die Ausführung konkreter und manifester Handlungsschritte» erfolgt (S. 77). Durch die Ausfaltung dieses Handlungsbegriffs in seinen psychosozialen Dimensionen und Verflechtungen ergibt sich ein handlungspsychologisches Konzept zur Analyse menschlichen Verhaltens, in das verschiedene andere Ansätze integriert werden können. (Zum Begriff des Handelns in philosophischer Sicht und vor allem in Hinsicht auf die in früheren Zusammenhängen angesprochene Problematik der Identität sowie auf die Beziehungen von Sprache und Handeln vgl. Kaulbach F.: Einführung in die Philosophie des Handelns, Darmstadt 1982.)

5.2 Erziehung und Bildung im Prozess des Werdens und Lernens

29 – In philosophischer Hinsicht verweise ich beispielhaft auf das Sammelbändchen von *Walter Schulz* unter dem Titel *«Vernunft und Freiheit»* (Stuttgart 1981). Darin setzt sich Schulz mit dem Freiheitsbegriff verschiedener Denker, vor allem mit Hegel, Schelling, Schopenhauer und Nietzsche auseinander und thematisiert das Freiheitsproblem im Rahmen einer gegenwartsbezogenen Ethikkonzeption (vor allem S. 79–124).

- *Hermann Krings* versucht in seinem Aufsatz «*Reale Freiheit. Praktische Freiheit. Transzendentale Freiheit*» (In: Oelmüller W. (Hrsg.): Normenbegründung – Normendurchsetzung, Paderborn 1978, S. 59–77) das Freiheitsproblem in seiner Tiefenstruktur aufzuzeigen. Als reale Freiheit bezeichnet er die «politischen, sozialen und persönlichen Freiheiten» (S. 59). Praktische Freiheit bezieht sich auf die «handlungsbegründende Freiheit». Das «durch praktische Freiheit begründete Handeln ist durch den Bezug auf Regeln und Ordnungen als Handeln konstituiert und wird durch die Befolgung der Regeln als rechtes und gutes Handeln qualifiziert» (S. 67 f.). Transzendentale Freiheit kann als «Orientierung für Handlungsziele, Regeln oder Normen» (S. 76) begriffen werden. In diesem Sinne bietet sie «als die Idee des Unbedingten im menschlichen Handeln und Wollen (...) die Möglichkeit, die Frage nach gut und böse zu stellen» [S. 76; vgl. hierzu auch die Untersuchung von Karl Jaspers zum Willens- und Freiheitsproblem im fünften und sechsten Kapitel seiner «Philosophie« (Bd. 2, Berlin 1973[4], S. 149–200)]. Aufgrund seiner Begriffs- und Problemanalyse folgert Krings: «Reale Freiheiten sind jene geschichtlich bedingten, praktisch-politischen Regeln des guten menschlichen Lebens und Zusammenlebens, die durch die regelsetzende, ordnungsbegründende und gesetzgebende praktische Freiheit begründet sind. Die transzendentale Regel der Regelsetzung aber besteht in der primären Anerkennung von Freiheit durch Freiheit.» (S. 77)

  In dieser Analyse wird sichtbar, dass Freiheit primär «nicht die Eigenschaft eines individuellen Subjekts, die allein für sich bestehen und begriffen werden könnte», sein kann [Krings H.: Freiheit. In: Krings H. u. a. (Hrsg.): Handbuch philosophischer Grundbegriffe, München 1973, Studienausgabe, Bd. 2, S. 507]. Der Begriff der Freiheit ist erst als «Kommunikationsbegriff» verstehbar: «Ein Mensch allein kann nicht frei sein. Freiheit ist nur dort möglich, wo Freiheit sich anderer Freiheit öffnet.» (ebenda) Im Kern eines solchen Freiheitsverständnisses liegt der Begriff der Verantwortung.

  So sagt auch Manfred Riedel in seinem Aufsatz «Freiheit und Verantwortung. Zwei Grundbegriffe der kommunikativen Ethik» [In: Apel K.-O. u. a. (Hrsg.): Praktische Philosophie/Ethik, Bd. 1, Frankfurt 1980, S. 104–122, hier S. 121]: «Die Wirklichkeit der Verantwortung begründet zuletzt die dem Menschen mögliche Freiheit. Ihr Sinn – ‹wozu› wir frei sind – ergibt sich daraus, wofür wir verantwortlich sind. Der Mensch ist nicht ‹zur Freiheit verurteilt›, wie der Existentialismus der Nachkriegszeit meinte, wohl aber dazu, Verantwortung zu übernehmen. Ohne sie ‹gibt› es keine Freiheit, weil erst dann jemand frei ‹für sich› ist, wenn er es auch für andere sein kann.»
- In einem vergleichbaren Sinne spricht *Helmut Thielicke* davon, «dass Freiheit sich nur innerhalb bestimmter Bindungen aktualisiert» [so z. B. in: Freiheit und Notwendigkeit. In: Thielicke H.: Von der Freiheit, ein Mensch zu sein, Freiburg 1981, S. 112–132, hier S. 116; in diesen Aufsätzen weist Thielicke auch verschiedentlich darauf hin, dass Unfreiheit nicht nur durch politische Unterdrückung, sondern auch durch geistige Zwänge und Meinungsmanipulation (so z. B. durch die Medien, durch Werbung usw.) geschieht].
- *Erich Fromm* hat in seiner Abhandlung «Die Furcht vor der Freiheit» (1941; Frankfurt 1983) und – teilweise – im Fortsetzungswerk «Psychoanalyse und Ethik» (1954; Frankfurt 1978) das Freiheitsproblem unter anthropologischen, psychologischen und sozio-ökonomischen Gesichtspunkten untersucht. Fromms

anthropologischer Ausgangspunkt ist dabei dem von mir in diesem Buch vertretenen vergleichbar. Fromm geht von dem Grundgedanken aus, dass «die Geschichte des Menschen als einem gesellschaftlichen Wesen» damit begann, dass der Mensch «aus einem Zustand des Einsseins mit der Natur heraustrat und sich seiner selbst als einer von der ihn umgebenden Natur und seinen Mitmenschen abgesonderten Grösse bewusst wurde». (Die Furcht vor der Freiheit, S. 28.) Lange Zeit habe sich der Mensch noch «an die Welt der Natur und an die Gesellschaft, aus der er hervorgegangen war, gebunden» gefühlt. «Der Prozess der immer stärkeren Loslösung des Individuums von seinen ursprünglichen Bindungen» scheint nach Fromm «in den Jahrhunderten zwischen der Reformation und der Gegenwart seinen Höhepunkt erreicht zu haben» (S. 28). Den analogen Prozess des Heraustretens aus dem Einssein können wir in der Trennung des Kindes von der Einheit mit der Mutter und seiner weiteren Loslösung von «primären Bindungen» betrachten. Dieses Herausgestossenwerden und/oder Heraustreten aus der bergenden Einheit ist mit mehr oder weniger starker Unsicherheit verbunden und kann Ängste hervorrufen. Es birgt aber gleichzeitig auch die Chance in sich und ist Voraussetzung, neue Formen der Beziehung zu sich, zur Welt und zu den Mitmenschen einzugehen (vgl. hierzu die Hinweise zur Drachenkampfsymbolik im Rahmen der Analytischen Psychologie C. G. Jungs in Kapitel 4, Abschnitt 4.2). Fromm trifft dann die übliche Unterscheidung zwischen dem positiven Freiheitsbegriff im Sinne von «Freiheit zu...» und dem negativen Freiheitsbegriff im Sinne von «Freiheit von...» (S. 34 ff.; vgl. dazu: Wuchterl K.: Lehrbuch der Philosophie, Bern 1984, S. 151 ff.).
Fromm geht es in seinem anthropologischen Konzept hauptsächlich um die Freiheit im letzteren Sinne, «nämlich im Sinn der Determination des Verhaltens durch Instinkte» (S. 35). Weil der Mensch – im Vergleich zum Tier – in seinem Verhalten weitgehend nicht durch Instinktreaktionen determiniert ist, macht er «alle Gefahren und Ängste durch, die mit diesem Fehlen einer Instinktausrüstung verbunden sind». (S. 35) Auf diesem Hintergrund entwickelt Fromm das Thema der Freiheit mit ihrem «Doppelgesicht»: «Der Mensch hat – je mehr er aus seinem ursprünglichen Einssein mit seinen Mitmenschen und der Natur heraustritt und ‹Individuum› wird – keine andere Wahl, als sich entweder mit der Welt in spontaner Liebe und produktiver Arbeit zu vereinen oder aber auf irgendeine Weise dadurch Sicherheit zu finden, dass er Bindungen an die Welt eingeht, die seine Freiheit und die Integrität seines individuellen Selbst zerstören». (S. 27)

Fromm stellt die Hypothese auf, dass im Laufe der europäischen und amerikanischen Geschichte, genauer seit dem Ende des Mittelalters, durch die zunehmende Individuation und Autonomie (von äusseren Autoritäten) «die Kluft zwischen der ‹Freiheit von› und der ‹Freiheit zu› » grösser geworden sei. Das «Missverhältnis zwischen Freiheit von jeder Bindung und dem Mangel an Möglichkeiten zu einer positiven Verwirklichung der Freiheit und Individualität hat in Europa zu einer panikartigen Flucht vor der Freiheit in neue Bindungen oder zum mindesten in eine völlige Gleichgültigkeit geführt». (S. 39) Ausführlich analysiert Fromm diese Entwicklung von der Renaissance bis zur Gegenwart mit ihren Fluchtmechanismen – Flucht ins Autoritäre, ins Destruktive, ins Konformistische und Flucht ins autoritär Ideologische wie z. B. den Nationalsozialismus (vgl. dazu das oben zitierte Buch von H. Thielicke, vor allem die Beiträge «Von der

Freiheit, ein Mensch zu sein» und «Freiheit von der Angst») –, um dann darzulegen, dass der Mensch – jeder Mensch – dazu aufgerufen ist, «als tätiges und schöpferisches Individuum» sein Selbst zu verwirklichen. Wenn er «auf diese Weise zur Welt in Berührung tritt, hört er auf, ein isoliertes Atom zu sein, er und die Welt werden Teil eines strukturierten Ganzen, er hat seinen ihm zukommenden Platz in der Welt (...)». (S. 225) Ein solcher Mensch, eine solche Menschheit braucht nicht vor Freiheit zu fliehen. Die Demokratie muss sich dahin entwickeln, dass die Bedingungen für die Verwirklichung dieser positiven Freiheit geschaffen werden und «dies nicht nur in bezug auf gewisse private und geistige Dinge, sondern vor allem in dem Bereich, der für das Leben eines jeden Menschen von fundamentaler Bedeutung ist: im Bereich seiner Arbeit». (S. 233)

30 Einen guten Überblick vermittelt Fritz März in: Problemgeschichte der Pädagogik, Bd. II, Pädagogische Anthropologie, 2. Teil, Bad Heilbrunn 1980.

31 Die Vererbung beim Menschen wird innerhalb der Genetik, insbesondere der Humangenetik erforscht. « ‹Gene› werden die einzelnen – verdoppelungsfähigen und durch Mutation veränderlichen – Erbanlagen oder Erbfaktoren in den Chromosomen genannt, von denen ein Mensch je 23 durch eine Eizelle und eine Samenzelle von seiner Mutter und seinem Vater erhält. Die Weitergabe der in Form von Molekülen der Desoxyribonucleinsäure (Symbol: DNS oder DNA) verschlüsselten genetischen Information (des Erbguts) von Generation zu Generation wird als Vererbung bezeichnet. (...)

Die Gesamtheit der Erbanlagen, Erbfaktoren oder Gene eines Individuums (das ‹Genom›) stellt den Genotypus dar. Somit werden ‹genetische Informationen›, ‹Erbgut›, ‹Genom› und ‹Genotypus› als Synonyme verwendet. (...) Die Gesamtheit der von den Genen gemeinsam mit Umwelt verwirklichten morphologischen, physiologischen und psychischen Merkmale ist das Erscheinungsbild oder der Phänotypus eines Individuums.» (Knoche W.: Das Erbe-Umwelt-Problem, Weinheim 1977, S. 17.) Die Gene übertragen die vererbbare Information, sie besitzen «Kontinuität», d. h. sie werden in der Regel über Generationen unverändert weitergegeben. Nun ist es aber nicht so, dass die Erbanlagen bereits die endgültig festgelegten Eigenschaften des Menschen sind. Vielmehr ist die «Realisierung eines jeden Phäns (...) das Ergebnis von Umwelt und Erbfaktoren» (Vogel G., Angermann H.: Atlas zur Biologie, München 1968, S. 417 ff.).

So kann man die Erbanlagen als Werde-Möglichkeiten des Menschen, genauer als «genetisch programmierte Dispositionen», als «ererbte Möglichkeiten im Sinne von Fähigkeiten (Potenzen) und Bereitschaften (Tendenzen), die erst noch aktualisiert, d. h. verwirklicht werden müssen» bezeichnen (Weber E.: Pädagogik, Grundfragen und Grundbegriffe, Donauwörth 1976[7], S. 28).

Unter Umwelt (Milieu) kann man «alle direkten und indirekten Einflüsse, denen ein Organismus von seiner Zeugung bis zu seinem Tode von aussen her ausgesetzt ist», verstehen (Weber E., op. cit. S. 29). Ein wesentlicher Bereich der auf das Werden des Menschen einwirkenden Umweltfaktoren machen die (verschiedensten) Erziehungswirkungen aus. Weber unterscheidet folgende erzieherisch bedeutsamen Milieubereiche:

- natürliche (z. B. Landschaft, Ernährung)
- ökonomische (z. B. Vermögenssituation, Wohnsituation)
- soziale (z. B. Siedlungsform, Familie, Sozialschicht)
- kulturelle (z. B. Spielzeug, Massenmedien, Weltanschauung).

32 Roth H. (Hrsg.): Begabung und Lernen, Stuttgart 1969^{2}.

33 ebenda, S. 65.

34 Dobzhansky Th.: Intelligenz, Vererbung, Umwelt, München 1975, S. 47 f.

35 Roth H.: Pädagogische Anthropologie, Bd. I, Hannoveer 1976^{4}, S. 151–267.

36 ebenda, S. 43.

37 Weinert F. E.: Vom statischen zum dynamischen zum statischen Begabungsbegriff? Die Kontroverse um den Begabungsbegriff Heinrich Roths im Lichte neuerer Forschungsergebnisse. In: Die Deutsche Schule, 1984 (Heft 5), S. 353–365; vgl. dazu auch: Weinert F. E.: Fähigkeits- und Kenntnisunterschiede zwischen Schülern. In: Weinert F. E. u. a. (Hrsg.): Funk-Kolleg Pädagogische Psychologie, Frankfurt 1974, Bd. 2, S. 763–793.
– Das Begabungsproblem könnte sich im Laufe der nächsten Jahre wiederum zum zentralen Diskussionsgegenstand entwickeln, wenn beispielsweise vermeintlich zu gross gewordene Spielräume und Freiheiten in Erziehung und Unterricht beschnitten werden sollten. Unter gesellschafts- und bildungspolitischen Gesichtspunkten setzt sich Helmut Fend in «Die Pädagogik des Neokonservatismus» (Frankfurt 1984) mit den zunehmend feststellbaren Polarisierungstendenzen zwischen konservativem und kritischem Denken auseinander (vgl. z. B. seinen Ansatz «zu einer Strukturanalyse konservativen bzw. kritischen Denkens», S. 76 ff.); zur Ideologisierung der Begabung vgl. auch: Lenhardt G.: Schule und bürokratische Rationalität, Frankfurt 1984, vor allem S. 209 ff.

38 Vgl. Anm. 30.

39 Dunn L. C., Dobzhansky Th.: Vererbung, Rasse und Gesellschaft, Frankfurt 1970, S. 12 ff.; vgl. dazu auch H. J. Eysenk, der in seinem Buch «Vererbung, Intelligenz und Erziehung – Zur Kritik der pädagogischen Milieu-Theorie» (Stuttgart 1975, S. 19) über das Verhältnis von Erbe und Umwelt sagt: «Die richtige Position ist zweifelsohne die der Wechselwirkung zwischen Erbanlagen und Umwelt; die Erkenntnis, dass sowohl Erbfaktoren als auch Umweltfaktoren bei der Entstehung des menschlichen Verhaltens mitwirken und dass sie in jedem Falle in Wechselwirkung miteinander stehen.»

40 Hierdeis H.: Erziehungsinstitutionen, Donauwörth 1976^{3}, S. 35–47; daraus auch die folgenden Zitate. Vgl. auch zur pädagogischen Betrachtungsweise der Familie: Rückriem G. M.: Der gesellschaftliche Zusammenhang der Erziehung. In: Klafki W. u. a. (Hrsg.): Funk-Kolleg Erziehungswissenschaft, Bd. 1, Frankfurt 1970, S. 257 ff.; Langeveld M.: Einführung in die theoretische Pädagogik, Stuttgart 1966^{6}, S. 101 ff.

41 Aries Ph.: Geschichte der Kindheit, München 1981^{4}, S. 69 ff.

42 ebenda, S. 92–125.

43 König R.: Materialien zur Soziologie der Familie, Bern 1946, S. 75.

44 Hierdeis, op. cit. S. 37.

45 Vgl. z. B.: Dicken P., Lloyd P. E.: Die moderne westliche Gesellschaft, London 1981.

46 Mitscherlich A.: Auf dem Weg zur vaterlosen Gesellschaft, München 1980^{13}.

47 Habermas J., Henrich D.: Zwei Reden, Frankfurt 1974.

48 Allport G. W.: Werden der Persönlichkeit, München 1974, S. 36 f.

49 Metzger W.: Die Familie. In: Brem K. (Hrsg.): Pädagogische Psychologie der Bildungsinstitution, München 1968, hier zit. nach: Hierdeis H.: Erziehungsinstitutionen, Donauwörth 1976^{3}, S. 54.

50 Hierdeis, op. cit., S. 54.

51 ebenda, S. 55.

52 In anschaulicher Weise hat Hans Chr. Kirsch die Entwicklung der Schule beschrieben in: Bildung im Wandel. Die Schule gestern, heute und morgen, Düsseldorf 1979; vgl. auch Anm. 37.

53 Hierdeis, op. cit., S. 78.

54 Kob J. P.: Erziehung in Elternhaus und Schule, Stuttgart 1963, S. 2.

55 Guyer W. (Hrsg.): Erziehungsgedanke und Bildungswesen in der Schweiz, Frauenfeld 1936, S. 95.

56 Kob, op. cit., S. 65 ff.

57 Vgl. etwa: Fend H.: Theorie der Schule, München 1980; Kramp W.: Studien zur Theorie der Schule, München 1973; Fürstenau P. u. a.: Zur Theorie der Schule, Weinheim 1969; Wilhelm Th.: Theorie der Schule, Stuttgart 1967[2]; Oblinger H.: Theorie der Schule, Donauwörth o. J.; Weinert F.: Schule und Beruf als institutionelle Sozialisationsbedingungen. In: Graumann F. C. (Hrsg.): Sozialpsychologie, 2. Halbband, Göttingen 1972, S. 825–886; Geissler E. E.: Die Schule. Theorien, Modelle, Kritik, Stuttgart 1984.

58 Kirsch H.-K.: Bildung im Wandel, Düsseldorf 1979, vor allem S. 9–40; Mouvement populaire des familles: L'école en question. Un millier de parents s'expriment, Genève 1977.

59 Illich I.: Entschulung der Gesellschaft, München 1972; Reimer E.: Schafft die Schulen ab! Befreiung aus der Lernmaschine, Hamburg 1972.

60 Schulze T.: Schule im Widerspruch, München 1980.

61 Zum Beispiel: Fürstenau P. u. a.: Zur Theorie der Schule, Weinheim 1969; Flügge J. (Hrsg.): Zur Pathologie des Unterrichts, Bad Heilbrunn 1971; Brinkmann G. u. a. (Hrsg.): Theorie der Schule – Konzepte und Kritik, Kronberg Taunus 1974.

62 Vgl. Kürthy T.: Geschlechtsspezifische Sozialisation, Paderborn 1978 (2 Bde.). In Band 2 skizziert Kürthy die «intermediäre Stellung» der Schule und des Bildungswesens (S. 173–193).

63 Vgl. Enzensberger H. M.: Bewusstseinsindustrie, Frankfurt 1967[4]; Postman N.: Das Verschwinden der Kindheit, Frankfurt 1983; v. Hentig H.: Vorwort in Aries P.: Geschichte der Kindheit, Stuttgart 1981[4], vor allem S. 35–43.

64 v. Hentig H.: Die Mediatisierung des Geistes. Eine Warnung an die Zauberlehrlinge, unv. Manuskript 1984; Basel (Institut für Unterrichtsfragen und Lehrerbildung, ULEF).

65 Vgl. Beckmann H.-K.: Schule unter pädagogischem Anspruch, Donauwörth 1983, S. 35 f.; Weber E.: Pädagogik, Grundfragen und Grundbegriffe, Donauwörth 1976[7], S. 57–65; Dietrich Th.: Zeit- und Grundfragen der Pädagogik, Bad Heilbrunn 1984, S. 133–148.

66 Vgl. z. B.: Groothoff H.-H.: Funktion und Rolle des Erziehers, München 1972; Grace G. R.: Der Lehrer im Rollenkonflikt, Düsseldorf 1973; Döring K. W.: Lehrerverhalten und Lehrerberuf, Weinheim 1970, vor allem S. 94–124; Lattmann U. P.: Schulnahe Lehrerbildung, Zürich 1975; Aregger K., Flechsig K.-H., Frey K., Lattmann U. P.: Lehrerbildung für die Schulreform, Bern 1975; Aregger K., Lattmann U. P., Trier U. P. (Hrsg.): Lehrerbildung und Unterricht, Bern 1978.

67 Vgl. Herbart J. F.: Umriss pädagogischer Vorlesungen. Paderborn 1964[2], vor allem S. 23–65 sowie ders.: Von der Erziehungskunst. In: Herbart J. F.: Kleine Pädagogische Schriften, Paderborn 1968, S. 99–113.

68 Hier zit. aus: Adl-Amini B. u. a. (Hrsg.): Pädagogische Theorie und erzieherische Praxis, Bern 1979, S. 188–191.
69 Vgl. Scheibe W.: Die reformpädagogische Bewegung, Weinheim 1969.
70 Fend H.: Schulklima: Soziale Einflussprozesse in der Schule, Weinheim 1977.
71 Vgl.: Schmaderer F. O. (Hrsg.): Die pädagogische Gestaltung des Schullebens. Beiträge zur Verwirklichung des Erziehungsauftrages der Schule, München 1979; v. Hentig H.: Schule als Erfahrungsraum? Stuttgart 1973; Keck R. W., Sandfuchs U. (Hrsg.): Schulleben konkret – Zur Praxis einer Erziehung durch Erfahrung, Bad Heilbrunn 1979; Lassahn R. (Hrsg.): Das Schulleben, Bad Heilbrunn 1969; Schnitzer A.: Schwerpunkt: Schulleben. Voraussetzungen, Möglichkeiten und Ziele einer pädagogischen Gestaltung, München 1979.
72 Rintelen K.: Zur erzieherischen Aufgabe der Schule – eine Entgegnung. In: Die Deutsche Schule 1982, Heft 2, S. 83–101.
73 Vgl.: allgemein die Literaturangaben zum Abschnitt über die «Sinnverwiesenheit des Menschen»; für Erziehung und Unterricht: Tröger W.: Erziehungsziele, München 1974; Günzler C., Teutsch G. M.: Erziehen zur ethischen Verantwortung, Freiburg 1980 sowie die Angaben zu «Werterziehung».
74 Vgl. Kapitel 4, vor allem 4.3.
75 Dietrich Th.: Zeit- und Grundfragen der Pädagogik, Bad Heilbrunn 1984, S. 133–148.
76 Litt Th.: Naturwissenschaft und Menschenbildung, Heidelberg 1953, hier zit. aus Dietrich, op. cit., S. 141.
77 Klafki W.: Studien zur Bildungstheorie und Didaktik, Weinheim 1967 [8/9], S. 43.
78 Zur Bildung und Selbstbildung: Weber E. (Hrsg.): Der Erziehungs- und Bildungsbegriff im 20. Jahrhundert, Bad Heilbrunn 1976 [3].
79 Zopfl H., Schofnegger J.: Erziehen durch Unterrichten, München 1977.
80 Vgl.: Kerstiens L.: Erziehungsziele neu befragt, Bad Heilbrunn 1978, z. B. S. 82; v. Hentig H.: Schule vor der Sinnfrage. In: Evangelische Kommentare, 1976, Heft 9, S. 541–544.
81 Bollnow O. F.: Sprache und Erziehung, Stuttgart 1966, S. 183.
82 ebenda, S. 186.
83 ebenda, S. 92 ff.
84 Bucher Th.: Dialogische Erziehung, Bern 1983, vor allem S. 30–42.
85 Für die Pädagogik wertvolle Hilfen bieten auch Erkenntnisse und Anleitungen zur Gesprächsführung, die innerhalb der Psychotherapie entstanden sind, vgl. z. B.: Tausch R., Tausch A.-M.: Gesprächspsychotherapie, Göttingen 1979 [7]; Rogers C. R.: Die nicht-direktive Beratung, München 1972 [5].
86 Für die Idee eines *argumentativen Gesprächsmodells* zur Werterziehung sind besonders Erkenntnisse aus den sozialwissenschaftlich-philosophischen Arbeiten zur *Diskurs-Frage* von Bedeutung. Vgl. als Einführung: Alexy R.: Eine Theorie des praktischen Diskurses. In: Oelmüller W. (Hrsg.): Normenbegründung – Normendurchsetzung, Paderborn 1978, S. 22–58. Alexy führt anschliessend an die theoretische Erörterung des Diskurs-Gedankens Regeln und Formen des praktischen Diskurses auf (mit Erläuterungen; S. 36–51); im folgenden sind zur Verdeutlichung des Diskursgedankens einige Regeln aus Alexys Arbeit wiedergegeben:

Grundregeln:
- Kein Sprecher darf sich widersprechen.
- Jeder Sprecher darf nur das behaupten, was er selbst glaubt.

- Jeder Sprecher darf nur solche Wert- und Verpflichtungsurteile behaupten, die er in allen Situationen, die derjenigen, in der er sie behauptet, in allen relevanten Hinsichten gleich sind, ebenfalls behaupten würde.
- Verschiedene Sprecher dürfen den gleichen Ausdruck nicht mit verschiedenen Bedeutungen benutzen.

Vernunftregeln:

- Jeder Sprecher muss das, was er behauptet, auf Verlangen begründen, es sei denn, er kann Gründe anführen, die es rechtfertigen, eine Begründung zu verweigern.
- Jeder, der sprechen kann, darf an Diskursen teilnehmen.
- Jeder darf jede Behauptung problematisieren.
- Jeder darf jede Behauptung in den Diskurs einführen.
- Jeder darf seine Einstellungen, Wünsche und Bedürfnisse äussern.
- Kein Sprecher darf durch innerhalb oder ausserhalb des Diskurses herrschenden Zwang daran gehindert werden, seine Rechte gemäss den angeführten Regeln wahrzunehmen.

Argumentationslastregeln (u. a.):

- Wer eine Behauptung oder eine Äusserung über seine Einstellungen, Wünsche oder Bedürfnisse in den Diskurs einführt, die nicht als Argument auf eine vorangegangene Äusserung bezogen ist, hat auf Verlangen zu begründen, weshalb er diese Behauptung oder diese Äusserung einführt.
- Wer eine Aussage oder Norm, die nicht Gegenstand der Diskussion ist, angreift, muss hierfür einen Grund angeben.

Vgl. zu dieser Thematik u. a. auch: König E.: Theorie der Erziehungswissenschaft, München 1975, Bd. 2, S. 194–236 sowie Hammer G.: Die Begründung der Erziehungsziele. Grundzüge einer Philosophischen und Pädagogischen Anthropologie, Freiburg 1979, S. 64 f. und S. 80–91; es wäre vermutlich ein höchst lohnenswertes Unterfangen, die Modelle zur Diskurstheorie einmal mit den Modellen zur disputatio in der scholastischen Philosophie auf eventuelle Gemeinsamkeiten hin zu untersuchen (vgl. zur scholastischen Methode z. B.: Grabmann M.: Die Geschichte der scholastischen Methode, Graz 1957, 2 Bde.).

87 Ritz-Fröhlich G.: Das Gespräch im Unterricht. Anleitung, Phasen, Verlaufsformen, Bad Heilbrunn 1977, S. 81 ff.

88 Bollnow, op. cit., S. 183.

5.3 Der Beitrag von Erziehung und Unterricht: Befähigung zum Umgang mit den Lebensaufgaben

89 Zur Frage des «selbständig urteilenden und handelnden Individuums» vgl. die Literatur zum Stichwort «Mündigkeit» und «Emanzipation»; dazu auch: Müller A.: Selbständigkeit als pädagogischer Leitbegriff: Zur Analyse eines Erziehungsideals, seiner Grundlagen und seiner Grenzen. In: Engler H.-J. (Hrsg.): Philosophische Aspekte schulischer Fächer und pädagogischer Praxis, München 1978, S. 176–205.

90 Roth H.: Pädagogische Anthropologie, Hannover 1976[2], Bd. 2, vor allem S. 164 ff.; vgl. dazu auch: Brunner J. u. a.: Die Leitideen, Zug 1979; hier wurde versucht, von anthropologisch ausgerichteten Kompetenzbereichen aus im Anschluss an H. Roth Leitideen für die Volksschulen zu entwickeln.

Personenregister

Kursiv gedruckte Seitenzahlen verweisen auf die bibliographischen Angaben in den Anmerkungsteilen.

Sachregister

Marcus Ehinger
Mittellehrer am Kantonalen Lehrerseminar, Basel

Felix Mattmüller-Frick
Rektor Kleinklassen, Basel
(Herausgeber)

Teamarbeit und Doppelstellen: Über die Einsamkeit in der Schule

Erfahrungen und Modelle aus der Praxis

Band 34
119 Seiten, 22 Illustrationen, gebunden etwa Fr. 26.–/DM 31.–

Die Herausgeber haben Isolierung und Einsamkeit in der Schule am eigenen Leibe schmerzlich erlebt, bis sich die Möglichkeit zeigte, durch Teamarbeit un Doppelstellen günstigere Lebens- und Lernbedingungen zu schaffen.
In diesen Buch werden von verschiedenen Praktikern gute und schlechte Erfahrungen und Entwicklungen berichtet. Daraus ergibt sich schlüssig, welche Bedingungen erfüllt sein müssen, wenn Teamarbeit erfolgreich sein soll. In die Teamarbeit sind selbstverständlich auch die Schüler/-innen als gleichwertige und eigenständige Menschen mit einbezogen, ganz im Sinne von Erasmus von Rotterdam, wenn er sagt: «Wir Älteren haben den Jüngeren nur wenig voraus: wir haben mehr Geburtstage hinter uns und mehr Runzeln auf der Stirne, sonst haben wir nichts, was mehr Wert wäre!»
Die Berichte sind lebendig geschrieben. Sie bringen viele Anregungen und Hinweise, ohne Schwierigkeiten zu verschweigen. Selbstverständlich lassen sich Konflikte durch autoritäre Schulführung unterdrücken. Damit sind sie allerdings nicht verschwunden. Sie zeigen sich vielmehr in Unaufmerksamkeit, Passivität oder Störung des Unterrichts. Teamarbeit hingegen verlangt gesprächsbereite Menschen, die in der Lage sind, Konflikte auszutragen. Jeder einigermassen gelöste Konflikt stärkt die Klassengemeinschaft und ermuntert alle Beteiligten zu weiterem, gemeinsamem Tun.

Verlag Paul Haupt Bern und Stuttgart